Hans Gustl Kernmayr · Grüss Gott, Exzellenz

Hans Gustl Kernmayr

Grüß Gott Exzellenz

Reiseaufzeichnungen
eines Diplomaten ohne Auftrag

Langen Müller

Bildnachweis:

Foto Hilmar Pabel (2) S. 17 u. 176
Pontificia Fotografia Felici (2) S. 208/209
Autor (12)

Herstellung: Jos. C. Huber KG., Dießen vor München
Printed in Germany 1976
ISBN I-7844-1575-X

»Um das Böse zu bestrafen, braucht Gott es nur geschehen zu lassen.«
Und:
»Wen Gott liebt, dem gerät alles zum Besten.«

Mir ist alles gut geraten!

Inhalt

Marie Louise Fischer, Bestsellerautorin in 17 Weltsprachen, seit 20 Jahren die 5. Frau von Hans Gustl Kernmayr schreibt:
»Man beneidet mich um den Gustl und sagt, er wäre ein interessanter Mann. Ehrlich gesagt, ein interessanter Mann ist strapaziös. Wenn man ihn erzählen hört, dann glaubt man, er war mit allen vier Frauen vor mir glücklich. Aber ... er hat sie alle verlassen. Er ist ein Wanderer, ist einer der wenigen Abenteurer dieses Jahrhunderts. Er war ein schlechter Schüler, ging auf die Wanderschaft, wurde Kohlengroßhändler, machte Konkurs, wurde Schwimmlehrer, Holzfäller, Klosterlehrling, Reporter, Journalist, wurde Theater-, Film-, Roman- und Jugendbuchautor, machte viele Frauen glücklich und noch mehr unglücklich.
Mein Mann ist ein Wanderer geblieben. Er spricht nur seine Muttersprache. Mit der deutschen Sprache wanderte er fast rund um die Erde, zu Fuß, mit dem Auto, mit der Bahn, dem Flugzeug. Die Mächtigsten dieser Erde, Kaiser, Könige, Diktatoren, Päpste, Präsidenten, Gelehrte, Politiker haben ihm die Hand gereicht.
›Grüß Gott, Exzellenz‹ ist im wahrsten Sinne der Roman eines Abenteurers.«

Sommer 1976

Grüß Gott, Exzellenz — Tschou En-lai gibt mir die Hand

Die Chinesen hatten den Namen des damaligen Bundesaußenministers Walter Scheel ins Chinesische übersetzt: »Tugend und Blume«. Und »Tugend und Blume« war genauso neugierig auf die Volksrepublik China wie ich.

Meine Ausführungen über die Volksrepublik China beginnen mit den Worten: Das chinesische Volk ist ein armseliges Volk. Arm aber selig, zwei schöne Worte.

»Tugend und Blume« heißt chinesisch: Hsieh Hua-pe

Wir bekommen ein Zettelchen in die Hand gedrückt, darauf stand zu lesen:

Zur Schreibung und Aussprache chinesischer Personennamen:

Grundsätzlich: Das *erste* Wort ist der Familienname.

Mao Tse-tung	Mao Zedong	(»dong«: nicht tung)
Tschou En-lai	Zhou Enlai	(Zhou: wie engl. »Joe«)
Tschi Peng-fei	Ji Pengfei	(Ji: wie engl. G »fei« nicht fai)
Tschiao Kuan-hua	Qiao Guanhua	(Qiao: hartes Tch, »hua« nicht hu-a)

Die Volksrepublik China (Tschung-Hua Jen-Min Kung-Ho Kuo oder: Zhonghua remmin Gonghe Guo) ist fast zehn Millionen Quadratkilometer groß. Man weiß nicht genau, ob neunhundert- oder tausend Millionen Menschen dort leben, 95% davon Chinesen, außerdem Turkvölker, Thaigruppen, Tibeter, Mandschu.

Staatssprache: chinesisch (Kao-jü). Englisch ist als Handelssprache anerkannt.

Die Religionen: Konfuzianismus, Buddhismus, Taoismus. Außerdem gibt es nicht weniger als 48 Millionen Mohammeda-

ner in der Volksrepublik China, vier Millionen Katholiken, eine Dreiviertelmillion Protestanten.
Die Nationalflagge: Rot mit einem großen goldenen Stern und vier kleinen Sternen.
Staats- und Regierungsform: Sozialistische Volksrepublik. Das Parlament aus einer Kammer (Nationaler Volkskongreß, der den Staatspräsidenten wählt). Der Staatspräsident ernennt den Präsidenten des Staatsrates und führt den Vorsitz im Nationalen Verteidigungsrat, bzw. in der Obersten Staatskonferenz. Das Wahlrecht ist allgemein, auch die Wehrpflicht.
Die Gebiete Tibet, Innere Mongolei, Sinkiang, Ningsia-Hui und viele andere sind autonom. Im ganzen gibt es 29 Bezirke und 65 Kreise.
Peking mit seinen Vororten hat weit über acht Millionen Einwohner, Shanghai zwölf Millionen, das ehemalige Mukden, heute Schenjang, vier Millionen. Canton drei Millionen, Tschingtau war einmal eine deutsche Kolonie. Im Ersten Weltkrieg haben die Deutschen sie wieder verloren. Heute leben dort ca. eineinhalb Millionen Chinesen.

Flugzeit von Tokio nach Shanghai: 2 Stunden und 20 Minuten. In Shanghai wird gearbeitet, sehr viel gearbeitet. Lokomotivfabriken, Waggonfabriken, Schiffswerften, viel Erz wurde verladen und entladen. Ein Kommen und Gehen. In drei Schichten wird Tag und Nacht gearbeitet.
Alle gleich angezogen: lange Hosen, gesteppte Jacke, ein einfacher Rock. Sie haben zwei Anzüge, einen für Sonntag, den anderen für die Arbeit. Sie haben genügend zu essen, haben zwei Zimmer, wenn auch von der Decke ein Draht mit einer einfachen Glühbirne schaukelt. Sie haben einen Ofen, sie haben Licht, Heizung, Wohnung, alles für fünf bis acht Mark im Monat. Sie verdienen fünfzig bis höchstens achtzig Mark monatlich.
Alles ist billig. Ein Kilo Fleisch kostet für unsere Begriffe wenige Pfennige. Papier wird aber keines dazu geliefert. Man kann ein Kilo Schweinebauch kaufen, muß es aber in der Hand nach Hause tragen, Papier ist Mangelware.

Jeder Chinese hat ein Paar Lederschuhe, ein Paar Stoffschuhe. Die Kinder sind gut angezogen, niemand läuft nackt, niemand läuft zerlumpt herum. Keiner bettelt.

Ich habe den chinesischen Schnaps probiert. Das ist eine harte Sache, 79prozentig. Man kann von diesem Schnaps nur nippen. Beim Galadiner in Peking hatte ich es vergessen. Ich habe das Gläschen ausgetrunken, eine Viertelstunde gehustet und dachte, meine letzte Stunde sei gekommen. Zwölfhundert Augenpaare richteten sich auf den hustenden HGK.
Es gibt in der Volksrepublik China einen wunderbaren, nach Zimt riechenden Rotwein. Auf das Wohl, auf die Gesundheit, auf das Glück, auf gute Wege und wieder auf die Gesundheit wird getrunken.
Einer der vielen Sekretäre, die es in Peking gibt, flüsterte mir ins Ohr: »Unser großer Mao Tse-tung hat zwei sechshunderter Mercedes geschenkt bekommen.« Er benutzt sie nicht.

Im Hotel Internationalities lag für mich ein Telegramm von meiner Frau, Marie Louise Fischer, Callas der Feder. Sie ließ mich wissen: »GELIEBTES FAMILIENOBERHAUPT! ES IST GESCHAFFT! DU BIST AM ZIEL DEINER TRÄUME IM REICH DER MITTE ANGELANGT! ERLEBE UND GENIESSE UND KEHRE MIT EINEM LÄCHELN DER WEISHEIT GESUND ZU UNS ZURÜCK! IN LIEBE DEINE FAMILIE!«
Meine Frau hat mir später erzählt, daß die Dame der Telegrammannahme in München, als sie das Telegramm telefonisch nach Peking aufgab, fragte: »Pöcking am Starnberger See?«
»Nein! Peking, Hauptstadt der Volksrepublik China!«
Karlheinz von den Driesch und ich hatten einen eigenen liebenswerten und sehr klugen Dolmetscher. Heute ist er in der Botschaft der Volksrepublik China in Bonn.
»Ich heiße Yang Tschieng-Hsue«, sagte der Dolmetscher.
Mit ihm wartete eine graue Limousine mit Chauffeur. Mercedes Baujahr 1968. Er bat uns, ihn mit Yang anzusprechen. Er beherrschte die deutsche Sprache.

Im Auto gab er mir kurz Unterricht für den Fall, daß ich die Absicht hätte, mit Stäbchen zu essen. Aber ich bekam überall Messer, Gabel und Löffel. Das war ein großes Glück, denn ich bin von Haus aus technisch unbegabt. Mit Stäbchen essen, wäre für mich eine Katastrophe gewesen.
Yang rauchte nicht. Yang trank keinen Alkohol.
Viele volksrepublikanische Chinesen sind Antialkoholiker. Und das Rauchen ist keine Selbstverständlichkeit.
Walter Scheel, damals Bundesaußenminister, wurde am Flughafen in Peking von dem volksrepublikanischen Außenminister und sechzig verantwortlichen Persönlichkeiten samt ihren Frauen abgeholt.
Der Flughafen modern, die Anlagen modern, alles groß. Flugzeuge, eines imposanter als das andere.
Die Straßen waren asphaltiert. Auf beiden Seiten Polizisten in weißen und Milizsoldaten in blauen Uniformen.
Die Journalisten wohnten im chinesischen Hotel »Internationalities«. Ich hatte die Zimmernummer 85.
In jedem Zimmer Telefon. Da Briefmarken nicht gummiert sind, stand in jedem Zimmer ein Fläschchen mit Gummi Arabicum. Pinsel, rote und blaue Stifte, schwarze Tusche, Ansichtskarten, eine Schüssel mit Konfekt, eine Schüssel mit Äpfeln, Trauben, Birnen, eine Fünfliterthermosflasche mit heißem Wasser, Teegebäck. Eine Dose mit schwarzem, grünem und Jasmin-Tee.
Im Badezimmer: Alles unter Zellophan; Seife, Zahnpasta, Zahnbürste, Badezusatz, Cold Cream, Rasiercreme. Auf allen Sachen stand zu lesen: »Made in the People's Republic of China«.
Ich schlief in der ersten Nacht in der Volksrepublik China sehr gut.
Am nächsten Morgen stand ich früher als die anderen auf, ging auf die Straße. Die volksrepublikanischen Chinesen turnten nach dem bundesdeutschen Slogan: »Trimm dich fit.« Sie standen auf den Straßen und Höfen, in den offenen Fenstern. Frauen, Männer und Kinder machten gymnastische Übungen. Sie taten es mit viel Anmut.
Obwohl unsere chinesischen Dolmetscher, auch unser Freund

Yang, im Hotel Internationalities schliefen, war es nicht so, daß man sagen konnte, wir würden von ihnen bewacht. Jeder durfte sich ansehen, was er wollte, jeder durfte Fragen stellen. Man erfüllte uns jeden Wunsch. Man bat den Fotografen, er möge, wenn er Aufnahmen machte, die Leute, die er fotografieren wollte, Frauen, Männer, Kinder, fragen.
Als ich sah, daß keiner der Chinesen eine Krawatte trug, fragte ich Yang danach. Er antwortete »Nur ein Sklave trägt einen Strick um den Hals! Wir sind freie Menschen — also — keinen Strick um den Hals.«
Was die Mode betrifft, sind sie alle, ob Männlein, Weiblein oder Kinder, mit Hosen, langen Jacken, gekleidet, braun, blau, grau.
Man rechnet in der Volksrepublik China vom Jahre 1949 an. Damals übernahm Mao Tse-tung die Regierung. Vorher gab es zwar schon eine chinesische Nationalhymne, die Musik wird noch heute verwendet. Der Text:

Menschen, die nicht Sklaven sein wollen,
stehen auf! Stehen auf! Stehen auf!

Yang war einige Zeit in der DDR, in Ostberlin gewesen. Es hatte ihm gut in Deutschland gefallen. »Die Ostberliner waren zu mir gut.« Er betonte das Wort »Ost«. »Ich war oft bei Berlinern eingeladen.
»Bei Kommunisten?«
»Nein.«
Sein perfektes Deutsch hatte er auf der Universität in Peking gelernt. Er konnte Gedichte von Goethe, Schiller und von Bert Brecht vortragen, ohne zu stottern.
Bert Brecht wird in der Volksrepublik China sehr gelobt. Stücke von ihm werden aufgeführt. Wir haben feststellen können, daß die Deutschen — es wird kein Unterschied zwischen Ost- und Westdeutschen gemacht — beliebt sind.
Im Zusammensein mit Ministerpräsident Tschou En-lai, der mich mit einem fünfzehn Minuten dauernden Gespräch auszeichnete, habe ich bemerkt, daß viele bekannte deutsche Namen, Militärs und Gelehrte, auch Dichter, im chinesischen Sprachschatz erscheinen.

Im Hotel gab es im dritten Stock einen Schönheitssalon. Kostenlos. Eine Ärztin stand uns zur Verfügung. Wer sich krank fühlte, konnte diese Ärztin aufsuchen. Wer mit den Zähnen zu tun hatte, wurde im Auto zu einem Zahnarzt in die Stadt gebracht.
In Peking gibt es für Ausländer »Friendship-Shops«. Warenhäuser, die nicht nur bevorzugt beliefert werden, sondern auch englisch sprechendes Personal haben. Schmuckstücke aus Jade, Seiden- und Brokatstoffe, Antiquitäten kann man in der Luili-Chang-Street kaufen. Ein Antiquitätengeschäft reiht sich an das andere. Eine Buchhandlung an die andere. Ich habe alte Schriften gesehen, viel Porzellan und viele Rollbilder.
Banknoten gibt es in der Volksrepublik China zu zehn, fünf, zwei und ein Yüan, Kleingeld zu fünfzig, zwanzig und zehn Fon in Papier. Das Hartgeld in fünf, zwei und ein Fon.
Die Bankiers sind großzügig. Wenn man das Geld, das man umgewechselt hat, nicht braucht, kann man es ohne Kursverlust wieder zurückgeben. Man bekommt es in D-Mark, US-Dollar, französischen oder Schweizer Franken wieder zurück. Ich war angenehm überrascht.

Frau Mildred Scheel, Röntgenologin, hatte gebeten, eine Frauenklinik besuchen zu dürfen. Mit ihr Susi Freifrau von Wechmar.
Auf der Tagesordnung standen: Akupunktur, Kaiserschnitt, Operation einer Zyste.
In Peking waren in jenen Tagen amerikanische, englische, französische und italienische Wissenschaftler. Alles Kapazitäten. Sie waren gekommen, um Akupunktur zu studieren.
Ich habe mit chinesischen und westlichen Professoren gesprochen, die mir auf all meine Fragen jedoch nichts Genaues antworten konnten.
Auch die Chinesen konnten keine präzisen Auskünfte geben, obwohl Akupunktur in China seit tausenden und mehr Jahren angewendet wird. Oder wollen sie es nicht sagen? Ich glaube, sie wissen es nicht.

Das berühmte Pekinger Ballett: Eine Szene aus dem revolutionären Tanzdrama »Das rote Frauenbataillon«.

1972 in Peking: »Grüß Gott, Exzellenz« sagte H. G. Kernmayr zu Tschou En-lai und sprach mit ihm über die »Steirische« Akupunktur. Zwischen beiden der Korrespondent Karlheinz von den Driesch.

Mao Tse-tung hat gesagt: »Die chinesische Medizin und Pharmakologie stellen eine reiche Schatzkammer dar, man soll sich bemühen, sie nutzbar zu machen und sie auf eine neue Höhe zu bringen. Die Akupunktur ist eines der wertvollsten Vermächtnisse der chinesischen Medizin.

Akupunktur: Eine oder mehrere Nadeln werden an gewissen Punkten des Rumpfes, der Gliedmaßen, Ohren, der Nase, des Gesichtes eingeführt. Nach der Einführung und Stimulanz entsteht eine Unempfindlichkeit, so daß der Chirurg schmerzlos Kopf-, Brust- oder Unterleibsoperationen vornehmen kann. Diese Art der Betäubung erfordert keine komplizierte Apparatur. So ist sie überall unabhängig von Ausrüstung, klimatischen und geographischen Verhältnissen. Sie kann in den Städten sowie auf dem breiten Land, in Gebirgs- und ländlichen Gegenden oder mitten im Kriegsgeschehen durchgeführt werden.

Bei einer Schilddrüsenoperation mittels Akupunktur kann der Arzt mit dem Kranken sprechen und mit ihm in Verbindung treten, kann dessen Lautbildung feststellen. Versehentliche Verletzungen der Nerven werden ausgeschlossen.

Während einer Herzoperation oder bei der Entfernung eines Lungenteils mittels dieser Akupunkturbetäubung kann der Arzt den Kranken zur Zwerchfellatmung auffordern, um die Operation zu erleichtern.

Bei einer orthopädischen Operation, z. B. der Wiederherstellung von Fingermuskeln und Sehnen, ermöglicht eine solche Betäubung dem Patienten die Beibehaltung seiner Fingerfunktion und normale Bewegung seiner Finger. Sie hilft, vereint mit der aktiven Mitwirkung des Patienten, dem Arzt beim Herausfinden der verletzten Muskeln und Sehnen.

Nach einer solchen Akupunkturoperation kann der Patient sogleich seine Finger bewegen, um das Ergebnis der Operation zu überprüfen. Die Akupunkturbetäubung vermeidet Störungen der physiologischen Funktionen des Patienten. Blutdruck, Pulsschlag, Atmung sind während der Akupunktur immer normal.

Mao Tse-tung war es, der 1958 anordnete, daß die chinesische Medizin weiterentwickelt werden sollte. Er sagte: »Wir dürfen bei der Entwicklung der Technik nicht von den anderen Ländern ausgetretenen Weg einschlagen und im Schneckentempo hinter den anderen dreinkriechen!«

Akupunktur bei Gehirnchirurgie: Gehirntumor an der rechten Seite. Lähmung der linken Hand, des linken Fußes, Krämpfe, Muskelschwächung des linken Armes und Beines. Der Operateur war zuversichtlich. Um neun vormittags die geplante Operation.

Einige Nadeln wurden an das linke Ohr des Patienten geführt. Der Patient zählte jede Nadel mit: »Eins, zwei, drei, vier, fünf ...« Der Patient wußte, wieviele Nadeln gebraucht wurden.

Die Patienten werden zwei bis drei Tage für eine Akupunkturoperation medial und gedanklich vorbereitet. Vielleicht, ich weiß es nicht, ist auch Hypnose dabei.

Die fünf Nadeln wurden, wie bei vielen Operationen, durch feine Drähte mit einem Transistor verbunden, der sie rhythmisch fibrieren ließ. (Ca. 300 bis 400 mal in der Minute).

Die Nadeln waren eine halbe Stunde in Aktion. Diese Zeit reichte für die Betäubung. Der Chirurg schnitt an der Kopfhaut des Patienten. Die Kopfhaut ist äußerst empfindlich. Das Aufschneiden dieser Haut pflegt qualvoll und schmerzhaft zu sein. Das war der Test für die Betäubungswirkung. Der Patient blieb ruhig. Er fühlte keinen Schmerz. Er lächelte. »Ich bin schläfrig!«

Der Chirurg mit dem Handbohrer: »Ich werde deinen Schädel aufbohren, Liu. Angst?" — „Nein!"

Fünf Löcher wurden in den Schädel des Patienten gebohrt. Der Arzt sägte den Schädel auf. Hirnhaut, Blutgefäße, Nerven. Der Tumor im Gehirngewebe wurde lokalisiert. Die Akupunktur wurde verstärkt. Der Chirurg suchte den Tumor und holte ihn aus der Tiefe des Schädels. Er forderte den Patienten auf, zuerst das rechte Bein zu bewegen und dann das linke. Arzt und Patient waren zufrieden.

»Alles in Ordnung. Keine organische Funktion gestört. Keine Blutungen.«

Um 13 Uhr 40 war die Operation beendet. Das Befinden des Patienten ausgezeichnet. Jegliche Schmerzempfindung fehlte. Alle fünf Sinne des Patienten funktionierten normal.

Die gynäkologische Klinik, die wir aufsuchten, war voll belegt. Ein Mann leitet die Klinik. Er ist der einzige Mann an dieser Klinik. Alle anderen Frauen, Ärztinnen, Schwestern. Weiß in weiß.

Neugierig fragte ich, wieso es so viele Ärztinnen gebe. Ich erfuhr, daß für den Beruf des Arztes die Frau geeigneter sei. Vor allem als Gynäkologin.

Der Arzt wird vom Staat bezahlt. Es gibt keine Direktoren, keine Doktoren, keine Professoren. Wenn auch alle einen akademischen Grad erreicht haben, so wird er nicht beachtet. Man weiß nicht, wer ist z. B. General, wer ist einfacher Soldat. Wer ist Leiter des Krankenhauses, wer ist Schwester, wer ist Chefarzt, wer ist Helfer.

Die Helferinnen, die »Barfüßigen Ärztinnen«, von denen es etwa 200 000 gibt, arbeiten mit ihrem medizinischen Wissen, vor allem mit der Akupunktur, in allen Teilen der Volksrepublik China.

Auf dem Operationstisch lag eine Frau zwischen 35 und 40 Jahren. Sie erwartete ihr zweites Kind. Vom ersten war sie auch durch Kaiserschnitt entbunden worden. Sie war verheiratet. Sie hat gelächelt und freundlich in die Hände geklatscht. Wir waren steril angezogen und nahmen auf der Galerie Platz. Durch eine Glaskuppel konnten wir die Operation verfolgen.

Ich war nie ein Held, und so habe ich befürchtet, ich würde das Blut bei der Operation nicht ertragen. Würde ich aufschreien?

Nichts dergleichen. Blut bekam ich kaum zu sehen.

Bei vollem Bewußtsein der Patientin wurde die Operation durchgeführt. Vorher erzählte man uns, daß die Frau bei dieser Operation sterilisiert würde, denn mehr als zwei Kaiserschnitte konnte man ihr nicht zumuten, ein dritter könnte tödlich sein.

Die Frau wurde mit einem kleingeschnittenen Apfel gefüttert. Zwei Ärztinnen und zwei Helferinnen. Es ging rasch. Nach 35 Minuten war der Kaiserschnitt überstanden. Fast kein Blut. Ich verlor dreißig Mark bei einer Wette, denn ich hatte gewettet, es würde ein Bub. Es war ein Mädchen. Zuerst kam der Kopf. Die Ärztin hob das Kind aus dem Mutterleib. Schnell war die Nabelschnur abgebunden. Das Baby erhielt einen Schlag auf das Hinterteil. Ein Schrei. Man zeigte das Baby. Wir

applaudierten. Die Mutter applaudierte. Freudig schlug sie in die Hände.
Dann sahen wir die Operation einer Zyste, einer kinderkopfgroßen Zyste. Die Patientin lachte. Sie aß einen Apfel. Die Patientin sprach mit ihren Ärztinnen. Die Patientin war bei vollem Bewußtsein. Nach dreißig Minuten war die Operation zu Ende. Fast blutlos.
Ich fragte: »Wird die Frau Schmerzen haben?«
»Ja. Nach fünf Stunden. Dann werden die Nerven wieder mit Nadeln bestückt, so daß sie schmerzlos ist. Nach drei Tagen kann die Frau die Klinik verlassen.«

Die Chinesen sind stolz. Sehr stolz. Es war richtig gewesen, uns zu belehren, keine Trinkgelder zu geben. Niemandem Geschenke zu machen.
Mitten in Peking, Kilometer um Kilometer eine Untergrundbahn. Modern, sehr modern.
»Glauben Sie, daß die Russen die Volksrepublik China angreifen?«
»Glauben heißt, nichts wissen.«
»Haben Sie Angst, daß die Russen Sie besiegen könnten?«
»Sie werden uns nicht besiegen. Sie können unser Land nicht besiegen. Unser Land ist groß.«
»Furcht vor dem Krieg?«
»Nein, aber die Russen könnten unseren Aufbau stören.«
Die Chinesen wollen alles nachholen, was sie jahrhundertelang versäumt haben. Auch die Atombombe.
Die Chinesen leben bescheiden. Leben wirklich bescheiden. Alles, was sie an Devisen bekommen, wird für den Aufbau des Landes verwendet.
Ich habe einen Russen gesprochen. Er ist im Land der Mitte geblieben. Ein Wissenschaftler. Auch einen Deutschen habe ich gesprochen. Ebenfalls ein Wissenschaftler. Sie lehren an der Universität in Peking.
Der Russe sagte, die Deutschen hätten sich zu schnell den Sowjets angeschlossen. »Sie haben sich zu billig gemacht, sie hätten mehr verlangen können. Die Mongolen waren es, die die

›Langschweine‹, so werden die Russen von den Chinesen genannt, besiegt haben.«
Die Russen haben Angst, daß es die Mongolen sind, die nach Leningrad, nach Moskau kommen.
»Ist die kommunistische Idee nicht so groß, daß Feindseligkeiten überbrückt werden könnten?«
»Die kommunistische Idee? Wenn Sie Augen und Ohren aufmachen, werden Sie merken: das kommunistische Regime wurde hier angewandt.«
»Wie schaut es mit dem berühmten Ballett: ›Das rote Frauenbataillon‹ aus?« fragte ich.
Wir hatten schon viel von diesem weltweiten, revolutionären Tanzdrama gehört.
Im Hause des Volkskongresses. Dieses Haus des Volkskongresses wurde in zehn Monaten von zehntausend volksrepublikanischen Chinesen aus allen Teilen des Landes im wahrsten Sinne des Wortes aus dem Boden gestampft. Fast keine Maschine, doch viele, viele Hände waren an diesem Werk. Das Haus des Volkskongresses hat einen Saal für 15 000 Menschen, einen Saal für dreitausend und neunundzwanzig Säle, jeder gehört einer Provinz, in denen drei- bis fünftausend Menschen Platz haben. Alles modern. An Marmor wurde nicht gespart. Plüschsessel, modernste Lifte.
Wer glaubt, man könne die Chinesen mit Krediten bestücken, täuscht sich. Der Chinese ist vorsichtig. Er kauft nur das, was er bezahlen kann. Er kauft nur, wenn er das Geld dazu hat.
Ich habe die Darsteller des Balletts »Die rote Frauenkompanie« kennengelernt, an dem Tag, als Walter Scheel für seinen Kollegen im Haus des Volkskongresses ein Essen gab.
Nach dem Essen sahen wir die Aufführung. Es wurde viel musiziert. Viel geschossen. Ein revolutionäres Drama. Die Geschichte ist schlicht. Sie spielt im Jahre 1927 auf der Insel Hainan. Wu Tjing-hua, die Tochter eines armen alten Bauern ist an einem Pfahl hochgezogen. Sie soll als Sklavin verkauft werden. Voller Haß und Empörung stößt sie den Büttel zu Boden. Sie flieht. Auf der Flucht schließt sie sich eben den Revolutionären an. Der Kampf gilt den Grundbesitzern. Man erfährt,
 was die Chinesen in der Vergangenheit alles durchgemacht ha-

ben. Jahrhundertelang von fremden Eroberern und eigenen Feudalherren bedroht und ausgebeutet. Bettler, Spieler, Prostitution, Cholera, Aussatz machten sich breit. Die Chinesen brauchten ein aufbauendes, strenges Regiment. Nur so war es möglich, daß sie sich aus ihrem Elend befreiten. Wenn Mao Tse-tung, Tschou En-lai und wie die anderen des großen Landes alle heißen, nicht mehr sind, wird sich an der Regierung des Landes nichts ändern. All das, was sie geschaffen, all das, was sie erleben dürfen, ein Dach über dem Kopf, genug zu essen, genug anzuziehen, haben sie. Sie können ohne Sorge alt werden, Machtkämpfe unter den »Führern« stören das Volk in der Volksrepublik China nicht.
Die Chinesen sind wißbegierig. Aus Europa möchten sie Anregungen bekommen. Sie möchten mit den Menschen der anderen Welt gleichziehen.
Die Straßen sind gigantisch. Breit. Lang. Auf ihnen fahren viele, viele Fahrräder, Lastwagen, und Autobusse bringen die Chinesen zur Arbeit, holen sie von der Arbeit ab, bringen sie nach Hause.
Die Sehnsucht jedes Chinesen: Ein Fahrrad. Ein Fahrrad kostet zweihundert bis zweihunderfünfzig Mark.

Walter Scheel hat eine zweistündige Unterredung mit Ministerpräsident Tschou En-lai.
Tschou En-lai versicherte den Herren der Bundesrepublik Deutschland, daß er die Aufnahme beider deutscher Staaten in die Vereinten Nationen befürworte.
Der chinesische Ministerpräsident gab den deutschen Presseleuten im Haus des Volkskongresses Gelegenheit, mit ihm zusammenzutreffen.
Von Haus aus war mir klar, daß ich niemanden aus der deutschen Delegation bitten konnte: »Ich möchte Tschou En-lai die Hand geben. Ich möchte ihm Fragen stellen.« Keiner hätte mir diesen Wunsch erfüllen können.
Tschou En-lai kam. Mit ihm Walter Scheel.
Die First Lady Gräfin Dönhoff machte eine Ausnahme. Sie stürzte sich nicht auf Tschou En-lai. Aber die Herren der

Presse, Chefredakteure, Korrespondenten, Kameraleute, jeder wollte Tschou En-lai die Hand drücken.
Ich bin nicht mehr der Jüngste. Ich stand betroffen, sah meine Felle davonschwimmen. Meine weißen Haare leuchteten über die anderen Köpfe hinweg.
Tschou-En-lai schaute mich an, ließ durch seinen Dolmetscher fragen: »Wem habe ich noch nicht die Hand gegeben?«
»Mir!«
Es war nicht ganz die Wahrheit, denn ein bißchen die Hand gegeben hatte er mir schon. Aber ich wollte mehr als ihm nur die Hand geben. Es bildete sich eine Gasse. Tschou En-lai ging auf mich zu. Er nahm mich am Arm und ging mit mir auf und ab. Ich sagte: »Grüß Gott, Exzellenz —«
Dann kam das Gespräch auf mein goldenes Flinserl und die »steirische Akupunktur«. Er sprach von Göttingen. Dann sagte er: »Ich weiß viel von Ihnen!« Er kannte meine Vergangenheit. Tschou En-lai: »Kommen Sie mit Frau und Kind. Schreiben Sie Kinderbücher für China.«
Die Kollegen haben mir zu dieser Begegnung gratuliert und mir die Hand geschüttelt.
Ich war gerührt.
Tschou En-lai bestand darauf, als die Gruppenaufnahme gemacht wurde, daß rechts neben ihm Gräfin Dönhoff und ich links neben ihm zu stehen kam.

Die Reise in die Kommune »Immergrün« war ein großes Erlebnis.
Dort gab es eine chinesische und eine europäische Apotheke. Die chinesische Apotheke besteht aus Kräutern und Pflanzen, aus Säften, die aus Kräutern und Pflanzen gewonnen werden.
Im Sanitätsraum lag eine junge Frau auf einer Liege. Sie hatte acht Nadeln in der Magengegend stecken. Ihr gegenüber saß eine 78jährige Frau, vier Nadeln in Armen und Beinen. Betreut wurden sie von einer »barfüßigen Ärztin«, die in der Kunst der Akupunktur ausgebildet war. Eine der Patientinnen hatte es am Magen, die andere hatte Rheuma in Armen und Beinen.
Nach acht Tagen Behandlung mit den Akupunkturnadeln war

die Frau mit dem schmerzenden Magen auf dem Weg der Gesundung und die alte Frau, die nicht gehen und stehen konnte, ging, lachte, stand.
Die landwirtschaftliche Kommune Immergrün produziert im Jahr 250 Millionen Kilo Gemüse. Vier bis fünf Millionen Kilo Früchte, achtzigtausend Schweine. Die Schweine werden nicht nur wegen des Fleisches und der Borsten gehalten, auch wegen des Dunges. Die Schweine werden in der Hauptstadt Peking verkauft. Dazu 45 000 Peking-Enten.
In der Kommune Immergrün leben fast zweitausend Kinder. Sie werden in acht Volksschulen unterrichtet. Es gibt sechs Oberschulen, zwei Wanderkinos. Die Erwachsenen arbeiten am Tag acht, im Winter allerdings nur vier bis fünf Stunden täglich. Alle Mitglieder der Kommune Immergrün sind sozialversichert. Alles, auch der letzte Weg ins Grab, ist kostenlos. Versorgung, Wohnung, Nahrung, alles ist frei. Und jeder von den Chinesen ist überzeugt, daß Immergrün »sein« Werk ist.
Mit dem Dolmetscher Yang und meinem Freund Karlheinz besuchte ich eine Wohnung in der Kommune. Ein kleines Häuschen mit zwei Zimmern, einfach eingerichtet, der steinerne Ofen von außen zu beheizen, ein Mauersockel, darauf Schilf- oder Strohmatten, gesteppte Bettdecken. Betten für alle.
Alles reinlich. An den Wänden Bilder von Mao, farbige Ansichtskarten. Ein Tisch, vier Stühle. Die Fenster mit Pergament verkleidet. Pergament hält wärmer als Glas.
Zwei Kinder, ein Bub und ein Mädchen, liefen uns über den Weg. Sauber, fröhlich.
»Wo ist der Vater?«
»Bei der Marine.«
»Wann kommt er nach Hause?«
»Einmal im Jahr.«
Die Frau kam dazu. »Ich kann, so oft ich will, zu ihm. Ich bekomme die Fahrkarte von der Kommune geschenkt.«
»Sind Sie glücklich?«
Sie lächelte.
Peking, Hauptstadt der Volksrepublik China. Stadt und umliegendes Gebiet sind 17 800 Quadratkilometer groß, mit einer Bevölkerungsdichte von 7 Millionen Menschen.

Peking ist eine Stadt mit einer langen Geschichte. Im Laufe der Zeit schaffte die arbeitende Bevölkerung eine prächtige Kultur. So gibt es das *Palast-Museum:* Früher genannt »Die verbotene Stadt«. Es ist der frühere Platz der Ming (1368–1644) und Ching (1644–1911) Dynastien. Es ist das größte und komplетteste Bauwerk der alten chinesischen Architektur.
Es gibt drei Haupthallen:
Cheingchingkung – Halle der himmlischen Unschuld
Chiaotaitien – Halle des himmlischen und irdischen Umgangs
Kunningkung – Halle der irdischen Beruhigung
Peiha Park: dieser Park war einer der kaierlichen Gärten während der Liao und Kin Dynastie.
Der *Tempel des Himmels* war der Platz, an dem die Ming und Ching Kaiser jeden Frühling Opfer brachten und für ein erfolgreiches Jahr beteten. Die Hauptarchitektur besteht aus der Halle des Gebetes für gute Ernte, dem »Kaiserlichen Gewölbe des Himmels« und dem »Opfer Altar«.
Die Halle des Gebetes für gute Ernte ist eine runde Holzstruktur, 38 Meter hoch und 30 Meter im Durchmesser. Das dreifache Dach beschließt ein goldener Ball.
Berühmt ist die Echomauer. Unter dem Stufenweg zu der Halle sind die Drei-Klang-Steine. Sie zeugen von Dynamik, Akustik und Geometrie.
Der *Sommerpalast* außerhalb der Stadt war der Kaisergarten aus der Zeit des Kin Königreiches (1115–1234). Vor 800 Jahren wurde der Grund in wunderbarer Architektur und Ordnung hergestellt. Während der letzten Jahre der Ching Dynastie wurde er verbrannt, verwüstet, von den Truppen der ausländischen Imperialisten. 30 Millionen Silbertaels wurden für den Wiederaufbau ausgegeben.
Die *Ming Gräber* von 13 Ming Kaisern sind in einem großen Amphitheater, geformt in flachen Purpurhügeln. Das größte und majestätischste der Gräber ist von Chang Ling, Grab des zweiten Ming Kaisers Yung Lo, der von 1304 bis 1424 regierte. Die Leichen aus dem Grabpalast sind in einer Ausstellungshalle aufgebahrt.
Auf meine Frage nach Verbrechen: »Was soll gestohlen werden? Jeder hat alles, was er braucht. Es gibt nichts zu stehlen.

Auch nichts zu betrügen. Höchstens Messerstechereien im Affekt, Streitigkeiten untereinander. Die Gefängnisse sind leer.«
Auf meine Frage zu der Kulturrevolution: »Es war wieder so weit, daß die alten Mandarine und Bonzen in den Provinzen, auf dem Land, sich mehr erlaubten, als ihnen vom Staat zugestanden war. Man wollte das feudalistische China aufrichten.«
Mao Tse-tung hat die Jugend in die Provinzen geschickt. Er hat die Vergangenheit einebnen lassen. Manchmal mit Beil und Pickel. Es wurde Verschiedenes aus der Vergangenheit für die Nachwelt gerettet. Der Feudalismus wurde zu Grabe getragen.
Seide aus China ist ein Gedicht. Die Farben sind einmalig. Sie ist leichter als leicht. Ich habe meinen Damen in Peking Seide gekauft. Viermal viereinhalb Meter. Viereinhalb Meter hatten Platz in einer Hand. Ich habe in den asiatischen Ländern viele Seidenstoffe, ganze Ballen, gesehen, aber die Seide aus der Volksrepublik China ist die leichteste von allen.
Was verkauft wird, trägt den Stempel des Staates. Der Staat garantiert, daß die Ware in Ordnung ist. Kein Schwindel, ob alt oder neu. Bei Schmuck ist es genauso. Der Jadestein alt, das Gold bis zu zweiundzwanzig karätig. Die Antiquitäten, die in den Geschäften angeboten werden, sind echt, hundert, zweihundert und dreihundert Jahre alt. Mit Zertifikaten kann man Edelsteine und Schmuckstücke kaufen.

Tschou En-lai erzählte, daß de Gaulle sein wirklicher Freund gewesen war, daß er den verewigten deutschen Bundeskanzler Konrad Adenauer sehr geschätzt und geachtet hat, daß er viele bedeutende Wissenschaftler und Soldaten aus Deutschland, Obersten, Generäle – ich nenne keine Namen – sehr schätzt, mit ihnen befreundet war.
Ich traf einen »deutschen« Chinesen. Er und seine Frau haben sieben Kinder, alle schon verheiratet.
»Was verdienen Sie?«
»Siebzig Mark im Monat.«
»Meinen Sie, daß die Menschen in der Volksrepublik China eines Tages auch eigene Automobile haben werden?«

»Hoffentlich nicht. Aus Sehnsucht entsteht Unglück. Das chinesische Volk ist mit dem, was es hat, zufrieden.«
Ich sah eine Frau, eine sehr alte Frau, mit, der Schönheit wegen, von Jugend auf verkrüppelten Füßen. Und ich habe einen Mann getroffen, der eine Opiumpfeife rauchte. Ein sehr alter Mann.
»Stimmt es, daß die Volksrepublik China in die westlichen Länder Opium, Haschisch und andere Drogen schickt?«
Keine Antwort.
»Wollen Sie es nicht sagen oder wissen Sie es nicht?«
»Es ist ein schöner Abend«, antwortete er.

Wir fuhren zur Großen Mauer.
Sechstausend Kilometer ist die Mauer lang. Zweiundsiebzig Jahre hatte ich alt werden müssen, um die Mauer sehen zu dürfen! Ich bin doch ein Kind des Glückes.
Ein wichtiger Platz an der Großen Mauer ist der Außenposten Chuyungkuah: Palading.
Vor ca. 2000 Jahren wurde mit dem Bau dieser Mauer begonnen. Sie ist der Welt größtes, ältestes, gigantischstes Bauprojekt. Ich traf auf der Mauer vier Österreicher. Sie waren als Ingenieure in Nordkorea tätig gewesen. Sie hatten sich ein Auto gechartert, machten eine Reise durch die Volksrepublik China.
Großes Hallo, als wir uns die Hände schüttelten.
Auf der Heimfahrt von der Großen Mauer nach Peking besuchten wir die Kaisergräber. 13 Kaiser der Ming Dynastie waren in diesen Gräbern bestattet. Im 10. Grab lag Kaiser Dschu Yi-djün mit seinen beiden Frauen. Die Steinkonstruktion ohne Säulen und Balken, ein Wunderwerk.
Das Allerneueste auf dem Gebiet der Medizin aus China: Eine 2100 Jahre alte Leiche wurde einer Autopsie unterzogen. Die Leiche wurde in Mawangdui, der östlichen Vorstadt von Tschangscha, Hauptstadt der Provinz Hunan, gefunden.
Die Leiche wurde als Frau des Marquis von Tai, der vor 2100 Jahren das Fürstentum Tschagscha regierte, identifiziert. Bei dieser Leiche wurden auch Grabbeilagen, Seidengewebe, Seidenmalereien gefunden.

Archäologen, Histologen, Pathologen, Biochemiker und andere Spezialisten aus Hunan und Peking waren mit der Identifizierung befaßt.
Der einbalsamierte Körper, gut konserviert, wog 34,4 Kilogramm, die Haut hatte normalen Flüssigkeitsgehalt, die Poren am rechten Oberschenkel waren deutlich erkennbar, die Gelenke der vier Gliegmaßen waren noch zu bewegen.
Die Weichteile an den Schenkeln und anderen Körperteilen hatten noch Elastizität. An den Haaren konnte gezogen werden, ohne daß sie ausfielen. Das Trommelfell im linken Ohr war erhalten. Am rechten Augenlid gab es einige Wimpern. Die Röntgenuntersuchung zeigte ein vollständig erhaltenes Skelett, unbeschädigte Hand- und Fußknochen.
Die Verbotene Stadt muß man sehen. Wenn schon in Peking, mußte ich auch den Kaiserpalast besichtigen. Ich habe mich dort fotografieren lassen. Es stehen mindestens dreißig Fotografen davor. Mit den modernsten Apparaten, jede Minute ein fertiges Bild. Aus allen Teilen des Landes kommen jeden Tag Tausende und noch mehr Menschen, um den Kaiserpalast zu besichtigen. Sie lassen sich fotografieren: Vater, Sohn, Mutter, Tochter, Kinder. Dahinter der Palast und das Bild Maos.
Die Verbotene Stadt ist auf einem Gebiet von 720 000 Quadratmetern erbaut, ist der größte Gebäudekomplex in China. Heute noch so vollständig wie seinerzeit, als er fertiggestellt wurde.
Man zeigte mir den Hof, in dem die Chinesen und Fremdlinge ohne viel Federlesen um einen Kopf kürzer gemacht worden waren.
Man zeigte mir die Räumlichkeiten, in denen die Kaiser sich mit ihren Frauen und Konkubinen unterhalten haben. Damals wurden den Frauen die Füße von Geburt an verstümmelt. Die Mädchen und Frauen konnten kaum gehen, waren aber Meisterinnen in der Liebe, wurden für die Liebe besonders ausgebildet. Den Männern wuchsen die Fingernägel länger als die Finger, ein Zeichen, daß sie nicht arbeiteten, daß sie vornehmer Abstammung waren.

Küssen sich Chinesin und Chinese? Reiben sie nur die Nasenspitzen aneinander, wie uns als Kindern erzählt wurde? Wie ist es mit der Liebe? Stimmt es, daß die chinesischen Mütter ihre Töchter von frühester Jugend an für die körperliche Liebe erziehen? Stimmt es, daß die Chinesinnen in der körperlichen Liebe perfekt sind?
Freund Yang lächelte. »Vielleicht war es früher einmal so.«
»Wissen die Chinesen, was Liebe ist?«
»Das wissen wir genauso wie Sie und alle Menschen im Westen und Osten.«
Yünan hieß das Mädchen. Ein liebes, ein sehr schönes Mädchen.
»Sind Sie verliebt?«
»Darüber spricht man nicht.« Sie lächelte. »Aber auf der Universität habe ich manche lieber gemocht als andere.«
»Sie haben studiert?«
»Ja.«
»Aber Sie arbeiten hier im Friendship-Shop?«
»Ich will Geld verdienen. Und mein Freund und ich, wir wissen, daß wir eines Tages heiraten werden.«
Später fragte ich Herrn Yang: »Gibt es hier Prostituierte?«
»Die gibt es überall.«
»Sind die Prostituierten in Häusern untergebracht?«
»Ich kenne kein solches Haus. Ich kann darüber nichts sagen.«
»Wenn Ihnen ein Mädchen gefällt, sagen Sie: ›Ich liebe dich‹?«
»Wir sagen es, und wir zeigen es. Wir halten uns an den Händen, sprechen von Blumen, von Tieren, von schönen Dingen. Vor allem, daß es schön sein wird, Kinder zu haben.«
»Küssen Sie sich?«
»Ja, aber nicht öffentlich.«
»Wo lernen sich die jungen Menschen kennen?«
»Bei der Arbeit ... in Schulen ... auf Universitäten.«
»Und die Romantik?«
»Romantik gibt es auch bei uns. Wir sind genauso romantisch wie alle Menschen auf der Welt.«
»Yang, was ist los? Ich sehe keine Vögel, kein Vogelgezwitscher.«
»Die Vögel haben zuviel Getreide gefressen. Vor allem die Spatzen. Wir haben den Auftrag von der Regierung bekom-

men, dafür zu sorgen, daß die Spatzen aus dem Landschaftsbild verschwinden. Nach zwei Jahren gab es keinen einzigen Spatz mehr.«
»Dafür haben Sie viele Insekten.«
Keine Antwort.
»Wo sind die berühmten Chow-Chow Hunde? Man sieht keine Hunde. Wo sind die Hunde mit den blauen Zungen? Es wird erzählt, daß die Chinesen die blauen Zungen als Delikatesse verspeisen. Ich sehe überhaupt keine Hunde.«
»Wir haben den Auftrag bekommen, sämtliche Hunde müssen aus Peking heraus. Man kann auch ohne Hunde leben. Die Hunde haben zu viel gefressen.«
Kein Hund in Peking. Kein Singvogel in Peking.

Die deutsche Boeing 727 hatte die Erlaubnis bekommen, und das zum ersten Mal in der Geschichte des chinesischen Flugverkehrs, von Peking ohne Zwischenlandung direkt nach Hongkong zu fliegen.
Wer die Welt des Fliegens kennt, weiß, daß der Flughafen von Hongkong eine Todesfalle sein kann. Jeder Passagier sagt es mit gequältem Lächeln und tut so, als dürfte er keine Angst vor der Landung haben.
Ich hatte Angst. Ich machte ein Kreuzzeichen. Betete das Vaterunser. Ich verabschiedete mich von den volksrepublikanischen Chinesen. Auch von der kleinen Yünan. Sie war mit ihrem Vater, ihrer Mutter, mit ihren Geschwistern gekommen. Sie schenkte mir ein Abzeichen mit dem Bild Mao Tse-tung, drückte mir eine rote Mao-Bibel in die Hand.
Flugkommandant Oberstleutnant Reihs begrüßte uns an Bord der Maschine. Die Route: Peking – Kanton – Hongkong. Zweitausend Kilometer, 31 000 Liter Treibstoffverbrauch.
Wir überflogen Kanton.
Hongkong. Eine englische Kolonie. Hongkong ist die Stadt, in der Spione aller Staaten ihren Stützpunkt haben. Ich habe sie kennengelernt, die Herren von der Spionage. Sie sitzen an den Bars, verkaufen ihre Ware.
Vieles ist Wahrheit, vieles ist Lüge, vieles ist Betrug.

Als ich das Hotel betrat, glaubte ich mitten im Turmbau zu Babel zu sein. Viele Sprachen. Viele Lichter. Die Hotelboys kleine gelbe Chinesen, die von den westlichen Dollars schnatterten.
Schöne Frauen. Halfcast – Frauen, Mutter Russin, Vater Chinese oder umgekehrt. Hundert Dollar pro Nacht, Hongkongdollar. Tausend Dollar die Woche, einschließlich Verwandtschaft.

Seine Majestät König Faisal läßt bitten

Weißer Nebel liegt über Saudi-Arabiens Hafenstadt Djeddah. Der goldene Halbmond auf der Moschee wird sichtbar.
»Allah-u-ekber, Allah-u-ekber . . .!« Viele Muezzine hoch über der Stadt auf ihren Minaretts rufen mit ihm: »Allah-u-ekber! Allah-u-ekber!« Sie rufen die Gläubigen zum Gebet. Sie fordern die Moslems auf, den Blick nach Mekka zu richten, sich auf den Boden zu werfen.
Die Mondsicheln auf den Moscheen sind mit einem Male in Gold gebadet.
Die Gläubigen werfen sich zu Boden, legen den Kopf auf den Teppich, halten die Daumen hinter die Ohren. »Gott ist groß, Allah-u-ekber!« Sie falten die Hände über dem Bauch, hören dem Imam, dem Vorbeter, zu, der in der Gebetsnische sitzt und das Wort, das Lob Gottes singt, des Allmächtigen und seines Propheten Mohammed.
Lang strecken sie sich, am Boden liegend: »Ich grüße Euch und wünsche Euch die Gnade Gottes.«
Die Dame im sandelholzbraunen Kostüm mit der weißen Bluse hatte ich, als ich in Beirut mit der Boeing 707 der Deutschen Lufthansa landete, gesehen. Sie und ich stiegen in eine Boeing 707 der saudi-arabischen Airlines und zum Flug von Beirut nach Djeddah.
Sie sprach deutsch. Ich war glücklich. Sie war Saudi-Araberin und hatte in meiner Heimatstadt Graz studiert. Gynäkologin war sie.
»Morgen übernehme ich ein Hospital in Djeddah«, sagte sie. »Und Sie? Was führt Sie nach Saudi-Arabien?«

König Feisal von Saudi-Arabien empfing 1965 den Autor zu einer Privataudienz.

H. G. Kernmayr mit Karawane auf dem Weg von Kabul in Afghanistan zur chinesischen Grenze.

»Ich will Land und Menschen kennenlernen. Ich will den König und den Kronprinzen interviewen. Werden Sie mir das Hospital zeigen?«
»Ab morgen ist mein Gesicht verschleiert.«
»Ihre schönen Augen auch?«
»Lassen Sie das«, wehrte sie ab. »Ich kenne die Österreicher. Darauf falle ich nicht herein.«
Ich bat um einen doppelstöckigen Whisky. Ohne Eis und ohne Wasser.
Der Steward lächelte.
»Bedaure, Sie befinden sich auf saudiarabischem Boden. Hier ist jede Art von Alkohol verboten.«
»Wie bitte? Kein Alkohol in Saudi-Arabien?«
»Nein.«
»Das ist auf die Dauer kein Land für mich«, stellte ich fest. Wie heißen Sie?«
»Miriam.«

Djeddah.
Ich stieg in einem hellblauen Anzug, weißem Hemd und Krawatte aus dem Flugzeug.
Von einer Sekunde zur anderen war mir so, als müßte ich schwimmen. Mein Körper war von der Nasenspitze bis zur großen Zehe in Schweiß gebadet.
Miriam lächelte. »Atmen Sie tief durch, dann wird Ihnen gleich besser. Schauen Sie nach oben!«
»Darf ich Sie in Ihrem Hospital besuchen?«
»Nein!«
»Ich möchte gern über Ihr Hospital schreiben.«
Sie ging auf eine Gruppe weißgekleideter Saudis zu. Vier an der Zahl, keiner unter einsneunzig groß.
Ich schloß mich den anderen Passagieren an. Keiner von ihnen war Europäer.
Beim Zoll erwartete mich ein liebenswerter Mann, weiß gekleidet, ein Tuch mit einem schwarzen Ring auf dem Kopf. Er stellte sich in perfektem Deutsch vor. »Herr Kernmayr?«

»Ja?«
»Ich komme im Auftrag von Prinz Fahd Al-Sedaryi.«
Die saudi-arabischen Zöllner gleichen den europäischen: sie sind neugierig. Ich mußte alles auspacken.
Dr. Sindhi hatte in Bonn studiert und war auch eine Zeitlang bei der saudi-arabischen Botschaft in Bad Godesberg gewesen. Er half mir alles wieder einpacken.
Im Staatshotel. Teppiche lagen über Teppichen, Teppiche hingen an den Wänden. Der Portier – ein Ägypter. Er hielt ein japanisches Rundfunkgerät in der Hand, verbeugte sich tief. In gebrochenem Deutsch sagte er: »Sie sind Gast Seiner Majestät. Alles, was Sie brauchen, sagen Sie, bitte, mir.«
Ich hatte die Worte: »Einen doppelten Whisky« auf den Lippen, besann mich aber rechtzeitig. Als Gast des Landes hatte ich mich an die Sitten und Gebräuche zu halten.
Dann sah ich wieder Miriam, umgeben von ihren vier Riesen-Saudis. Ich verbeugte mich, wollte zu ihr gehen. Die vier schwarzen Riesen waren anderer Ansicht.
Dr. Sindhi, mein Begleiter, fragte:
»Kennen Sie die Dame?«
»Ja. Ich kenne sie aus Graz, und dann habe ich sie im Flugzeug richtig kennengelernt.«
»Haben Sie mit ihr gesprochen?«
»Ja.«
»Sagen Sie das niemandem.«
»Ist sie verheiratet?«
»Das weiß ich nicht.«
Dann sah ich zwei künstlich erblondete Mädchen. Um sie herum junge und alte Saudis. Sie tranken Kaffee, Tee, Limonade und rauchten um die Wette.
»Dürfen Ihre Landsleute mit Europäerinnen sprechen!?«
»Warum nicht? Das sind Mädchen, die glauben, sie würden hier ein Leben wie im Märchen führen.«
Dr. Sindhi bestieg sein Auto. Er fuhr davon.
Ich ging in mein Zimmer. Das Badewasser war lauwarm. Auf einem Tischchen standen drei Flaschen Mineralwasser, zwei Flaschen Fruchtsaft. »Made in Swizzerland«. Die Aircondition funktionierte.

Nackt fiel ich ins Bett, deckte mich zu und fror. Vier Stunden lang. Dann klopfte es.
Ein Riese von einem Saudi trat mit einem großen Tablett in mein Zimmer. Darauf: Kaffee, Eier, Butter, Honig, Marmelade, Brot, ein Omelett.
»Danke.«
Ich warf einen Blick aus dem Fenster, traute meinen Augen nicht. Mindestens hundert Hunde stritten, bellten, bissen sich. Erst später erfuhr ich, daß sich die Hunde in Saudi Arabien selber versorgen müssen.
Der Portier rief an und sagte mir, daß Dr. Sindhi mich erwarte.
Ich fuhr in die Halle hinunter.
»Haben Sie gut geschlafen?«
»Danke.«
Wir gingen durch den Speisesaal.
Miriam frühstückte. Allein. Datteln, Orangen, Melonen, Kaffee.
»Entschuldigen Sie mich, Herr Doktor.«
Ich ging zu Miriam. »Gnädige Frau«, sagte ich, »es ist schön, daß es Sie gibt.«
»Seien Sie vorsichtig. Man sieht es nicht gern, wenn Europäer mit saudi-arabischen Frauen sprechen.«
Die schöne Saudi-Araberin wurde zum Telefon gerufen. Als sie zurück kam, verabschiedete sie sich.
»Ich werde Sie finden, Maria.«
»Hier heiße ich Miriam!«
Ich wollte ihr die Hand küssen.
»Nicht! In Saudi Arabien küssen sich die Männer.« Weg war sie.
Ich aß zum ersten Mal Kamelfleisch. Es muß eine Urgroßmutter von einem Kamel gewesen sein. Das Schnitzel war groß und zäh wie Leder. Ich kaute, kaute und kaute. Der Reis, den es dazu gab, war gut. Als Nachspeise eine halb gefrorene Melone. Sie war so gefroren, daß sie zwischen den Zähnen knirschte.
Dazu einen in Zucker gekochten Kürbis, darüber geriebene Nüsse. Man nannte es »Kabak datlis«. Damit nicht genug, ein Reispudding »Vezor parmei« wurde auch noch gereicht.
 Anschließend konnte ich zwischen zweierlei Kaffee wählen,

amerikanischen Nes oder türkischen Kaffee. Ich entschied mich für den türkischen. Der Kaffee war so stark, daß im wahrsten Sinne des Wortes der Löffel im Kaffeesud stecken blieb.
Nach dem Essen kamen zwei mit Dolchen und alten Reiterpistolen aus dem achtzehnten Jahrhundert bewaffnete Saudi-Araber. Sie sprachen mich an, ich konnte sie nicht verstehen, sie verstanden mich auch nicht. Sie nahmen mich beim Arm, führten mich aus dem Hotel. Ich bestaunte den Mercedes 300 in Weiß mit roten Lederpolstern.
Der Chauffeur hieß Ali. – Fast alle Chauffeure heißen Ali.
Da kam Dr. Sindhi.
»Stimmt es, Herr Doktor, daß laut Koran die Frauen keine Seele haben?«
»Natürlich stimmt es nicht.«
»Stimmt es, daß laut Koran die Frauen verschleiert sein müssen?«
»Die Männer verlangen es. Sie wollen ihre Frauen vor den Blicken anderer Männer schützen. Ein Gesetz, das verlangt, daß die Frauen ihr Gesicht verschleiern müssen, gibt es nicht.«
»Sind die Frauen treu?«
»Es bleibt ihnen nichts anderes übrig. Sie wohnen im Frauenhaus, dürfen nicht allein ausgehen. Es gibt hier Männer, die vielleicht als Kind ihre Mutter nackt gesehen haben. Mancher Mann stirbt in Saudi-Arabien ohne eine nackte Frau gesehen zu haben.«
»Gibt es keine Nightclubs, Striptease?«
»Nein. Wenn getanzt wird, ist es ein Tanz der Männer. Wir haben kein Varieté, wir haben kein Kabarett, wir haben keine Kinos.«
»Aber Radios haben Sie?«
»Ja.« Dr. Sindhi erzählte, wie schwierig es für König Faisal gewesen war, das Radio dem Volk zugänglich zu machen. Die Geistlichen des Islams waren dagegen. Sie tranken im Palast des Königs Kaffee. Da hörten sie von allen Ecken und Enden des Saales Worte des Koran. Sie waren erschrocken und dachten an Teufelswerk.
Der König sagte: »Wenn man Allahs Worte durch so eine Maschine schicken kann, kann nichts Teuflisches daran sein.«

Die hohe Geistlichkeit war einverstanden.
Heute hat fast jeder im Land einen kleinen Radioapparat.
Dr. Sindhi führte mich zu Seiner Exzellenz Ghalib Abu Elfaragh, zum Generaldirektor der Presse.
Die Sonne meinte es gut. Als ich vor einem Betonblock aus dem Auto stieg, brauchte ich nicht nur eins, sondern drei Taschentücher, um mir den Schweiß von der Stirn zu wischen.
Dann stand ich vor dem Chef der gesamten Presse Saudi-Arabiens. Er war ein gewichtiger Mann, wog über zweihundert Pfund, war weiß gekleidet und barfuß.
Er drückte mich in einen der tiefen Plüschsessel. Dann stand ein weißgekleideter, mit Dolchen und Pistolen bewaffneter Saudi vor mir. In der Hand eine Messingkaffeekanne.
»Mister Kernmayr, der König will Sie empfangen.«
Ich fragte: »Stimmt es, daß es in Saudi-Arabien noch Sklavenmärkte gibt?«
Der Generaldirektor der Presse verzog den Mund. Er schwieg.
»Was ist aus den Sklaven, die losgekauft wurden, geworden?«
Der Generaldirektor lächelte. Es war ein süffisantes Lächeln. »Sie sind bei ihren Herren geblieben. Sie sind keine Sklaven wie in ›Onkel Tom's Hütte‹, die gepeitscht, die zur Arbeit gezwungen wurden. Sie lebten bei ihren Herren gleich Kindern, die im Haus geboren wurden. Viele sind Millionäre geworden, Kaufleute. Die Sklaven sind lieber Sklaven als Knechte. Sie wissen mit ihrer Freiheit nichts anzufangen. Darum bleiben sie bei ihren Herren.«
»Was kostet ein Sklave?«
»Wenn ich es Ihnen nicht sage, werden Sie es von jemand anderem erfahren. Ein wohlgewachsener junger Mann, achtzehn Jahre alt, kostete zwischen dreißig und vierzigtausend Riyal. Klar, daß man solch teuren Menschen gut behandelt. Wenn Sie an der Straße einen Kamelreiter sehen, vor dem ein Mann barfuß mit verschränkten Armen, hocherhobenem Kopf läuft, so ist das ein freigelassener, gekaufter Sklave. Er kündigt mit seinem Vorlauf seinen Herrn an.«
»Was bezahlt man für Frauen?«
»Für eine schöne Sklavin wurden bis zu fünfzigtausend Riyal ausgegeben. Das sind fast fünfzigtausend Mark.«

Ich habe die Regierung Seiner Exzellenz zum Loskauf der Sklaven beglückwünscht. Später hatte ich Gelegenheit, an einem Sklavenmarkt teilzunehmen.
Der Generaldirektor der Presse schenkte mir ein blaues Samtetui. »Ein Willkommensgruß des Königs.«
Ich öffnete das Etui. Eine Uhr. Eine Traumuhr. Eine »Philipp Patet, Genève«.
»Haben Sie einen Wunsch?«
»Ja! Darf ich alles sehen, was ich gern sehen möchte? Oder darf ich nur das sehen, was man mir zeigt?«
»Sie können alles sehen. Wir haben nichts zu verheimlichen.«
»Ich möchte eine deutsche Frau kennenlernen, die mit einem Saudi verheiratet ist.«

Herr Makrabi hatte acht Jahre in Deutschland studiert. Er hatte seine Frau in Berlin kennengelernt. Ein Mädchen aus gutbürgerlichem Haus. Sie war berufstätig. Er wohnte damals als Student bei ihren Eltern zur Untermiete.
»Sind Sie glücklich?«
»Ja.«
»Aber ... es heißt doch, Ehen zwischen Europäern und Arabern können nicht glücklich sein, weil die Männer ihre Frauen in den Harem sperren.«
Frau Makrabi lächelte. »Schauen Sie sich die Frauen, die aus Europa kommen, genauer an. Die meisten heiraten einen Saudi in der Hoffnung, daß er ein Ölscheich ist, oder wenigstens tausend Kamele besitzt. Mein Mann hat gesagt, daß er arbeiten muß, daß er sein Geld mit Arbeit verdient.«
Ich ging mit Frau Makrabi von einem Zimmer zum anderen. Vier Zimmer, Küche, Bad, Diele. Außer den Teppichen könnte diese Wohnung in Berlin sein.
»Die Möbel haben wir aus Berlin kommen lassen, das Geschirr auch. Wollen Sie uns die Ehre geben, Kartoffelpuffer und Kohlrouladen mit uns essen?«
»Wir nehmen Ihre Einladung gerne an«, sagte Dr. Sandhi.
Die Kinder, ein Junge und ein Mädchen, hübsche, liebenswerte, gut erzogene Kinder. Sie sprachen deutsch und die Sprache ihres Vaters: arabisch.

»Was haben Sie mitgebracht, Frau Makrabi?«
»Meine Aussteuer, Möbel, Bettwäsche, Geschirr und einen Volkswagen. Wenn ein Saudi eine Frau mit einem Volkswagen heiratet, hebt das sein Ansehen sehr.«
Wir sprachen viel von Berlin, von den alten Zeiten, bis das Essen aufgetragen wurde. Jeder bekam Messer und Gabel, auch die Kinder.
Herr Makrabi verbeugte sich und sagte: »Verzeihen Sie, daß ich so esse, wie ich es von Kindheit an gewohnt bin.« Er höhlte ein Weißbrot aus und alles, was er zu sich nahm, schöpfte er mit dem ausgehöhlten Brot, ohne daß auch nur ein Tropfen danebenging, in den Mund.
»Wollen Sie heute abend mitkommen?« fragte Frau Makrabi. »Wir fahren zum Roten Meer.«

Am nächsten Tag nahmen Dr. Sindhi und ich an einer Gerichtsverhandlung teil.
Auf dem Platz vor der Moschee wurde ein junger Mann abgeurteilt.
Ein weißgekleideter Mann stand neben dem jungen Saudi. In den Händen einen Tiegel mit kochendem Öl. Ein Arzt war auch dabei. Aus einer Ampulle zog er eine Spritze auf.
»Morphium!« flüsterte Dr. Sindhi.
»Was soll das Ganze?«
»Der junge Mann ist ein Dieb.«
»Und?«
»Warten Sie ab!«
Der Dieb hielt dem Arzt seinen Arm hin. Er bekam die Morphiumspritze. Er zuckte zusammen.
Im Sonnenstrahl sah ich ein Messer aufblitzen. Die Hand des Arabers fiel zu Boden.
Der Arzt nahm den Stumpf, tauchte ihn in das siedende Öl.
»Dieser Mann wurde schon dreimal begnadigt. Immer wieder hat er gestohlen. Darum wurde er nun zum Verlust der Hand verurteilt«, erklärte Dr. Sindhi.
Ich wandte mich ab.
 Man führte mich fort.

Nachdem ich vier Tassen türkischen Kaffee getrunken hatte, war ich in der Lage, all das, was ich gesehen hatte, zu vergessen. Das Blut und das siedende Öl. Nicht vergessen konnte ich, daß der bestrafte Saudi keine Miene verzogen hatte.
»Ich hätte Ihnen diesen Anblick gern erspart«, sagte Dr. Sindhi, »aber ich war nicht darauf vorbereitet. Denn, und das müssen Sie mir glauben, von der Regierung aus ist diese Art von Bestrafung verboten.«
»Wie ist es mit der Strafe für die Frauen, die ihren Mann betrügen? Wie ist es mit den Ehebrecherinnen? Werden sie gesteinigt?«
Dr. Sindhi hob die Schultern und ließ sie wieder fallen. »Ich weiß es zwar nur vom Hörensagen, gesehen habe ich es nicht. Es ist aber verboten.«
»Wie wird ein Mord bestraft?«
»Auge um Auge, Zahn um Zahn . . . Mit dem Tod.«
»Sie haben einen Spion inhaftiert.«
»Ja.«
»Der bekommt zu essen und zu trinken?«
»Ja.«
»Warum gerade er?«
»Weil wir ihn austauschen. Er ist ein Israeli. Wir verlangen für ihn fünf Saudis, die in Israel eingesperrt sind.«
»Eins zu fünf?«
»Ja.«

Damit ich mich auch über die Folklore des Landes orientieren konnte, bekam ich eine Liste der gebräuchlichsten Ausdrücke, die ich in meinem Hotel studierte.
Die Kleider der Frauen sind: KHAMIS, man kann sie aber auch THUB nennen.
Das Tuch, das die Frau um die Taille trägt, heißt SHAMLA.
Der schwarze Umhang ist eine ABAYYA.
Und der Gesichtsschleier heißt ebenfalls SHAMLA.
Das schwarze, um den Kopf gebundene Tuch ist eine TARCHA.
Das weiße Kopftuch bei den Männern ist eine KUFYYA.

Was mir am meisten auffiel, war der schwarze Ring, den die Saudis auf dem Kopf tragen. Ein AGAL.

Das weiße Käppchen, das man unter dem Kopftuch trägt, ist ein KUBATA.

Die Männer tragen unter ihren langen Gewändern, der GALABIYA, weiße Unterhosen, die SHERUAB, und darüber den schwarzen, braunen oder weißen mit Goldborte verzierten Mantel, die ABAYYA.

»Kann ich das auch kaufen?« fragte ich Dr. Sindhi.

»Natürlich.«

»Darf ich mich hier so anziehen?«

»Warum nicht?«

»Würde man mich für einen Saudi halten?«

»Kaum. Ihre Bewegungen sind europäisch.«

»Gibt es denn da einen Unterschied?«

»Meine Landsleute schweben, sind gewöhnt, durch den Wüstensand zu schreiten, weil sie sonst einsinken würden.«

»Könnte ich, in eurer Kleidung, nach Mekka fahren?«

»Ich würde abraten. Wenn wir aber zum Meer fahren, sind Sie auf dem Weg nach Mekka und Medina. Sie werden an Kontrollen vorbei müssen, Soldaten, Polizisten. Die lassen sich schwer täuschen.«

»Gibt es keine Möglichkeit? Auch dann nicht, wenn der König . . .?«

»Nein! Da kann auch der König nichts machen. Kein Ungläubiger . . . entschuldigen Sie, nach unserem Glauben sind Sie ein Ungläubiger . . . kein Ungläubiger darf nach Mekka und Medina.«

»Ich habe schon gelesen, daß Europäer sich nach Mekka und Medina begeben haben.«

»Gelesen ja. Von zehn solchen Geschichten, die Sie gelesen haben, sind neun erfunden. Wenn man einen Ungläubigen in Mekka erwischt, würde ich für dessen Leben nicht viel geben . . . Sehen Sie dort den alten Mann, der war in Mekka.«

Ich drehte mich um. Ich sah einen dicken alten Saudi. Sein Bart und seine Fingernägel waren rot.

»Jeder, der in Mekka war, darf sich Haare und Fingernägel
 mit Henna rot färben. Ein Mann, der nach Mekka und Medina

gepilgert ist, gilt als frommer Mann, ein Mann, den man achtet.«
Am Abend fuhren wir zum Roten Meer.

Wir fuhren an großen schwarzen Zelten aus Kamelhaar vorbei, wir hielten. Herr Makrabi führte uns zu einem Scheich. Kamele, Schafe, Ziegen und Frauen waren zu sehen. Die Frauen bereiteten das Abendessen. Wir bekamen Kaffee aus einer silbernen Thermoskanne.

Die Hirten, sieben an der Zahl, hatten jeder ein kleines Transistorradio.

Ich besuchte zum erstenmal ein arabisches Kaffeehaus. Die Stühle sind einen Meter hoch, daneben steht ein Stuhl mit einer Wasserpfeife. Die Männer schmauchen und schmauchen, lassen den Rauch durch das Wasser ziehen, sitzen, die Füße untergeschlagen. Gespräche werden keine geführt. Schachspieler, Dominospieler, sie spielen Tric Trac.

Junge Saudis, jeder ein Adonis, braungebrannt, wenig bekleidet, bringen auf Tabletts türkischen Kaffee, Puddings in allen Farben, Limonade in allen Farben, »Made in Germany«.

Gleich neben dem Kaffeehaus hatte eine Familie ein Kitzlein geschlachtet, gehäutet. Ein Feuerchen wurde angezündet. Das kleine Tier wurde auf einem Eisenstab befestigt und über dem Feuer gebraten.

Viele kamen aus Djeddah, um am Meer zu schlafen. Es wurde kühler. Ich wollte im Roten Meer baden.

»Sie müssen auf die Haifische aufpassen«, warnte Herr Makrabi.

»Haifische?«

»Ja! Hier wimmelt's von Haifischen.«

»Trotzdem schwimmen die Leute im Meer?« fragte ich. »Ist das nicht gefährlich?«

»Doch. Wenn man eine Autohupe hat, nicht. Passen Sie auf.«

Von einer Sekunde zur anderen ertönten Autohupen. Dann zeigte man mir, wie sich im Meer stärkere Wellen bildeten.

»Schon sind die Menschenfresser, die Haifische, verschwunden.«

Herr Makrabi erzählte mir, daß auf diese Weise noch kein einziger Schwimmer im Meer von einem Haifisch angefallen worden war. »Das ist inzwischen zum Sport geworden. Die

Jungen lassen die Haifische so nahe wie möglich an sich herankommen, und dann wird gehupt, gehupt, gehupt.«
Ehrlich, mir lief es kalt den Rücken herunter. Mir war die Lust, im Meer zu baden, vergangen.
Auf der geteerten Uferstraße gen Mekka und Medina fuhren Autobusse, Lastwagen, Chevrolets, Cadillacs, Mercedes und Volkswagen.
Alte Kamele, junge Kamele schnupperten am Wasser. Aber sie tranken nicht. Das Wasser war ihnen zu salzig.
Wir fuhren durch die Wüste. Der Chevrolet hatte eine Panne. Wir stiegen aus.
Im Radio berichtete man — Dr. Sindhi übersetzte —, daß deutsche Touristen auf eigene Faust einen Ausflug in die Wüste unternommen hatten. Sie hatten sich verirrt. Sie waren nach zwei Tagen tot aufgefunden worden. Ich erfuhr: Nach zwei Stunden in der Wüste ohne Wasser wird ein Mensch ohnmächtig. Nach sechs Stunden ist man im Delirium. Dann dauert es nur noch kurze Zeit, bis man in die Ewigkeit eingegangen ist.

Der Prinz von Kharg, Abdullah Ben Saab Ben er Riyadh, hatte uns eingeladen, seinen fortschrittlichen landwirtschaftlichen Betrieb zu besichtigen. Er war fünfzig Kilometer von Djeddah entfernt. Alles bei sechzig Grad Hitze.
Ich lernte Miriams Großvater kennen. Ich sah auch Miriam, die nun verschleiert war. Ich wollte auf sie zugehen. Sie winkte, daß ich bleiben solle, wo ich war.
Höflich aber bestimmt sagte Dr. Sandhi: »Keine Dummheiten, Herr Kernmayr!«
Ich verstand. Ich durfte nicht mit Miriam sprechen. Ich sprach aber mit ihrem Großvater. Er war Bürgermeister aus prinzlichem Geblüt. Ein alter Mann. Mitkämpfer des alten Königs, des Vaters Faisals. Er hatte einst geholfen, die Hauptstadt Er Riyadh zurückzuerobern.
Er war ein guter Gastgeber. Wir saßen auf einem herrlichen Teppich auf dem Boden. Ich wußte nicht, wie ich sitzen sollte. So lag ich da wie seinerzeit die Madame Recamier.

Frauen hatten das Essen vorbereitet, während die Männer auf

dem Boden saßen, schwarzen Kaffee tranken und Miriams Großvater die Wasserpfeife rauchte. Er antwortete auf all meine Fragen, die von Dr. Sindhi übersetzt wurden. Über die Justiz erfuhr ich:

»Wenn ein Saudi einen anderen Saudi im Jähzorn tötet, wenn kein anderes Motiv dahinter steckt, ist er kein Verbrecher. Er kann sich mit den Verwandten des Getöteten in Verbindung setzen und sich mit ihnen einigen. Er bezahlt bis zu fünfzigtausend Rial als Buße. Den Stamm, aus dem der Getötete stammt, muß er mit Geschenken abfinden. Dann bekommt er, damit der Gerechtigkeit Genüge getan ist, drei Monate Gefängnis, die er aber nicht verbüßen muß.«

Miriams Großvater war ein bekannter Falkner. Er besaß sechs prächtige Falken. Zum erstenmal sah ich einen Falken mit lederverbundenen Augen auf dem bloßen Arm eines Mannes. Ich sah das Gesicht dieses alten Mannes. Es war voll des Stolzes. Der Falke stieg hoch. Er kam zurück.

Dann wurde ein edles Pferd, ein schneeweißer Araber aus eigenem Gestüt — Franzosen und Amerikaner kamen Woche für Woche, um dieses Gestüt zu besichtigen und für viel Geld Pferde zu kaufen — vorgeführt. Ein prachtvoller Hengst, gesattelt mit weichem Leder, viel Silber, die Bügel aus purem Gold. Der alte Mann wurde auf das Pferd gehoben. Man reichte ihm den Falken. Immer wieder stieg der Falke auf. Immer wieder kehrte er zurück. Er schlug Vögel und Nagetiere.

Während der Mahlzeit spült man sich in Saudi-Arabien den Mund mit Rosenwasser. Das Wasser spuckt man dann auf den Teppich. Das Essen dauert viele Stunden, das Hammelfett klebt am Gaumen.

Ein Diener kam mit Ambra, glühendem, wohlriechendem Ambra. Ich roch daran und war weit weg. Dann kam ich wieder auf die Erde zurück und aß weiter. Wenn ich nicht selber aß, wurde ich gefüttert. Mit einem mageren Hühnerbein, einem Stück von einem fetten Hammelschwanz.

Fröhlichkeit gibt es in Saudi-Arabien nicht. Die Saudis sind schwermütig. Ernst. Auch ihre Lieder sind schwermütig. Der Schwertertanz, von Pechfackeln umgeben vorgeführt, ist eine ernste Angelegenheit.

Sechsunzwanzig Teppiche lagen übereinander, auf denen ich schlief.

Frühmorgens gab es einen kleinen Ritt zur Oase. Ein Weiher mit durchfließendem Bach. Es waren Buben, die nackt, wie Gott sie geschaffen hatte, badeten. Wir machten es ihnen nach, badeten nackt in dem klaren Wasser. Die Abkühlung tat uns gut.

Zehn Bedienstete unseres Gastgebers kamen mit aufgeschnittenen Ananas, süßen, frischen Datteln, brachten in schweren Messingkannen heißen grünen Kaffee. Ja, er war grün, er wurde nicht geröstet wie bei uns. Er war stark und parfümiert.

Ich fragte: »Warum dürfen Mohammedaner bis zu vier Frauen heiraten?«

»Mohammed, unser Prophet, hat dieses Gesetz erlassen. Nach den vielen Kriegen, die er mit seinen Anhängern und seiner Religion geführt hat, die er führen mußte, gab es einen Frauenüberschuß. Er selber mußte große Niederlagen einstecken. Die Männer wurden rar. So befahl er, daß die Männer sich bis zu vier Frauen nehmen sollten. Wegen des Nachwuchses. Es sollten viele Söhne und Töchter geboren werden.«

»Werden die Ehen von den Eltern geschlossen?«

»Ja.«

»Wie alt sind arabische Mädchen, wenn sie heiraten?«

»Zehn bis zwölf Jahre. Ein arabisches Mädchen ist mit zwölf Jahren viel weiter entwickelt als ein europäisches Mädchen im gleichen Alter.«

Am nächsten Morgen fuhr ich mit dem Taxi ins »King-Faisal-Hospital«.

Und, siehe da, die schöne Miriam empfing mich, nicht verschleiert, in einem weißen, hochgeschlossenen Arztkittel.

Sie war eine schöne Frau.

»Ich habe mir gedacht, wie ich die Grazer kenne, lassen Sie ja doch nicht locker. Also, bitte, was wollen Sie wissen? Was soll ich Ihnen zeigen?«

»Alles.«

Lachend erzählte mir Miriam, daß die Wöchnerinnen unter sich einen Beobachtungsdienst eingerichtet hatten. Keine der Pflegerinnen oder der Ärzte würde eine Wöchnerin im Bett vorfinden. »Und sonntags müssen wir immer ganz besonders auf-

passen, daß die Wöchnerinnen nicht auf dem Zimmerboden ein Feuer machen und ein von den Verwandten gebrachtes, gehäutetes Zicklein braten.«
Miriam lud mich zum Kaffee ein.
»Die Araber sind eifersüchtig. Es ist keine Seltenheit, daß eine ›alte‹ Frau mit schmutzigen Händen, mit einem scharf geschliffenen Dolch den Mädchen und Frauen die Klitoris wegschneidet. Die Männer sagen, die Frauen seien zu heißblütig und sie selber oft zu lange fort. Mit Nadel und Zwirn, ganz einfach, wird die Vagina zugenäht. Nur eine kleine Öffnung wird gelassen. Diese Frauen kommen kurz vor der Entbindung zu uns. Von einer ärztlichen Vorbehandlung keine Spur. Von Gymnastik keine Spur. Barfuß und behende kommen sie, um ein Kind zu kriegen. Wir sind froh, wenn sie überhaupt kommen. Wir suchen sie in der Wüste und überall, in den Zelten und Wohnungen. Manche Frau ist schon bei der Geburt ihres Kindes gestorben und das Kind dazu. Stellen Sie sich vor, mit einer Schere wird der Faden, mit dem die Vagina zugenäht ist, aufgeschnitten, die Öffnung auseinandergerissen, damit das Kind zur Welt kommen kann. Ich will von den Schmerzen nichts sagen, vielleicht bin auch ich noch so zur Welt gekommen, das weiß ich nicht, weil es Dinge gibt, die man nicht erzählt.«
Ich glaubte, meinen Ohren nicht trauen zu können.
»Zur Zeit habe ich eine solche Frau hier liegen«, fuhr Miriam fort, »natürlich werde ich die Öffnung der Vagina operativ mit einer lokalen Anaesthesie vornehmen. Es wird die erste Operation auf diesem Gebiet für mich sein.«
Ich ging mit Miriam essen und erfuhr noch mehr von den arabischen Frauen.
»Araberinnen glühen und erkalten schnell«, sagte Miriam, »darum auch die Frühehen. Mit zwölf Jahren sind die Mädchen schön. Doch schnell verblüht ihre Schönheit. Sie werden mit Süßigkeiten gefüttert, werden dick.«

Jahr für Jahr kommen zwei bis drei Millionen Mohammedaner aus aller Welt mit Sack und Pack und Frauen und Kindern nach Djeddah.

Der Name, der in meinem Bericht vorkommt, stimmt nicht. Ich habe dem Mann versprochen, seinen Namen nicht zu nennen. Er war Deutscher im Afrikacorps, geriet in Gefangenschaft. Irgendwie ist es ihm gelungen, über Ägypten nach Saudi-Arabien zu kommen. Er wurde Bankier und Devotionalienhändler. Alle Buben und Mädchen im Alter zwischen zwei und neun Jahren habe ich, das muß ich zugeben, in gesundheitlich und ästhetisch bestem Zustand gesehen. Sie wurden von sieben Frauen, freigelassenen Sklavinnen aus Aden, betreut.
Verwundert fragte ich: »Haben Sie die Frauen alle geheiratet?«
»Nein! Das sind freigelassene Sklavinnen.«
»Haben Sie sie selbst gekauft?«
»Ja. Auf dem Sklavenmarkt.«
»Aber ... die Sklaven sind doch von der Regierung freigekauft worden!«
»Das weiß ich. Ich habe auch das Geld bekommen und es für die Frauen angelegt. Eine von ihnen ist Christin. Sie hat in einer Missionsschule Deutsch gelernt. Mit ihr können Sie sich unterhalten. Nachdem ich sie freigekauft hatte, mußte ich fast Gewalt anwenden, um sie loszuwerden. Sie wollten nicht fort.«
Er zeigte mir sieben kleine Lederbeutel mit Gold- und Silbermünzen. »Ich habe die Rials, die ich bekam, in Gold und Silber angelegt. Wenn mir einmal etwas passiert, wissen die Frauen, daß sie nicht mittellos dastehen.«
»Die Kinder? Sind das Kinder von den Sklavinnen?«
»Nein. Das sind Pfänder ... Pfänder von Mekka-Pilgern.«
Die Pilger dürfen während der Pilgerfahrt keine bösen Gedanken haben. Sie sind Schäflein, die von allen geschoren werden.
Pilgerfamilien wohnen in einem einzigen Raum, der höchstens Platz für zwei Personen hat. Die Familien bestehen aus zehn bis fünfzehn Personen. Wenn einem Pilger Geld ausgeht, oder wenn es ihm gestohlen wird, geht er zu den Bankiers, den Geldwechslern. Was hat er zu bieten? Seine Kleidung braucht er. Kinder hat er. Ein Kind legt kein Ei. Man kann sich von einem Kind leichter trennen als von einer Henne.
»Werden die Kinder wieder ausgelöst?«
 »Vierzig Prozent schon.«

»Und die anderen?«
»Die lasse ich lesen und schreiben lernen. Sie arbeiten in meinen Geschäften.«
Er führte mich in seine Schatzkammer. So viel Gold, Silber und Edelsteine, Münzen und kleine Gold- und Silberbarren, Ohrgehänge, Hals- und Armringe. Ketten, meterlange Ketten, feinste und grobe Arbeit hatte ich noch nie gesehen.
»Wer wird das erben?« fragte ich.
»Wer von Erben spricht, spricht vom Tod.«
»Haben Sie Sehnsucht nach Deutschland?«
»Ja und nein.«
»Was werden Sie machen, wenn Sie alt werden?«
»Warum soll ich mir darüber heute schon den Kopf zerbrechen? Gestorbensein ist ja auch nicht das Schlimmste. Das Leben ist manchmal viel grausamer.«
»Was ist mit der Kaaba? Hat die Kaaba in Mekka etwas Magisches an sich?«
»Magisch hin, magisch her. Auf jeden Fall muß jeder Pilger siebenmal um die Kaaba herumgehen. Er glaubt, hinter dieser Kaaba sei Allah. Dann trinkt er das Wasser aus der Heilquelle, der Quelle des Semsem. Es steht im Koran, daß er das Wasser trinken muß. Und wenn er die Kaaba besichtigt, aus der heiligen Quelle getrunken hat, dann läuft er noch zu Fuß, schweißtriefend, zu dem Berg Arafat, das ist der heilige Berg.«
»Können Sie mir die Möglichkeit verschaffen, einen Sklavenmarkt zu besuchen?«
»Doch, aber . . .«
»Ich werde mich ruhig verhalten.«
»Der König und alle im Land wissen, daß die Sklavenmärkte, auch wenn sie verboten sind, immer noch abgehalten werden. Seien Sie aber vorsichtig, sonst könnten Sie bei der Gelegenheit selbst als Sklave verkauft werden. So ist es mir ergangen.«
Der Wahrheit die Ehre! Ich habe ihm alles geglaubt, denn vieles konnte ich ja sehen und beobachten, aber daß er selber bald als Sklave verkauft worden wäre, diese Episode aus seinem Leben hielt ich für eine Erzählung. Warum sollte er nicht eine gute Geschichte erzählen? Eine interessante vor allem.
Doch der Tag kam, und der Tag mußte kommen, weil ich eben

neugierig war, sehr neugierig, an dem es geschah. Aber ich will der Reihe nach erzählen.
Den Schauplatz dessen, wovon ich nun hier der Wahrheit gemäß berichte, will ich nicht näher bezeichnen. Schließlich war es ein guter saudi-arabischer Freund, der mich auf mein Drängen hin – ich habe ihn nicht bestochen – führte und der mir beweisen wollte, daß die Bestimmungen der saudi-arabischen Regierung in seinem Vaterland nicht eingehalten würden.
Die Wüste ist groß. Und Oasen mit Wasserlöchern gibt es viele. Von meinem Freund erfuhr ich, daß die Sklaven über Aden nach Saudi-Arabien geschmuggelt werden. Suliman, so hieß mein Freund, zeigte mir einen alten, zum Fürchten aussehenden Stummen. Sein Alter war nicht zu schätzen. Suliman kannte seine Lebensgeschichte.
Er war in Istanbul aufgewachsen. Als Zehnjähriger war er in die Wüste getrieben worden. Mit ihm viele andere Knaben. Sie sahen die Nacht vergehen und den Tag kommen. Sie sahen viele Male die Sonne aufgehen und wieder untergehen. Nachts steckte man die Sklaven, jung und alt, in den heißen Sand. Man grub sie bis zur Brust ein. Sie schrien die ganze Nacht hindurch. Die Sklavenhändler, so erzählte Suliman, waren nahe daran, den Verstand zu verlieren. Darum gaben sie den Befehl, den im Wüstensand eingegrabenen Sklaven mit glühenden Zangen die Zungen bis an die Wurzeln herauszureißen. Die »stummen« Haremagsi wurden Serailwächter, alle ohne Mannbarkeit.
Ein Beutel Goldstaub war für diesen heute alten Mann ausgegeben worden. Stumme Sklaven hatten einen hohen Wert. Sie hörten, sahen, konnten aber nichts sagen. Der damals junge, nun alte Mann, hatte als einziger seine Mannbarkeit behalten, und zwar durch einen Zufall.
Dieser Mann hat die schönsten Frauen in die türkischen Serails gebracht, Geschenke von Herrschern des Ostens, von Scheichen und Tscherkessen, aber auch von Indern, Persern und Chinesen. Es gab viele Hauptfrauen, viele Favoritinnen. All diese Frauen wurden von den »Stummen« bewacht.
Der alte Mann hatte eine Tochter, sie hieß Zaida und war die Schönste im Serail. Sie hatte nichts von der Schwärze der Sudanesen, hatte aber auch nichts von dem Weiß der Europäer.

Goldbraun war ihr Körper, blau die Augen, die Haare schwarz, fein, wie Seide aus Smyrna.
Dann hatte er einen Sohn. Ich begriff. Der Stumme hätte das alles nicht erzählen können, der Sohn hatte alles erfahren, er war inzwischen auch schon ein alter Herr, mein Freund Suliman. Sein Vater war von der türkischen Revolution unter Atatürk befreit worden, Atatürk, der den Sultan, den »Kranken am Bosporus« absetzte, die Monarchie zerstörte. Und mit ihm zusammen waren seine Frau und seine beiden Kinder befreit worden.
Sulimans Mutter hieß Nurissa. Sie hatte für die weibliche Dienerschaft im Harem zu sorgen, über die Prinzessinnen gewacht, über die schwangeren Frauen hinter den Gittern. Sie hatte auch für die Neugeborenen gesorgt, von denen viele nach der Geburt sofort getötet worden waren.
Was niemand am türkischen Hof wußte, nicht der Sultan, nicht die Wesire: Sulimans Vater war Christ. Ein Mönch, ein Jesuit, der die Wüste durchwanderte, hatte ihn heimlich aus dem Sand herausgezogen. Er hatte ihm somit seine Mannbarkeit erhalten. Er hatte ihm die Taufe gespendet. Der Christ wußte sonst nichts von seinem Erlöser.
»Gibt es heute noch Sklavenhändler?«
»Ja. Und ich werde Sie hinführen.«
»Weiß es der König?«
»Insch Allah!«
Die Sklaven werden durch die wildromantischen Gebirge in langen Märschen von Aden nach Saudi-Arabien getrieben. Sie werden mit Lebensmittel, Wasser versorgt, man gibt ihnen Haschisch, damit sie die Nöte ihres Lebens leichter ertragen. Männliche Sklaven werden nicht mehr beschnitten. Man braucht keine Haremswächter, braucht Männer und Frauen mit kräftigen Armen und Beinen, gesunden Zähnen. Man braucht Arbeitstiere.
Die Sklavenhändler sind zu fünft. Sie tragen gemeinsam das Risiko des Transportes. Der Verlust eines Sklaven bedeutet den Verlust einer großen Geldsumme. Sie sind besorgt, daß die Sklaven gesund am Ort des Marktes ankommen.
Diese eine Karawane habe ich durch Suliman aufgespürt. Ich

trug das Kleid des Landes. Es war ein Geschenk des Königs, überreicht durch den Pressechef, den Generaldirektor der Presse, Ghalib Abi Elfaragh.
Mein Freund Suliman sprach gebrochen deutsch, er hatte Deutsch als Dolmetschersprache erlernt, er führte die deutschen Touristen in Djeddah. Von mir verlangte er, daß ich mich stumm wie ein Fisch verhalten solle. Die Augen offen, folgte ich meiner Neugierde und sah einen Sklavenmarkt.
Drei Dutzend Scheiche waren gekommen. Sie wußten, daß Verkauf und Kauf von Sklaven verboten waren, wußten, daß König Faisal viele Millionen Rial ausgegeben hatte, um die Sklaven von ihren Besitzern loszukaufen.
Die Beduinen scheuen Handarbeit, lieben Pferde und Frauen und Männergespräche. Sie zahlten auf dem Sklavenmarkt mit Gold. In Saudi-Arabien gibt es noch die alten Goldwaagen, die der Händler mit einer Hand hält. Goldstaub, Goldmünzen, Goldklunkern klirrten.
Die Sklaven wurden gezeigt, wie Gott sie geschaffen hatte: nackt. Die Käufer gingen um die Nackten herum, betasteten sie an Händen, Armen, Beinen, Waden, schauten ihnen in den Mund.
Gottergeben standen sie da, Männer, Frauen, junge und alte Sklaven. Auch Kinder.
Ihre Gedankengänge?
Sie dachten bestimmt an die Zeit der Gefangenschaft, des Marsches durch den Jemen, an die Zeit auf den Schiffen, mit denen sie angekommen waren, auf denen sie in hölzernen Verschlägen vor Polizisten und Zöllnern versteckt worden waren.
Die Käufer sind gut zu ihren Sklaven. Sie nehmen die »gekaufte Ware« bei der Hand, ein Zeichen, daß sie nun ihnen gehört. Es gibt kein Papier, keinen Vertrag, nichts wird unterschrieben. Hier das Geld, da das schwarze Elfenbein, ein Handschlag genügt.
Wie es dazu kam, weiß ich nicht. Einer von den Händlern warf sich plötzlich auf mich. Ich fiel zu Boden. »Was wollen Sie von mir!?«
Der Angreifer sprach mit meinem Freund Suliman, untersuchte meine Taschen. Man fand Legitimation und Visistenkarten.

Ein Deutscher!
Man ließ mich allein. Suliman aber nahm man mit. Er bekam einen Fausthieb nach dem anderen.
Nachts saß ich unter dem Sternenhimmel. Mein Essen: ein geröstetes Stück Schlange, ein rundes Stück heißer Fladen ohne Salz. Die Nächte in der Wüste sind kalt. Ich fror.
Am frühen Morgen kam Sulimann. Wir kramten alles zusammen, was wir an Geld und Wertgegenständen hatten. Es war nicht viel, ich hatte einen Siegelring, eine goldene Uhr, an Bargeld US-Dollar, Rial, Deutsche Mark, Französische Francs, Schweizer Franken. Alles zusammen fünfhundert Mark.
Wir gaben das den Sklaventreibern. Sie grinsten.
Sklavenhändler, Sklaven und Käufer waren verschwunden, und auch die Treiber verbeugten sich, wandten sich um, gingen in die Wüste.
»Das ist noch einmal gut gegangen«, sagte Suliman.
»Ohne Glück soll man nicht auf der Welt sein!«
Ich dachte an Max. Er hatte mich nicht belogen.
Gleich der Jungfrau auf dem rheinischen Felsen Loreley, die mit ihrem Gesang Fischer und Schiffer ins Verderben stürzte, hieß meine Loreley, die mir nicht aus dem Sinn ging, Miriam. Die schöne Saudi-Ärztin konnte ich nicht vergessen. Ich redete mir ein, daß es Liebe war. Es mußte aber nicht stimmen, denn Liebe hatte ich mir schon oft eingeredet. Oder war es Eitelkeit? Außerdem war ich verheiratet und bin es immer noch.
Ob Miriam aus Liebe zu mir ihre Heimat verlassen würde? Freiwillig? Sie besaß ja keine Ausreisegenehmigung. Sie würde den König bitten müssen. Ein Motiv angeben. Vielleicht: »Ausbildung als Fachärztin.« — Eine Entführung? Entführung aus dem Harem! So etwas hörte sich gut an.
Also auf zu Miriam.
Sie war sichtlicht deprimiert. Daran war nicht ich schuld.
Miriam war als Ärztin zu einer geradezu alttestamentarischen Hinrichtung beordert worden. Das Geistliche Gericht hatte beschlossen, daß eine Ehebrecherin zu Tode gesteinigt werden sollte.
Es war ein heißer Tag. Ein heißer Tag in der Wüste.
Miriam mußte an der Steinigung teilnehmen. Die Geistlichen

Richter hatten sie über die Verwandtschaft dazu ausersehen. Aus Humanität sollte eine Ärztin anwesend sein. Mit schmerzstillenden Mitteln und Injektionen.
Miriam nahm mich in einem amerikanischen Jeep mit. »Was Sie heute erleben, werden Sie nie erlebt haben und, so Allah will, nie mehr erleben können.«
»Wissen Sie, daß das, was hier geschehen soll, tiefstes Mittelalter ist?«
»Ich weiß es. Ich weiß auch, daß unser Volk, wenn es bestehen will, sich von diesen Grausamkeiten abwenden muß.«
Ein Franzose, ein Ingenieur, hatte eine Saudi-Frau verführt. Er mußte, als das an die Öffentlichkeit drang, in die französische Botschaft nach Djeddah flüchten und wurde von dort in einer Kiste außer Landes geflogen. Die Saudis hätten ihn, und das wäre noch harmlos gewesen, kurzerhand kastriert, ihm die Nase und Ohren abgeschnitten. Vielleicht hätte man ihn halbtot in der Wüste unter der Sonne verdursten lassen.
Sie hieß Ava. Viele Neugierige waren gekommen. Frauen und Männer, die Steine trugen.
Das lange Haar lag Frau Ava wie ein Schleier über die Schultern. Sie trug ein purpurrotes, langes, im Sand schleppendes Kleid.
Im Umkreis von zwei Kilometern standen Kamelreiter. Kein Ungläubiger durfte dieser Hinrichtung beiwohnen. Ich trug wieder die Kleidung des Landes.
Avas Verwandtschaft war groß. Auch die des betrogenen Ehemannes. Und dann die Ältesten der Nomadenclans, weißbärtig die Scheichs. Sie waren zur Hinrichtung eingeladen. Ihre Frauen und Töchter hatten mitkommen müssen, verschleiert.
Die zum Tode verurteilte Ava hatte keine Tränen in den Augen. Ich sah, wie sie die Hände vor sich im Sonnenglanz auseinander breitete. Sie wartete.
Ein Schrei. Ich zuckte zusammen.
Es geschah. Buben trugen in groben, offenen Jutesäcken Steine. Ein Stein nach dem anderen wurde aus dem Sack genommen. Man warf, traf oder traf nicht. Ein Stein nach dem anderen wurde gegen die zum Tode verurteilte Ava geschleudert.
Sie brach zusammen. Die Hände hielt sie schützend über den Kopf.

Steine flogen. Steine flogen.
Ein Arzt ging zu der am Boden Liegenden, kniete nieder. Ava spürte den Stich der Spritze nicht.
Drei Injektionen Morphium. Ava richtete sich auf. Steine flogen. Sie fiel in den Wüstensand.
»Ava ist tot.«
Die Peiniger zogen sich zu ihren Autos, ihren Teppichen zurück. Sie tranken Kaffee, rauchten Zigaretten, steckten honiggetränkte Nüsse in den Mund, schmatzten zuckersüße Melonen.
Wir haben Frau Ava bestattet. Fünf Bäume standen in nächster Nähe. Der Sand war naß. Wir gruben eine Mulde, legten Steine darauf.
»Es wird der Tag kommen, da unsere Brüder und Schwestern aus dem Ausland nach Hause kommen. Wir brauchen diese Leute. Sie werden dem König nicht die Hand küssen. Sie werden den geistlichen Führern keinen Gehorsam erweisen.«

Am nächsten Tag war ich zur königlichen Audienz bestellt.
Vor dem Hotel stand ein elfenbeinfarbener Mercedes 600, am Kühler der saudi-arabische Stander. Zwei Offiziere aus der Palastwache, von den Zähnen bis zu den Zehen bewaffnet, standen daneben.
Kein Wort wurde gesprochen.
Drei Motorradfahrer in schwarzem Leder, auf dem Kopf das weiße Tuch mit dem schwarzen Reifen, übernahmen die Führung. Hinter dem Mercedes ein hellblauer langer Cadillac. In ihm saßen vier Palastgardisten. Saudis. Alle bewaffnet.
Ein Prinz königlichen Geblütes, der Staatssekretär vom Informationsministerium, Fahd Al-Sedayri, stand auf der Freitreppe zum Palast. Um ihn die königliche Leibwache.
Die Edlen des Landes, einfaches Volk, trugen die Kleidung des Landes: das weiße, bis zu den Füßen reichende lange Kleid, das weiße Tuch auf dem Kopf, den schwarzen Ring darauf, den schwarzen mit Goldborte verzierten Mantel.
Prinz Fahd Al-Sedayri stellte mich dem Zeremonienmeister vor, einem alten würdigen Mann, der hundert Jahre alt gewesen sein soll.

Ich mußte mich in das Besucherbuch eintragen.
Mein Dolmetscher, ein Sudanese, stellte meine Geschenke auf einen Marmortisch.
Das Geschenk für die Prinzessin sollte gesondert überreicht werden. Die Gattin des Königs ist Prinzessin Effat. Man machte mich darauf aufmerksam, daß ich mich nicht wundern dürfe, wenn Seine Majestät nicht lächelte. Sein Magen machte ihm zu schaffen. Er konsultierte die besten Ärzte der Welt.
Der Hofmeister kam, der Prinz, flankiert von königlichen Leibwächtern, führte mich in das Zimmer, in dem König Feisal residierte. Ein einfaches Zimmer, moderne Möbel, ein Lehnstuhl. König Feisal ging mir zwei Schritte entgegen.
Man brachte die Pakete. Ich überbrachte Grüße aus Deutschland, überreichte Geschenk um Geschenk. Der König nahm sie, gab alles weiter an einen Mann, der in einem mit Goldborte besetzten Kleid neben ihm stand.
Der König sagte auf deutsch: »Ich danke, Herr Kernmayr!« Er bat mich, Platz zu nehmen.
Zwei Saudis mit Dolchen im Gürtel kamen. Von hoch oben gossen sie in einem dünnen Strahl Kaffee in mein Täßchen.
Der König saß auf einem erhöhten Backenstuhl. Er war schlicht gekleidet, ohne Gold und Silber. Am Ringfinger trug er einen Ring mit einem schwarzen Stein. In der anderen Hand hatte er eine kleine Perlenkette, die er von links nach rechts und von rechts nach links bewegte.
Ohne ein Wort zu sagen, verließen der Hofmeister, der Prinz, die Edlen den Raum. Der Dolmetscher blieb.
Der König ließ durch Dr. Selim, den Dolmetscher, übersetzen: »Sie sind in meinem Lande willkommen. Mein Vater Abdul Aziz plante als erster König der Saudis in diesem Lande die Zedern, den Baum des Friedens, zu pflanzen. Er wollte damit die Einigkeit des arabischen Volkes gewährleisten. Mein Vater Abdul Aziz starb, ohne die Früchte seines Lebenswerkes ernten zu können. Als sein Sohn werde ich mein Bestes tun, die Arbeit meines Vaters erfolgreich fortzusetzen.« Er atmete tief. »Meine Söhne und Töchter, die Studenten in der weiten Welt, es sind achttausend, erzählen mir viel Schönes und Gutes aus Ihrer Heimat, aus Deutschland.«

Zwei schwarze Leibwächter in ihrer weißen Pracht brachten Kaffee. Ich hatte das zehnte Täßchen geleert, der König ebenfalls. Es mochten zwanzig Minuten vergangen sein.
Der König legte die linke Hand auf meine Schulter, mit der rechten schüttelte er meine Hand. »Mein Land ist Ihr Land. Sie sind mein Gast. Grüßen Sie die Deutschen!«
Die Audienz war beendet.
Die Tür öffnete sich. Ich verbeugte mich, verließ rückwärts den Raum.
Ich wurde in den Wartesaal geführt. Man deutete auf das Paket mit der Schwarzwälder Uhr.
Jeder konnte es hören: »Tick-tack, tick-tack ...«
Ich wußte nicht, was daran so unheimlich sein sollte, schließlich tickt jede Uhr.
Was nun aber den größten Schrecken bei den Umstehenden auslöste, war ein »Kuckuck, Kuckuck, Kuckuck ...«
Anscheinend war es so Brauch, daß der Dolmetscher nach der Audienz all das, was gesprochen wurde, zu Papier brachte. Dr. Selim war nicht zur Stelle. Ich stand da mit meinem Deutsch, kein Wort Englisch, kein Wort Französisch, Arabisch schon gar nicht.
Alle redeten auf mich ein. Sie deuteten auf das Paket.
Ich öffnete, holte die Schwarzwälder Kuckucksuhr heraus, hielt die Uhr in die Höhe. Die Tannenzapfen an der kleinen Kette schlugen hin und her. Ich drehte den Zeiger auf die nächste volle Stunde: Kuckuck, Kuckuck ...! Dann verschwand der hervorspringende hölzerne Kuckuck wieder.
Immer wieder mußte ich den Zeiger der Uhr drehen, bis der Kuckuck aus seinem Häuschen sprang.
Alle hatten ihren Spaß daran.
Am nächsten Tag flog ich nach Er Riyadh. Dort gibt es einen Gästepalast »El Nassaria«, in dem ich es »wagte«, mich auf den Stuhl König Faisals zu setzen.
Ich wohnte im Hotel »Al Gamamah«. Hinter dem Hotel und neben dem Hotel standen Lehmhäuser. Es ist noch nicht lange her, da war Er Riyadh so klein, daß man abends alle Türen und Fenster geschlossen hat, weil man Angst hatte, daß Wüstenräuber eindrangen. Heute wohnen über vierhunderttausend

Menschen in der Hauptstadt. Der Westen kreuzt sich hier mit dem Osten.

Die Beduinen klimpern mit ihren Münzen in den Taschen, mit goldenen Münzen. Wenn sie Feste feiern in den großen Sälen, sind es nicht Hunderte, dann sind es Tausende, die zu dieser Tafel geladen werden. Die Herren aus Amerika, die Ölfachleute, halten Hof.

Schnell fährt man mit einer Dieseleisenbahn in die Wüste hinaus zu den Ölquellen. Ein Aussichtswagen, Glas, Ebenholz, Gold, Silber. Aus den tragbaren Transistorradios empfängt man Nachrichten aus aller Welt.

Viele Kilometer von Er Riyadh entfernt steht ein Bahnhofsgebäude. Es wurde mit Ziegeln und Bausteinen aus Frankreich erbaut. Man hat auch einige Schienen nach Saudi-Arabien gebracht. Es sollte eine Eisenbahnverbindung werden mit Mekka und Medina. Aber es blieb bei der Planung. Der Bahnhof verfällt.

Man rief zum Gebet. Die Moslems fielen auf die Knie, schauten gen Mekka. Beteten. Unter ihnen der König. Im schwarzen Gewand, mit dem goldenen Reif auf dem Kopf. Er ist gekommen, um die Prinzen zur Mäßigung aufzurufen.

König Faisal hat die Paläste, die der verschwenderische Bruder Saud erbauen ließ, nie betreten.

Ich war Gast bei einem Beduinen. Drei Tage. Dr. Sindhi war bei mir.

Ein Verbrecher hatte Gastfreundschaft bei den Beduinen gefunden. Ein Mörder. Er wurde nicht gefragt, wer er war, wie er hieß, woher er kam. Er bekam zu essen. Im finstersten Winkel des Zeltes hatte er gesessen.

Die berittene Wüstenpolizei war auf Kamelen gekommen. Der Beduine hatte zur Polizei gesagt: »Er ist mein Gast!«

Am siebten Tag erst fragte der Beduine seinen Gast, wie er hieß. Bat ihn höflich, er möge sich der Polizei stellen. Am nächsten Tag wurden die Zelte abgebrochen. Und wenn die Zelte aus schwarzem Kamelhaar zusammengerollt, auf Kamele gepackt werden, dann ist es aus mit der Gastfreundschaft. Es gab kein

Zelt mehr. Der Scheich brauchte die Gastfreundlichkeit nicht mehr zu verteidigen.
Ich sah, wie der von den Polizisten gesuchte Mörder in die Wüste hinauslief. Als wüßte er, daß von irgendwoher ein Schuß kommen würde. Er lief links, rechts, geradeaus, bückte sich, als wolle er etwas aus dem Wüstensand aufheben.
Dann fielen die Schüsse. Der Mörder fiel in den Sand. Die Wüstenpolizei ritt weiter.

Die Afghanen lieben die Deutschen

Als ich mit dem Flugzeug in Kabul ankam, standen Hunderte Afghanen, alle in dunkler Kleidung, am Flughafen.
»Nanu«, dachte ich, »die werden doch nicht mich empfangen wollen!?«
Ich saß auf einer Kiste. Neben mir andere Passagiere. Es war ein kleines Flugzeug, das, aus Teheran kommend, in Kabul gelandet war. Es war viel Glück dabei gewesen, daß wir überhaupt hatten fliegen können, denn in Teheran war noch niemand sicher gewesen, ob dieses Flugzeug fliegen würde oder nicht.
Aber wir kamen an.
Dann erfuhr ich: Ich saß auf einem Toten. Es war der Polizeipräsident von Kabul, gestorben in Deutschland, in Berchtesgaden. Er wurde in dieser Kiste nach Hause geflogen. Über Teheran. Wir saßen auf dieser Kiste, wir tranken Whisky.
Da stand die schwarze Menge und verbeugte sich vor dem toten heimgekehrten Polizeidirektor. –
Ich aber bin voll des Lebens, und das ist wunderschön, noch dazu, wenn die Sonne scheint, wenn man weiß, daß der Tod eine Ewigkeit lang dauert, und Ewigkeiten sind lang, lang und langweilig.
Ich sah Kamele, viele Kamele und traute meinen Augen nicht. Sie trampelten im wahren Sinne des Wortes über rote und blaue Teppiche, große, lange, kurze, schmale und breite Teppiche. Auf diesen Teppichen lag Kameldung, trockener Kameldung und Wüstensand. Aber so muß es sein. Die Teppiche werden von Frauen und Kindern hergestellt, werden vom frühen Morgen bis in die tiefe Nacht hinein gewoben. Diese Arbeit erfüllen die Afghanen schon seit tausenden Jahren. Ich habe Teppiche, wenn auch nur hinter Glas gesehen, die weit über

tausend Jahre alt waren. Echte Purpurfarben, durch die das Gewebe die Pracht und Herrlichkeit erreicht.
Die Teppiche werden durch einen Fluß gezogen, durch klares Wasser aus den entfernten Bergen. Dann wird der Teppich wieder mit Kameldung beworfen, und wieder trampeln Kamele darüber, wieder wird er ins Wasser geworfen. Das Ganze wird siebenmal wiederholt, dann erst werden die Teppiche an rohen Hanfstricken aufgehängt. Die Sonne soll sie trocknen.
Frauen- und Kinderarbeit kostet in Afghanistan fast nichts. Die Afghanen, die das Prachtstück zum Händler bringen, bekommen gerade so viel, daß sie ihren Reis, ihren Tee, die Hirse, die wenigen Kleider, die sie tragen, bezahlen können.
Der Händler verdient, der Exporteur verdient, der Importeur verdient. Man kann sagen: 10% Arbeitslohn und 90% Händlergewinn.
Ich sah Afghanen. Sie exerzierten ohne Schuhe. Das ist nicht gang und gäbe, aber das eine Paar, das der Soldat bekommt, muß lange halten. Außerdem sind es die Afghanen gewohnt, barfuß zu gehen. Warum sollen sie also nicht barfuß exerzieren? Auf ... nieder ... auf ... nieder! Sie liefen, marschierten, sie hantierten mit den Gewehren.
Mein Kollege Karlheinz von den Driesch stieß mich an. »Komm!«
Ich setzte mich in Bewegung.
Ein Mann, Afghane im besten Londoner Anzug, sprach uns in sehr gutem Deutsch an. »Guten Tag, meine Herren, hatten Sie einen guten Flug?«
Alles an diesem 40jährigen Mann war korrekt: Weißes Hemd, blaue Krawatte. Er war der Chef des Gesundheitsamtes für alle Einreisenden. Wir zeigten unsere Impfpässe. Wir waren geimpft gegen Cholera, gegen Pocken, gegen Fleckfieber, gegen Typhus.
»Danke, meine Herren«, sagte der Afghane freundlich, »und was machen die schönen Mädchen in Bonn?«
Karlheinz und ich sahen uns an. »Wie bitte?«
»Ich war als Student in Bonn und sehr oft in deutsche Mädchen verliebt. Später war ich an unserer Botschaft beschäftigt.« Er stellte sich vor, gab uns die Hand.

»Darf ich Sie in mein Büro bitten?«
Wir folgten ihm.
Die Tür schloß sich hinter uns.
»So, nun bin ich wieder unter euch in Deutschland«, sagte er, »nun darf ich mir auch einen Schluck aus der Pulle gönnen.«
Im Laufe der nächsten halben Stunde haben wir eineinhalb Flaschen Whisky geleert.
»Ich wünsche Ihnen einen guten Aufenthalt in unserem Land. Seien Sie nicht zu kritisch. Wir werden es schon schaffen. Haben Sie Nachsicht, wenn nicht alles so klappt, wie Sie es aus Deutschland gewohnt sind.« –
Dann standen sie da, die Afghanen in ihrer farbenfrohen Landestracht. Trotzig und trotzdem voll Freundlichkeit sahen sie uns an. Sie wußten nicht, daß ich nicht der zu erwartende, damalige Außenminister Scheel war, mein Freund Karlheinz nicht der Ministerialdirigent Dr. Sonnenhohl.
Die Turbane der Afghanen waren grau, weiß, rot und blau. Mit einem Mal brüllten sie los: »Char yar ... char yar ... char yar ...«
Später erfuhr ich, daß das der Kriegsruf der Afghanen ist. Mit diesem Ruf haben sie um die Jahrhundertwende die britischen Kolonialsoldaten über den blutgetränkten Khyberpaß gejagt. Mit diesem Kriegsgeschrei begleiten sie ihre Arbeit von morgens bis in die Nacht hinein. Sie arbeiten mit Spitzhacke und Schaufel, sie sprengen große Felsen, sie bauen an den Terrassen für das große afghanische Kraftwerk Mahibar.
Dann kam ein Riese von einem Afghanen anmarschiert. Er schwang die Arme gleich einem englischen Gardesoldaten. Er stampfte mit beiden Füßen, Staub wirbelte auf. In klarem Deutsch meldete er: »Guten Tag, Herr Minister!« Er stampfte wieder, drehte sich um und marschierte zu seinen Afghanen zurück.
Was sollten wir machen? Wie sollten wir den Leuten sagen, daß ich nicht der Minister war, daß mein Freund nicht der Ministerialdirigent war? Wir waren nur die Vorhut, wir hatten uns in Teheran selbständig gemacht.
Da kam die Rettung in Gestalt des Pressereferenten an der deutschen Botschaft in Kabul. Ein liebenswerter junger Mann

stellte sich uns vor: »Fritz K. Diehm.« Er charterte zwei Taxis. Wir ließen uns mit den Afghanen fotografieren, wir, die Zivilisten, mit den Soldaten. Wir wollten ihnen etwas schenken, aber sie nahmen nichts an. Sie lachten: »Deutsche, gute Menschen!«
Von Fritz K. Diehm erfuhr ich, daß die Afghanen im Zweiten Weltkrieg sich nicht dem Druck der Engländer gebeugt haben. Sie hatten durchgesetzt, daß alle Deutschen freies Geleit bekamen, daß alle Deutschen in die Heimat fahren konnten. Die Afghanen selber haben keinen Deutschen inhaftiert. Sie lieben Deutschland.
Auf meine Frage: »Warum liebt ihr Deutschland, warum liebt ihr die Deutschen?« war die Antwort immer gleich: »Von den Deutschen können wir viel lernen.«
Übrigens, die Afghanen mußten nie unter einer fremden Herrschaft leben. Sie waren immer ein freies, stolzes Volk.
Der Pressereferent der deutschen Botschaft in Kabul informierte mich über Land und Leute in Afghanistan.
Afghanistan ist 647 000 Quadratkilometer groß. Der größte Teil des Landes ist Gebirge. Keine zehn Prozent werden landwirtschaftlich genutzt.
Politische Parteien, wie sie im Westen üblich sind, gibt es in Afghanistan nicht. Die Stammesoberhäupter und die Mullahs, die Geistlichkeit, die Mohammeds Erbe verwalten, haben einen großen Einfluß auf die Bevölkerung und in der Regierung.
Kabul ist die Hauptstadt des Landes mit einer halben Million Einwohner. Die kleineren Städte: Kandahár mit 220 000, Herát mit 177 000 Einwohnern.
Die Mehrzahl der Afghanen spricht Paschtu. Es sind die Paschtunen, das Staatsvolk. Dann gibt es noch die Tadschiken, die Usbeken, die mongolischen Heroren, sowie die Kafiren und die Belutschen, die Kirgisen und Perser.
Staatssprache: Farsi und Persisch.
Religion: Islam, Sunniten, Schiiten und viertausend Juden.
Handelspartner der Afghanen sind die Bundesrepublik Deutschland, die Sowjetunion, die Indische Union, die Vereinigten Staaten von Amerika, Japan und Pakistan.
Ehrlich gestanden war ich ein bißchen enttäuscht, ich hatte

geglaubt, ich müßte Bilder aus Tausendundeiner Nacht sehen. Nichts dergleichen.
Wir fuhren an kleinen Häusern, an Moscheen, an Kamelkarawanen, Schaf- und Ziegenherden vorbei, an halbhohen Häusern und der Rundfunkstation. Wir fuhren der Stadt zu. Wir wurden im Staatshotel Kabul einquartiert.
Auf unseren Zimmern stand ein Geschenk vom deutschen Botschafter: eine Flasche Whisky. Im Lande selber gibt es keinen Alkohol zu kaufen. Neunundneunzig und mehr Prozent halten sich daran, keinen Alkohol zu trinken — Allah hat es verboten.
Reich sind die Afghanen nicht. Aber glücklich. Sie lachen gern und haben mir auch gleich erzählt — es war ein Kellner im Hotel, der die deutsche Schule in Kabul besucht hatte —, alles, was sie an Besitz hätten, sei nur von Allah geliehen!
Alte, uralte Autos, deutsche Mercedes, Volkswagen, russische und amerikanische Modelle, viele, viele Tausende von Fahrrädern beherrschen die breit angelegten Straßen.
Wenige Afghanen haben im Monat einen Verdienst von vierhundert bis fünfhundert Mark. Da sind die Generaldirektoren einbezogen. Die Minister beziehen kaum mehr als sechs- bis siebenhundert Mark im Monat.
Gewaltig ist der Gebäudekomplex, den die Sowjetrussen sich als Botschaft bauen ließen. Von einer hohen Mauer umgeben. In der Botschaft der UdSSR arbeiten sechshundert Russen, Techniker und Spezialisten für das Militär sind darunter. Sie betreiben propagandistische Hilfe.
Ich habe den sowjetischen Botschafter kennengelernt, auf einem Empfang, den der Botschafter der Bundesrepublik Deutschland, Dr. Moltmann, gab.
Ich wußte, daß die Sowjetrussen an den Grenzen in Afghanistan Straßen bauten.
»Soll Afghanistan ein sowjetischer Stützpunkt werden?«
Ein russischer Botschaftsrat: »Nein. Wir haben in unserem Land mit den Moslems genug Ärger.« Ich erfuhr, daß die Moslems mit dem Kommunismus nichts zu tun haben wollen. »Niemand macht uns in Rußland so viel Schwierigkeiten wie die Moslems.«
 »Worauf beruht dann die Liebe zu Afghanistan?«

»Liebe? Liebe ist es nicht. Wir wissen schon, was wir tun.«
Er nahm ein Glas Wodka, leerte es.

»Wie sagt man bei euch in Deutschland: viel Fragen macht Kopfweh!«

Er lachte und leerte das nächste Glas Wodka.

Botschafter Dr. Gerhard Moltmann nahm sich der Kollegen von der Presse an. Er bat uns zum Tee in seine Residenz.

Die Botschaft der Bundesrepublik Deutschland ist klein, Amtsräume und Residenz sind in einem einzigen Hauskomplex untergebracht. Dieser ist umgeben von Grünanlagen, Sträuchern, farbenprächtigen Blumen. Und alles von der tüchtigen und resoluten Hausfrau, der Botschafterin, und den beiden Söhnen Jan Felix und Gerhard betreut und gehegt und gepflegt.

Die Dienerschaft ist treu. So ist der afghanische Koch schon seit zwanzig Jahren immer der gleiche. Er hat für jeden Handgriff einen eigenen Boy. Der eine wäscht das Geschirr, der andere wäscht den Boden auf, wieder einer putzt die Fenster. Die Gattin des Botschafters braucht keine Angst zu haben, daß irgend etwas aus der Küche gestohlen wird, denn all das, was die Christen essen, halten die Moslems für unrein.

Auf dem Empfang für die Presse gab es Tee, belegte Brötchen, Whisky, Sherry und Orangensaft.

Dr. Moltmann war ein aufgeschlossener Mann, aber er zeigte sich ein bißchen erschrocken, als ich forderte:

»Ich möchte morgen oder übermorgen zum König Mohammed Záhir Schah.«

»Das geht auf keinen Fall. Der König ist auf Journalisten nicht gut zu sprechen. Alle Interviews werden nicht richtig wiedergegeben, sagt er.«

Despektierlich antwortete ich: »Herr Botschafter, ich finde, daß der König von Afghanistan, bekannt als Freund der Deutschen, doch froh sein müßte, wenn ein deutscher Journalist ihn interviewen möchte. Außerdem schreibe ich nicht für Zeitungen, sondern ich bereite ein Buch vor.«

Ich sprach vom Inhalt des Buches. Ein Mann, also in diesem Falle ich, fährt um die ganze Welt, nur mit der deutschen Sprache.

»Ich kann Ihnen viele Türen öffnen, zum Ministerpräsidenten,

Außenminister, Finanzminister, aber die Tür in den Königspalast, die bleibt Ihnen verschlossen.«
»Bis jetzt habe ich noch in jedem Land die Mächtigen interviewt, den Tenno in Japan, den Schah von Persien, die Sirikit von Thailand.« Ich dachte nach, dann sagte ich: »Herr Botschafter, vergessen Sie meine Bitte. Ich werde den König bestimmt sprechen.«
Der Botschafter bat uns, bei dem Empfang für Walter Scheel in den nächsten Tagen anwesend zu sein.
Wir tranken Tee, Whisky, Gin Tonic. –
Was die afghanischen Frauen und das afghanische Mädchen anbelangt, da ist Afghanistan im wahren Sinne des Wortes erotisches Notstandsgebiet. Aber in Kabul gibt es Schwedinnen, Däninnen, Amerikanerinnen, Engländerinnen und viele Ausländerinnen. Diese Damen sind dankbar, wenn man ihnen die Hand küßt, wenn man mit ihnen flirtet, Tennis spielt. Nicht zu vergessen, in Afghanistan wird viel Tennis gespielt und sehr viel geritten. Jeden Tag gibt es Einladungen und Empfänge.
In Afghanistan gibt es, wie gesagt, keinen Alkohol. Aber jede Botschaft bekommt dreimal im Jahr die Getränke, die sie braucht, über Hamburg oder Bremen. Auch Kühlschränke, Schnäpse, Weine, Bier, Radios, Fernsehapparate. All das, was man im Land nicht bekommt, kann man bei der Freihafenfirma Paul Ockert in Hamburg oder bei Nelier in Bremen bestellen. Es ist ein langer Weg über das Meer, dann muß die Ware auf Lastwagen durch das ehemalige Indien, heutige Pakistan über den Khyber Paß gefahren werden. Bei schlechtem Wetter müssen die Kamele herhalten. Es ist ein abenteuerliches Bild, zwanzig bis dreißig Kamele voll mit Lasten, die durch das Tor der Botschaft traben. Wenn einmal der Alkohol ausgeht, helfen sich die Botschaften untereinander aus.
Man muß in Afghanistan mit dem Wasser sehr vorsichtig sein, es ist nicht ganz bakterienfrei. Ich habe meine Zähne immer mit Whisky geputzt.
Wir wurden vor aller Art von Salaten und rohem Gemüse gewarnt.
Wir lernten die Damen der Botschaft kennen. Die Sekretärinnen, die aus Deutschland hergeflogen worden waren.

»Glücklich, mein Fräulein?«
»Oh ja!«
»Und was macht die Liebe?«
»Da müssen wir passen. Die Herren unserer Botschaft, ob jung oder alt, dürfen sich nicht einmal uns gegenüber zu einem Handkuß hinreißen lassen. Ein Liebesverhältnis mit einem der Herren von der Botschaft, selbst wenn er ledig ist, wird nicht gern vom Auswärtigen Amt gesehen. Entweder wird der Mann, wenn er entbehrlich ist, abgelöst, oder unsereiner muß zurück nach Deutschland. Es wird auch nicht gern gesehen, wenn wir mit einem Diplomaten, die ja bei uns verkehren, flirten wollen. Nein, Liebe ist für die Dauer unseres Aufenthaltes gestrichen.«
Am gleichen Tag lernte ich die Frau eines afghanischen Ingenieurs in einer gehobenen Stellung kennen, eine Deutsche. Eine hübsche Frau.
»Glücklich?«
»Ja, schon ...«
»Was heißt schon? Also doch nicht glücklich?«
»Doch. Aber ... ich wohne mit der ganzen Verwandtschaft meines Mannes zusammen. Es ist ein großes Haus, aber trotzdem. Ich muß das tun, was sie tun, ich muß das essen, was sie essen. Dann muß ich aufpassen, daß die anderen nicht meine Kleider, meinen Schmuck tragen. Die Großmutter kocht. Ich arbeite. Wir würden sonst nicht so leben können, wie wir leben. Mein Mann verdient sehr wenig.«
»Wo haben Sie Ihren Mann denn kennengelernt?«
»In München. Er studierte.«
»Hat er Ihnen erzählt, was Sie in Afghanistan wirklich erwartet?«
»Ja. Er hat mir die Wahrheit gesagt. Ich habe ihn trotzdem geheiratet. Sie wissen ja, wie das ist: Liebe, Liebe und nochmals Liebe.«
»Haben Sie sich Ihr Leben in Afghanistan anders vorgestellt?«
»Ja und nein.«
»Was machen Sie den ganzen Tag?«
»Ich sitze an der Schreibmaschine in einer englisch-dänischen Importfirma.«
»Was verdienen Sie da?«

»Dreimal soviel wie mein Mann.«
»Was sagten Ihre Eltern, als sie erfuhren, daß Sie einen Afghanen heiraten wollten?«
»Sie waren dagegen, ich habe es trotzdem getan.«
Sie schwieg. Nach einer Pause: »Es ist gut, daß ich keine Kinder habe. Ich möchte fort aus diesem Land.«
»Sind Sie so unglücklich?«
»Mit meinem Mann nicht. Aber die Umstände . . .«
Dann erzählte sie mir, daß sie in der Gesellschaft auf Parties eingeladen wurden, von den verschiedenen Botschaften oder großen Import- und Exportfirmen. »Da spüre ich, daß ich, weil mit einem Afghanen verheiratet, gesellschaftlich nicht anerkannt werde. Man rümpft die Nase über mich.«
»Wie ist das mit der Liebe zu Ihrem Mann?«
»Ich bin jetzt fünf Jahre verheiratet. Mit der Liebe ist es nicht mehr so, wie gehabt. Mein Mann betrügt mich. Hier herrschen andere Gesetze. Wenn mein Mann zu einer anderen geht, da helfen keine Vorwürfe.«
»Liebt Ihr Mann Sie!«
»Er liebt mich . . . er tut wenigstens so.«
»Wollen Sie fort?«
»Ja. Aber ich bin eine Gefangene. Ich habe keinen Paß. Darum läßt man mich nicht aus dem Land.«
»Haben Sie sich schon an Ihren Botschafter gewandt?«
»Ja. Aber er kann mir auch nicht helfen. Wir sind nicht auf einem deutschen Standesamt getraut worden.«
»Und warum nicht?«
»Meine Schwiegermutter hat es meinem Mann verboten. Jeder Afghane, ob Mann oder Frau, gehorcht vor allem seiner Mutter.«
»Haben Sie nie den Versuch gemacht, das Land zu verlassen?«
»Einmal. Ich kam nicht weit. Ein deutsches Ehepaar, Touristen, haben mich mitgenommen. Am Khyberpaß war meine Flucht zu Ende.«
»Hatten Sie nachher Schwierigkeiten?«
»Die Verwandtschaft meines Mannes sprach mit mir ein halbes Jahr kein Wort.«

»Und Ihr Mann?«

»Er liebt mich ... sagt er.« Hastig fügte sie hinzu: »Warnen Sie die Mädchen in Europa. Sie sollen sich unbedingt in ihrer Heimat standesamtlich trauen lassen.« Sie hatte Tränen in den Augen.
Ich küßte ihre Hand. »Weinen Sie nicht. Es kommt alles immer so, wie es kommen muß.«
»Helfen Sie mir!«
Ich versprach es ihr. Aber es dauerte noch ein ganzes Jahr, bis ich ihr tatsächlich helfen konnte. Ihr Mann wurde nach Deutschland in eine Fabrik für Telefonherstellung berufen. Er nahm seine Frau mit. Sie blieben in Deutschland, haben inzwischen zwei Kinder. Einmal im Jahr fährt er allein auf Urlaub nach Afghanistan. Frau und Kinder bleiben in Deutschland.
Von einer anderen Frau, einer Österreicherin, die mit einem afghanischen Baumeister verheiratet war, erfuhr ich, daß sie sehr glücklich sei. Auch hier lebte der gesamte Clan, Mutter, Vater, Geschwister des Baumeisters, mit dem Ehepaar unter einem Dach. Aber nicht lange. Die Österreicherin setzte sich durch, dann baute sich der Baumeister ein eigenes Haus. Er war stark genug, sich von der Bindung an die Familie zu lösen. Dieses Ehepaar führte eine glückliche Ehe, es hatte vier Kinder. Sie, Ethel, fiel mir, ihrem Landsmann, um den Hals und sagte: »Nun müssen Sie mir viel von Wien erzählen!«
Ich tat es. Die Österreicherin erzählte mir ihrerseits viel von der Armut des Landes.

Die meisten Afghanen sind Analphabeten.
Wenn man auf der Straße zwei Polizisten sieht, meist Soldaten, die als Polizisten eingesetzt sind, kann man sich ruhig von ihnen anhalten lassen, wenn man ein Verkehrsgesetz übertreten hat. Keiner dieser Soldatenpolizisten kann lesen oder schreiben. Und gutmütig sind sie auch.
Ich habe Kamele gesehen, die schwer bepackt wochenlang unterwegs waren. Ziel: die chinesische Grenze. Tausend Kilometer und mehr. Ich selber war auf dieser Straße der Kamele und Autos. –
Kein Prunk im Königspalast. Die Einrichtung: Paris 1890 bis

1910, Cancan-Zeit. Roter Plüsch, Samt, Goldborten. Viele kostbare Teppiche auf dem Fußboden, an den Wänden.
Die Königsfamilie spricht französisch. Der König spricht kein Wort deutsch. Der Hofsekretär, ehemals Student in Bonn, übersetzte.
Der König fragte mich: »Sind die Deutschen glückliche Menschen?«
»So glücklich, wie es oft den Anschein hat, sind die Deutschen nicht. Schließlich haben sie zwei Kriege verloren.«
Er lächelte. »Verloren? Die Deutschen haben die Kriege, auch wenn sie sie verloren haben, immer gewonnen. Die Engländer, die haben den Krieg verloren. Sie mußten Indien und alle anderen Kolonien aufgeben. Aber die Engländer merken es nicht. Sie glauben immer noch, sie seien die Herren der Welt. Wenn man die Engländer von heute studiert, bekommt man den Eindruck, sie führten sich selber spazieren. Aber eines können die Engländer: Schläge hinnehmen. Und sie sind tapfere Soldaten. Sie verlangen Fairness, selber üben sie leider keine Fairness!«
Es wurde eisgekühlter Fruchtsaft gereicht.
»Kannten Sie Amman Ullah?« fragte mich der König.«
»Ja«, antwortete ich. »Ich habe den afghanischen König Amman Ullah in Berlin gesehen. Hindenburg hat ihn empfangen. Es gibt sogar einen Schlager über Amman Ullah.«
»Er war ein moderner König. Er hat sogar eine Eisenbahn in Afghanistan bauen lassen.«
Ich hatte die Eisenbahn in Kabul gesehen.
König Amman Ullah hatte in Berlin, und zwar auf Pump, bei Borsig eine Lokomotive, einen Kohlentender, drei Waggons und 300 Meter Schienen gekauft. Er hatte viel in Berlin eingekauft. Und nichts bezahlt.
Amman Ullah war für die Berliner eine Attraktion gewesen. Hindenburg mit dem Zylinder und Amman Ullah, König der Afghanen, mit schwarzer Persianermütze, darauf einen weißen Stoß Reiherfedern.
Als Amman Ullah wieder nach Hause kam, hatte man ihn abgesetzt.
 König Amman Ullah hatte in Kabul einen kleinen Bahnhof

bauen und Schienen legen lassen. Auf diesen Schienen ließ er die Lokomotive mit dem Kohlentender und den drei Wagen fahren. Bald wurde es still um diese Mini-Eisenbahn. Sie steht noch heute in Kabul, verrostet. Zwischen den Schienen wachsen Gras und Bäume. Aus der Lokomotive und den Waggons wachsen Sträucher. Ein Denkmal für Amman Ullah.
»Majestät, wie steht das Volk zu Ihnen?«
Der König lächelte. »Das Volk? Gestatten Sie mir die Gegenfrage: Wie steht das Volk zur deutschen Regierung? Auf das Volk kann sich kein Regent verlassen. Sie jubeln mir zu, sie tragen mich auf Schultern, sie liegen mir zu Füßen, aber wenn einer käme, der ihnen mehr bieten könnte als ich, würden sie ihm nachlaufen. Ich bin ein armer König, ich kann dem Land und dem Volk nicht viel bieten!«
Er führte mich in ein Zimmer voll mit Jagdtrophäen und Gewehren. Alte Hinterlader waren darunter. Uralte Gewehre. Eines dieser Gewehre schenkte mir der König.

Briefmarken muß man in Afghanistan, vor allem in Kabul, selber bei der Post holen, auch dort an Ort und Stelle auf Briefe oder Karten kleben und abstempeln lassen. Jeder Tourist, der eine Karte von Afghanistan nach Hause schreibt oder einen Brief und diesen frankiert, sollte damit auf die Post gehen und dort warten, bis die Marken abgestempelt sind.
In ganz Kabul gab es in jenen Tagen vielleicht zehn bis fünfzehn Briefkästen. Aber es war nicht sicher, ob diese Briefkästen täglich, wöchentlich oder auch nur monatlich geleert würden.
Ich habe einem Briefträger zehn Karten mit schönen afghanischen Marken darauf in die Hand gedrückt. Wie der Zufall es wollte, sehe ich diesen Briefträger, wie er die Marken mit Speichel von meinen Karten ablöst!
Ich erfuhr, daß das gang und gäbe wäre. Die Briefträger nehmen die ungestempelten Marken von den Briefen und Postkarten und verkaufen sie für den halben Preis weiter.
In Afghanistan zählte man gerade das Jahr 1335, man könnte sagen, man lebt auch nach dieser Jahreszahl, wenn auch die meisten Frauen in Afghanistan den Schleier abgelegt haben.

Aber es gibt immer noch viele Frauen, vor allem in der Provinz, die noch einen Schleier tragen. Vor allem leben sie nach den Gesetzen Mohammeds: ohne Alkohol.
Es ist in Afghanistan nicht so, daß man reich sein muß, um mehrere Frauen zu haben. Die Frauen werden geheiratet, um zu arbeiten, die Kinder all dieser Frauen bilden den Clan, die Sippe. Frauen sind ihrem Mann treu. Trotzdem habe ich sieben Afghanen getroffen, die bereuten, daß sie mehrere Frauen hatten.
Und immer wieder: Vorsicht, Vorsicht beim Essen und Trinken. Ich habe es am eigenen Körper spüren müssen, weil ich ein bißchen leichtsinnig war. Es kann einem passieren, daß man den ganzen Tag das gewisse »Örtchen« dauerhaft aufsuchen und auch sehr lange darin verweilen muß.
Einmal bin ich auf dem Bazar sechs Stunden verschollen gewesen, weil ich nicht mehr herausgefunden habe. Immer wieder kam ich in ein neues Gäßchen oder in ein Haus, durch das ich gehen mußte. Oft landete ich in einem Geschäft oder einer Wohnung. Die Frauen und Kinder betasteten mich, befühlten meine Kleidung, bewunderten meine Schuhe. Einer bat mich den Mund aufzumachen, er wollte meine Zähne sehen. Er war ein Zahnarzt, »Professore«, wie er sich vorstellte. Er wies auf sein Türschild, zeigte mir die Zange, mit der in Afghanistan ohne viel Federlesen ein Zahn aus dem Mund gezogen wird. Manchmal wird auch der falsche gezogen, aber das macht nichts, irgendwann kommt gewiß einmal der richtige dran. Patient und Zahnarzt lachen über ein solches Mißgeschick. Mit einer braunen Flüssigkeit wird der Mund ausgepinselt.
Was mich am meisten überraschte: der Zahnarzt spuckte in den Mund hinein. Ich habe erfahren, das sei von den Patienten erwünscht, weil sie der Meinung sind, der Speichel des Zahnarztes wäre heilsam.
Im Bazar spielt sich das Leben der afghanischen Bevölkerung ab. Es kommen aber auch Europäer, Frauen und Männer von den Botschaften, fremden Missionen. Um nicht ihr Gesicht zu verlieren, müssen die Europäer genauso feilschen wie die Afghanen, denn das Handeln, das Feilschen gehört nun einmal dazu.
 Sie würden die Europäer als die dümmsten Menschen der Welt

einschätzen, sie nicht achten und nicht grüßen, wenn sie nicht ebenso feilschen würden wie sie selber. Man kann, wenn hundert verlangt werden, bis auf 35 herunter handeln.
Man hüte sich, das gastlich angebotene Backwerk oder die geleeartigen Süßigkeiten im Bazar zu essen. Man muß sich die Hand auf den Bauch halten und sagen: »Malade«. Dieses Wort verstehen sie, weil es aus dem Französischen kommt. Sie nicken verständnisvoll mit dem Kopf und verschonen einen mit diesen Süßigkeiten.
In diesen Bazaren sitzen die Frauen stundenlang und tratschen. Sie werden von den Händlern mit Süßigkeiten und Getränken traktiert. Mit den Frauen die Kinder. Wer hungrig ist, kann sich sogleich ein Stück vom Lamm abschneiden. Aber ich rate jedem, das Fleisch erst mit Mineralwasser zu waschen, gut abzutrocknen. Dasselbe gilt auch für den Eisenspieß, der rostig ist. Man kann sich das Fleisch an Ort und Stelle braten lassen, mit Zwiebelscheiben und viel Knoblauch.
Russen, Franzosen, Engländer, Deutsche, Schweden, alle sprechen davon, daß sie zum Nutzen und Frommen des Volkes ins Land gekommen seien. Schlagwort: Entwicklungshilfe.
Die Amerikaner bauten zuerst ein Hospital für sich. Dann ein Informationszentrum, dann Häuser für ihre Leute. Die Deutschen aus der Bundesrepublik sind schon lange im Land, lange jedenfalls bevor das Wort »Entwicklungshilfe« aufgekommen ist.
Vorbildlich ist, seit fünfzig Jahren bestehende Nedjat-Oberrealschule. Eine deutsche Schule. Wer das Abitur auf dieser Schule ablegt, kann in der ganzen Welt, vor allem aber in Deutschland studieren. Die Lehrer sind Afghanen, die in dieser Schule vor zwanzig oder dreißig Jahren ihre ersten Deutschkenntnisse erworben haben.
Wenn man fragt: »Wo wollt ihr studieren?« oder: »Wo wollt ihr arbeiten?«, lautet die Antwort: »In Deutschland, in Österreich oder in Amerika.«
Die Nedjat-Oberrealschule ist, ich übertreibe nicht, weit über die Grenzen Afghanistans bekannt als eine der vorbildlichsten Schulen.
Zurück zu meiner Irrfahrt im Bazar. Das Ende meiner Suche

war der Eingang zu einem Bad. Gottlob waren nur Männer in diesem Bad. Nackte Männer. Sie lagen auf dem Steinboden und wurden von gleichfalls nackten, nur mit einem Schurz bekleideten Männern — jeder einzelne ein Riese — mit den Händen bearbeitet. Heißes Wasser, Massage, heißes Wasser, Massage, heißes Wasser, Massage. Diese Massagen dauern ein bis zwei Stunden. Ich war erstaunt und erschrocken, als man mich, ohne viel zu fragen, auszog. Schon waren zwei Kübel heißes Wasser da, die mir von vorn und hinten über den Kopf geschüttet wurden. Ich merkte sofort, daß jedes Wort, jeder Protest von mir unnütz gewesen wäre, vergebens, denn man verstand mich nicht. Es wurde überhaupt nicht geredet, es wurde immer nur gejauchzt. Die Männer fühlten sich wohl, und ich fühlte mich genauso wohl wie sie.

Wir von der deutschen Presse gaben den afghanischen Journalisten und den Herren vom Fremdenverkehr, vom Film, dem jungen Attaché vom Auswärtigen Amt, ein Essen. Ich führte mit dem tschechischen Manager eines Lokals ein Gespräch. Er reservierte uns einen größeren Raum.
»Niemand wird erfahren, daß Sie hier waren. Ich werde Ihnen ein großartiges Essen arrangieren.«
Ich bat um Folklore. Ich wollte afghanische Musik hören. Auch das besorgte er.
Ich erinnere mich noch an den Balladensänger, es war ein Barde, uralt, mit einem Saiteninstrument. Seine Lieder dauerten jedes einzelne eine gute Viertelstunde. Wir verstanden kein Wort von dem, was er sang. Die anderen Musikanten saßen in einer Ecke in ihrer farbigen Landestracht. Sie freuten sich, lachten, tranken nichts, aßen nichts. Sie nahmen aber die US-Dollar, die wir ihnen in die Hand drückten.
»Wem Gott will rechte Gunst erweisen, den schickt er in die weite Welt ...« Alles gut und schön. In der Erinnerung ist alles schick und flott und lustig. Man kommt aber auch in Situationen, in denen man sich fragt, wie das wohl enden soll. Noch dazu, wenn es einem so geht wie mir, der ich keine Fremdsprache beherrsche.

Es begann damit, daß ich die Königliche Marmorindustrie in Kabul besuchte. Dort sah ich etwas, was ich nicht vorher und nicht nachher gesehen habe: Lapislazuli in großen Blöcken. Ich sah Tischplatten, Schreibtische, kleine und große Herzen, viereckig geschnittene Schmuckstücke, große, kleine Schmuckstücke, alles aus Lapislazuli. Ich erfuhr, daß die Steine, die von goldfarbenen Adern durchzogen sind, nicht so wertvoll sind wie die, die in reinstem Blau schimmern.
Der Werkmeister war ein Österreicher. Er war von Haus aus Steinmetz und Bildhauer. Er selber nahm den Meißel und zeigte mir, wie verschiedenartig man Hand anlegen mußte an einem großen Block. Dann zeigte er mir frank und frei, ohne großes Aufheben davon zu machen, die kleinen und die größeren Steine. Was für Steine!
Ich kaufte zwei Lapislazuli, einen herzförmigen und einen in der Form eines Halbmondes. Dann wollte ich zwei Steine für Manschettenknöpfe kaufen. Ich suchte mir sie aus. Hier konnte man nicht handeln. Die Preise standen fest. Bei den Manschettenknöpfen zögerte ich. Es war nicht der Preis, der mich störte; ich habe schon sehr viele Manschettenknöpfe.
Außer mir waren noch einige Fremde da, ich weiß nicht, waren es Touristen oder waren es in Kabul Ansässige. Ich entschied mich, die Manschettenknöpfe nicht zu nehmen und legte sie an ihren Platz zurück.
Als es ans Zahlen ging, suchte ich nach kleineren Banknoten in meiner Rocktasche. Da fühlten meine Finger, daß ich die Lapislazulisteine für die Manschettenknöpfe in der Tasche hatte. Ich erstarrte, denn ich war sicher, daß ich die Steine auf dem Verkaufstisch hatte liegenlassen.
Der Werkmeister fragte: »Wollen Sie nun die Steine für die Manschettenknöpfe kaufen?«
»Ja«, sagte ich zögernd.
»Dann wollen wir sie holen.«
Ich ging mit dem Werkmeister. Auf einer Samtunterlage lagen die verschiedensten Steine, nur die Steine für die Manschettenknöpfe fehlten.
»Nanu«, sagte der Werkmeister, »wo sind die Steine?«
Was sollte ich tun? Würde er mir glauben, wenn ich ihm sagen

würde: »In meiner Rocktasche sind sie, aber ich weiß nicht, wie sie hineingekommen sind?«
Der Werkmeister ließ mich stehen.
Ich wußte nicht, was ich tun sollte.
Ein Mann sprach mich in gebrochenem Deutsch an. »Hundert Dollar!«
»Was, hundert Dollar?« fragte ich irritiert.
»Hundert Dollar ... oder Sie werden verhaftet.«
Zugegeben, ich war nicht der Jüngste. Aber kräftig war ich. Wer einmal von mir eine Ohrfeige bekommen hat, der kann sich bestimmt noch Jahre später daran erinnern. Die Ohrfeige, die ich dem Mann verpaßte — er war nicht darauf vorbereitet —, war kurz und kräftig. Es warf ihn zu Boden.
Ich konnte ihm die Steine in die Jacke stecken.
Der Werkmeister mit einigen Afghanen kam gelaufen.
Wie gut, daß der Werkmeister der deutschen Sprache mächtig war. Ich hätte sonst nicht gewußt, wie ich mich verständigen sollte.
»Er wollte mich erpressen«, berichtete ich, »er beschuldigte mich, die Steine gestohlen zu haben. Hundert Dollar wollte er haben!«
Der am Boden liegende Mann schrie: »Er hat die Steine gestohlen! Er hat die Steine gestohlen!«
Offenbar hatte er nicht mitbekommen, daß ich ihm die Steine in seine Rocktasche praktiziert hatte. Ich leerte meine Taschen, Rocktaschen, Hosentaschen.
Dann nahm sich der Werkmeister den Fremden vor. Er mußte seine Rocktaschen leeren. Die beiden Steine fielen auf den Boden.
»Er hat mich geschlagen!« jammerte der Fremde, wie sich herausstellte, ein Angestellter einer ausländischen Botschaft.
Das hätte er besser nicht sagen sollen. Der Werkmeister an der Spitze, und mit ihm die Afghanen, verprügelten ihn ihrerseits, bis er mich erbarmte.
Ich versuchte zu schlichten, bekam aber dabei auch einige Schläge ab.
Wie einen Teppich schleppten sie den Erpresser an Händen und Füßen aus der Werkstatt. Dann warfen sie ihn über den Zaun.

Der Werkmeister brachte mich im Auto in die Stadt zurück. Ich bat ihn, in der Nähe des Bazars aussteigen zu dürfen.
»Leider«, sagte der Werkmeister, »wimmelt es hier von ... na ja, ich will mich vornehm ausdrücken ... ausländischem Gesindel, die Afghanen selber klauen nicht.«
»Warum übergeben Sie die Leute nicht einfach der Polizei?«
»Das hat keinen Zweck. Irgendein Konsul, Generalkonsul oder Botschafter macht sich dann stark. Wir haben nur Scherereien und müssen den Kerl auf unsere Kosten über die Grenze abschieben.«

Ich wollte wenigstens einmal in einem afghanischen Restaurant essen. Die Neugierde trieb mich. Ich wollte keinen grünen Salat, kein Gemüse, wollte nur das essen, was der Mann am Nebentisch aß.
Das Lokal war sauber, die Tische mit weißen Tüchern bedeckt. Ich zeigte auf den Teller meines Nachbarn. Der Wirt lachte. Er versuchte, sich durch einige englische Worte mit mir zu verständigen. Er hatte keinen Erfolg. Ich verstand kein Wort.
Dann brachte er mir das Essen. Zuerst die Suppe. Er sagte: »Krah, krah, krah!«
Die Suppe roch wie gegerbtes Leder. Ich tauchte ein Stück Fladenbrot ein. Die Hälfte der Suppe ließ ich stehen. Ich vermute, daß es die Suppe aus einer alten Krähe war.
Dann kam das Fleisch. Kleine runde Fleischbällchen mit einer Soße bespritzt. Es schmeckte mir, ich aß den Teller leer.
Später mußte ich die Toilette aufsuchen. Bei der Gelegenheit kam ich an der Küche vorbei.
Der Wirt war zugleich Koch. Er schnitt etwas entzwei. Ich überlegte, was es wohl sein könnte. Große Frösche? Aber so große Frösche konnte es gar nicht geben. Ich schaute genauer hin und sah, daß es Kröten waren. Er zog den Kröten die Haut ab, schnitt sie mit einem scharfen Messer in der Mitte auseinander, so daß er zwei Teile hatte. Die Füße hackte er ab, dann warf er die Teile in eine Pfanne mit heißem Fett, nahm sie wieder heraus, warf sie in einen Teller mit verrührtem Ei, tauchte sie ein, daneben hatte er auf einem Tisch dunk-

les Mehl liegen. Die mit dem Ei bedeckten Hälften wälzte er im Mehl, dann setzte er eine Flasche an den Mund, nahm einen großen Schluck und zwischen den Zähnen spritzte er den Saft auf das Krötenfleisch, links und rechts. Er schnitt runde Stückchen heraus, diese Blätter, die ich gegessen hatte, und warf sie wieder in das Fett.

Ich schaute nicht länger hin. Auf der Toilette, die alles andere als eine Toilette war, erbrach ich mich.

Als ich zurück ins Gastzimmer kam, fragte ich den Wirt: »Wie können Sie mir eine Kröte vorsetzen!?«

Er zog die Schultern hoch, ließ sie wieder fallen, gestikulierte mit den Händen.

Ich warf eine Banknote auf den Tisch, verließ das Lokal.

Er kam mir nach, brachte das Wechselgeld.

Ich erzählte dem afghanischen, deutsch sprechenden Freund vom Touristenamt von diesem Mittagessen. Er sagte: »In Afghanistan wird alles was kriecht und fliegt gegessen. Schlangenschnitzel, Frösche, Kröten, Eidechsen und Heuschrecken.«

Wie gut, daß der Botschaftsrat Dr. Hess noch eine Flasche Whisky, die zweite, in mein Zimmer hatte stellen lassen. Ich trank die Flasche leer, weil ich überzeugt war, ich müßte meinen Magen desinfizieren.

Die Frau in Afghanistan gilt nicht viel. Stirbt eine Frau oder ein Mädchen, wird sie zwei Meter tief unter die Erde gelegt. Stirbt ein Mann oder ein Jüngling, wird er nur dreißig Zentimeter tief eingegraben. Das soll zeigen, daß die Männer, wenn es zur Auferstehung der Toten kommt, als erste auferstehen werden.

Ein Mercedes-Händler aus Pakistans Peshawar erzählte mir, daß man sich über den Mercedes beschwert habe, er sei auch nicht mehr das, was er war. Früher habe man in einem Vier-Personen-Wagen bis zu sechzehn Personen unterbringen können, zum Teil oben auf dem Dach, heute gingen nur noch zwölf Personen hinein.

Das Auto ist ein Verkehrsmittel, mehr nicht. Es wird ausgenutzt bis zum Letzten. Es wird nicht gepflegt.

Wir fuhren in die Berge. Die Fahrt war ein Erlebnis. Die Landrover so gut wie neu, aber bei der Art des Fahrers, den Wagen zu behandeln, mußten sie spätestens in einem Jahr schrottreif sein.

Jedesmal, wenn wir bergab eine Kurve schnitten, fuhren die Chauffeure wie die Teufel. Was bedeuteten die Steine an den Kurven? Es waren improvisierte Friedhöfe. Unter den Stangen mit weißen Fahnen lagen heiligmäßige Männer begraben. Männer und Frauen genau da, wo sie gestorben waren, abgestürzt mit dem Auto.

Wenn ich einen weißen Stoffetzen flattern sah, dachte ich mir: Eigentlich habe ich mir meinen Tod anders vorgestellt. Ich wollte nicht in Afghanistan mit einem Landrover abstürzen.

Wir haben Ängste ausgestanden und viel Schönes gesehen. Unter anderem auch Wölfe und Luchse.

Ich war in der Toten Stadt. Meistens, wie immer in solchen Situationen, allein. Ich hatte ein Auto gemietet. Man erzählte sich, daß man nachts des öfteren Glocken in der verlassenen Stadt hören konnte.

Die Stadt war aus rotem Ziegelstaub aufgebaut. Heute ist sie ausgestorben. Ich bekam es mit der Angst zu tun. Aus allen Gäßchen und Winkeln kamen Katzen. Sie starrten mich an. Hand aufs Herz, meine Leser, sehen Sie einmal zwei- bis dreihundert Katzen vor sich, Sie haben das Gefühl, jede einzelne hat es auf ihre Nasenspitze und Ihr Ohrläppchen abgesehen.

Viel Willenskraft mußte ich aufwenden, um mich nicht kurzerhand umzudrehen, in mein Auto zu steigen und wegzufahren. Diese rote, tote Stadt, in der nur Katzen, Ratten und Mäuse hausen, liegt im Tal von Bamyan. Nicht weit davon wohnen die Nachkommen von Dschingis-Khan, der im 13. Jahrhundert mit Sack und Pack und Pferden alles, was sich ihm in den Weg stellte, niedertrampelte. Er hat eine blühende Kultur zerstört. Alles niedergebrannt. Er mordete, mordete, mordete.

Die heute noch lebenden Nachkommen Dschingis-Khans sind friedliebende Menschen und sehr gastfreundlich. Von dem Wenigen, was sie haben, geben sie dem Wanderer, dem Fremden. Sie sind ausgesprochen reinlich.

In die hohen Kalksteinfelsen sind bis zu 38 Meter hohe

Buddhastatuen aus dem Fels gehauen. Früher waren sie mit massivem Gold überdeckt. Das Gold wurde von den Asiaten geraubt.
Die Rote Stadt und die Stadt des Lärms sind tote Städte. Sie sind stumme Zeugen einer blutgetränkten Vergangenheit. Das Schlimmste, was die Krieger von Dschingis-Khan angestellt haben, war die Zerstörung der Wasserleitungen. Keiner der Afghanen hat je versucht, diese Wasserleitung wieder in Ordnung zu bringen. Ohne Wasser keine Fruchtbarkeit. Im Zuge der deutschen Entwicklungshilfe – auf diesem Sektor machte sich Walter Scheel sehr verdient – hat man den Boden mit jungen Stecklingen bepflanzt. Man hat sich jahrelang bemüht, die Pflanzen zu hegen und zu pflegen. Der Jubel war groß, als man feststellen konnte, daß der Boden wieder fruchtbar wurde. Dann kamen die Ziegen und Schafe in Massen. Sie fraßen nicht nur die Stecklinge, sie zerstampften auch den Boden.

Eine deutsche Frau, die ihrem afghanischen Mann entfliehen wollte – es auch schon einmal vergebens versucht hatte –, stand in meinem Zimmer.
»Sie müssen mich mitnehmen!« forderte sie.
Sie war hübsch, eine schöne Frau.
»Sie müssen mich mitnehmen!« wiederholte sie.
»Moment mal«, sagte ich, »gnädige Frau ...«
Sie unterbrach mich. »Ich will keine gnädige Frau sein. Ich will mit!«
»Aber wir kennen uns nicht.«
»Ich bin entschlossen, den größten Skandal zu machen, den es je in diesem Hotel gegeben hat, wenn ...«
Sie trug Rock, Bluse, eine Jacke darüber, Kniestrümpfe. Sie riß sich die Bluse auf, alle Knöpfe sprangen ab. »Ich schreie so laut, daß alles zusammenläuft!«
Mir war bei Gott nicht zum Lachen zumute. Trotzdem habe ich laut gelacht. »Mädchen!«
»Ich muß aus diesem Land heraus! Ich kann das nicht mehr aushalten!«
»Und dazu haben Sie mich ausgesucht?«

»Ja!«
»Warum ausgerechnet mich?«
»Ich weiß nicht. Ich bin in das erstbeste Zimmer gegangen.«
Ich begann meinen Koffer zu packen. Sie half mir. Sie packte ihn so, wie ich es nie hätte können.
»Mädchen«, sagte ich, »sei ein gutes, braves Mädchen.« Ich gab ihr Nadel und Faden. »Näh die Knöpfe an der Bluse wieder an, wasch die Tränen aus dem Gesicht, mach dich schön.«
Sie lächelte.
»Ich würde dich mit Wonne mitnehmen. Aber stell dir vor, wenn sie uns erwischen . . .«
»Ich bin eine Deutsche!«
»Du bist die Frau eines Afghanen. Du weißt, wie man hier die Gerichtsbarkeit handhabt. Man würde mich in eine Lehmhütte sperren und dich auch. Nicht vergessen: Ratten, Schlangen, Ungeziefer . . .«
»Hör auf! Hör auf!« Sie hielt sich die Ohren zu.
»Wie sollte ich dich ins Auto schmuggeln?«
»Als Sekretärin.«
»Niemand von der Delegation, auch meine Kollegen nicht, würde dafür Verständnis haben. Sei ein gutes Mädchen . . .« Ich küßte sie zart auf beide Wangen, auf die Nasenspitze, die Stirn, zuletzt auf den Mund. Ich schenkte ihr einen goldenen österreichischen Dukaten. »Er soll dir Glück bringen.«
»Feigling!« sagte sie. »Pfui Teufel! Und du willst ein Mann sein!«

In der Tempelstadt Angkor in Kambodscha mit zwei buddhistischen Mönchen.

80

順泰
專修鐘錶眼鏡墨水筆

Im Land der weißen Elefanten

Es war glühend heiß, als wir in Colombo aus der Maschine stiegen. Schweißgebadet humpelten wir zum Autobus. Auf guten Asphaltstraßen fuhren wir der Stadt zu, sahen Ceylonesen aufstehen, aus ihren Hütten kommen, sich mit einer Wurzel die Zähne putzen. Splitternackt starrten sie uns an. Sie winkten.

Ceylon ist ein Land mit 11 Millionen Einwohnern. Die Geschichte Ceylons läßt sich 2500 Jahre zurückverfolgen. Die Buddhisten haben die Kultur und das Gesellschaftsleben Ceylons entscheidend beeinflußt. Vom 16. Jahrhundert an waren Engländer und Portugiesen im Lande maßgebend.

Die Insel ist landschaftlich tropisch schön. Die Bevölkerung freundlich, sehr freundlich.

Ceylon ist das Land der vielen, vielen, schönen und weißen Elefanten. Die Elfenbeinzähne werden für Schnitzereien verwendet. Es gibt sehr schöne Filigranarbeiten aus Elfenbein und Silber. Alles, was das Herz begehrt, kann man kaufen: Ebenholz, Schildpatt, Gold und Silber, Korbwaren, Matten, Hüte. Aber man vergesse nicht, beim Kauf zu handeln. Der geforderte Preis ist auf jeden Fall zu hoch. Wer nicht handelt, gilt in den ceylonesischen Augen der Verkäufer als Dummkopf.

Ich habe einen Smaragd bewundert, er sollte 1800 US-Dollar kosten, 12,5 Karat. Ich hätte ihn zum Schluß für achthundert Dollar haben können – aber ich war mißtrauisch. Von achtzehnhundert auf achthundert Dollar, da konnte etwas nicht stimmen.

Die Steine sind schlecht geschliffen. Die europäischen Edelsteinkäufer – auch die Halbedelsteinkäufer – lassen sie in Amsterdam, Antwerpen oder sonstwo in der Welt nachschleifen.

Ich wohnte im Hotel »Mount Lavinia« direkt am Meer. Ein

81 *Der Autor hoch zu Elefant in Ceylon.*

ehemaliger britischer Gouverneurpalast. Im Meer konnte man Tag und Nacht schwimmen. Das Wasser war lau und nochmals lau.

Tag und Nacht wurde auf dem Meer gefischt. Tag und Nacht wurde getaucht. Und Tag und Nacht wurden Fische, Muscheln und alles, was die Ceylonesen aus dem Meer holten, den Touristen angeboten.

Auf Ceylon findet man viele Bauten im alten englischen Kolonialstil. Das Hotel gleicht einer Festung. Die Zimmer groß, ein Kamin, ein zwei Meter langer Ventilator an der Decke, über dem Bett ein Moskitonetz. Ein großes Badezimmer. Als ich es benutzen wollte, unterhielten sich in der Wanne drei kleine Schlangen. Da ich nicht wußte, ob sie giftig oder nicht giftig waren, gefährlich oder nicht, klingelte ich.

Es kam ein Boy. Ein großer, älterer Herr, den Oberkörper nackt, von den Hüften an mit einem roten Tuch umgürtet.

Ich deutete auf die Schlangen.

Er nahm die Schlangen zwischen zwei Finger, küßte sie und trug sie behutsam aus dem Zimmer.

Ich habe eine Schlange gegessen.

Ich wollte nicht mit den Touristen zusammen essen, sondern individuell. Es war niemand da, der mich begleitet hätte.

Ich ging allein in ein Eßlokal, das nicht weit vom Hotel entfernt war. Keine Speisekarte. Gottergeben saß ich da, bekam die Schlange mit Reis. Sie war nicht durchgebraten.

Der Wirt, der zugleich kochte und bediente, wunderte sich, daß ich die Schlange nicht essen wollte. Er stellte meinen Teller auf den Nebentisch. Ein junger Ceylonese hielt die Schlange wie einen Spargel zwischen zwei Finger, ließ sie langsam in den Mund gleiten und kaute, kaute, kaute.

Ich aß Bananen in Honig und Nüssen gebacken.

Dann ging ich ins Hotel.

Der Chef des Goethe-Instituts mit seiner Frau erwartete mich.

Wir gingen in die Bar.

Nach dem dritten Drink sagte der Rektor: »Jetzt kommt die Ratte!«

Und richtig. Sie kam. Sie lief über die Theke der Bar, blieb stehen, schaute sich um.

Vielen Damen und Herren war die Ratte keine Unbekannte. Nachdem die Ratte Käse, Nüsse bekommen hatte, verschwand sie wieder.
»Warten Sie«, sagte der Leiter des Goetheinstitutes, »sie kommt noch einmal.«
Tatsächlich. Sie kam noch einmal. Es waren noch eine große Ratte und ein paar kleine Ratten dabei. Auch sie wurden gefüttert. Es störte niemanden.
In dieser Nacht schlief ich zum erstenmal unter einem Moskitonetz. Bei offenem Fenster schlafen sollten wir nicht, so lange Licht im Zimmer ist, kommen die Moskitos in Scharen in den Raum.
Mein Freund Franz aus Aschaffenburg fand alles blöd. Es dauerte nicht lange, da hatte er sein Moskitonetz heruntergerissen, machte das Fenster auf.
Am frühen Morgen sah Franz aus, als sei er scharlachkrank, habe Rotlauf. Als er sich im Spiegel erblickte, fragte er nur: »Bin ich der Franz aus Aschaffenburg?«
Wir gingen zu einem Arzt. Zu einem ceylonesischen Arzt.
Der Arzt grinste über das ganze Gesicht, griff mit beiden Händen in einen Tiegel, ich glaubte, es sei Schmierseife. Welche Salbe es tatsächlich war, weiß ich nicht. Er schmierte diese Salbe auf Franz's Gesicht, nahm einen Fön, wie man ihn beim Friseur braucht, um den Damen das Haar zu trocknen und fönte die Salbe trocken.
Der Arzt verließ die Ordination, die aussah, als dürfte man Schweine abgestochen haben. Überall Blut, auch Zähne lagen auf dem Boden, Zähne von Menschen. Nach kurzer Zeit kam der Arzt mit zwei Klumpen Lehm zurück. Der gute Franz mußte sich auf eine Bahre legen, die alles andere als sauber war. Der Lehm wurde auf das Gesicht gelegt, getrocknet. In die Nasenlöcher von Franz steckte der Arzt Röhrchen, auch in den Mund, damit er atmen konnte.
Als der Lehm trocken war, blätterte der Arzt Stück für Stück ab. Alle Stiche waren verschwunden.
Kostenpunkt? Der Arzt zeigte fünf Finger, dann nochmals fünf und wiederum fünf. Dann sagte er: »US-Dollar.«
 Franz reichte ihm zehn Dollar.

Als der Arzt sah, daß Franz die restlichen Dollar einsteckte, also keine fünfzehn zahlen wollte, tippte er ihm auf die Schulter und schlug die Hände zusammen, legte sie auf die Brust. »US-Dollar! US-Dollar!«
Franz schenkte ihm noch zwei einzelne Dollarnoten.
Anschließend frühstückten wir. Gebratenen Haifisch, Ananas.
Ich habe noch nie so frische und saftige Ananas gegessen wie im Mount-Lavinia-Hotel. Es gab Büffelbutter.
Wir zogen unsere Badehosen an und wollten vom Hotel zum Meer gleich so, in Badehosen, gehen.
Damit machten wir uns strafbar, nach ceylonesischem Recht. Ein Gesetz verbietet halbnackt durch das Hotel zu gehen. Auch nicht die hundert Schritte bis zum Meer. Wir mußten uns anziehen. Am Strand gab es aber keine Kabinen, so legten wir unsere Hemden in den Sand.
Als wir zurückkamen, waren unsere Hemden weg. Das Geld hatten wir zum Glück im Hotelsafe deponiert.

Ceylon. Land und Regierung:
Ceylon (Stilon Singhara dipa = Löweninsel) ist eine Halbinsel im Indischen Ozean, Vorderindien vorgelagert.
Die meisten Einwohner sind heute Singhalesen. Die Ureinwohner waren sehr primitiv, genannt Wedda, wurden einst in die Berge vertrieben.
Das Jahr 1880 war für Ceylon ein Katastrophenjahr. Die Kaffeebohnen erkrankten, der Hauptlebenszweig der Ceylonesen verschwand. An die Stelle des Kaffees trat damals die Teestaude, die Kokospalme und der Kautschuk.
Ausfuhr: Bethelnüsse, Zimt, Zitronen, Kakao, Kokosnüsse, Tee, Kautschuk. Weizen muß eingeführt werden, genauso wie Baumwolle, Zucker, Düngemittel und Heizmaterial.
Die breitspurige Staatsbahn verfügt über ein Eisenbahnnetz von ca. 18 000 Kilometern. Die Eisenbahn fährt von Colombo zu den Plantagen, zu den Handelsplätzen an der Küste. Colombo, der Haupthafen, ist ein Umschlagplatz des Welthandels.
Religion: Buddhismus. Im ganzen Land sind viele Klöster und

Heilige Stätten dieser Religion zu finden. Die älteste Hauptstadt des Landes, heute eine Ruinenstadt, ist Anuradhapura. Dort gibt es Tempel und Universitäten. Die Stadt war bis 1850 Sitz der Könige.

Der letzte König von Kandy wurde 1850 mit Gewalt vom Thron entfernt, gefangengenommen und außer Landes gebracht.

Um 1500 waren die Portugiesen auf Ceylon. Sie bauten eine Festung in Colombo. Von dort übten sie ihre Macht über das Land aus. Die Holländer kamen nach 1640, verdrängten die Portugiesen, eroberten 1656 Colombo. Dann kamen 1796 die Engländer. Sie vertrieben die Holländer. 1802 wurde Ceylon zur englischen Kronkolonie erklärt.

Ich bin kein Prophet. Aber nach all meinen persönlichen Erfahrungen in Asien glaube ich, daß der Kommunismus dort nicht aufzuhalten ist.

Einer badenden Touristin war eine teure Kamera gestohlen worden.

Ich wurde Zeuge, wie die Ceylonesen den Dieb einkreisten. Er rannte ins Wasser. Sie liefen ihm nach. Er war Nichtschwimmer. Ihm stand das Wasser bis zum Hals. Beide Arme hoch, schrie er mir Unverständliches.

Einer der Verfolger griff nach seinem Haarschopf, zog ihn hinter sich ans Ufer. Sie stellten ihn auf den Kopf, Wasser lief aus Mund und Ohren.

Er leugnete die Tat. Die Kamera blieb verschwunden.

Zwei Polizisten zückten Notizbücher. Sie taten so, als würden sie schreiben. Aber sie schrieben kein Wort, denn sie konnten gar nicht schreiben.

So, wie der Dieb war, naß bis auf die Haut, luden sie ihn in einen Jeep und fuhren zur Polizeistation.

Er wurde so lange geprügelt, bis er das Versteck verriet. In einem Felsen am Meer wurde das Diebesgut gefunden.

Die Touristin wollte die Kamera wiederhaben. Doch die Polizisten weigerten sich, sie herauszugeben.

Nachts klopfte es an die Tür der Touristin. Sie öffnete. Im Rahmen der Tür stand ein Polizist, in der Hand die Kamera.

Nur mit einem dünnen Schlafhemd bekleidet, erstaunt, die Kamera zu sehen, erstaunt den Polizisten zu sehen, ließ sie ihn in ihr Zimmer.
Wenige Minuten später großes Geschrei. Die Touristin rief: »Hilfe!«
Franz und ich stürzten aus unserem Zimmer. Mit uns auch andere Reisende.
Die Touristin bezichtigte den Polizisten, er habe versucht sie zu vergewaltigen.
Der Polizist lachte und verließ ungehindert das Hotel. Die Kamera in der Hand.
Dann kam die Nachricht, daß der Dieb tot sei. Zu Tode geprügelt. Die Kamera jedoch wurde nicht gefunden und blieb verschwunden.

Ich lernte beim deutschen Botschafter auf Ceylon, Dr. Schwörbel, einen Mann kennen, den obersten Würdenträger der buddhistischen Religion, einen sehr vornehm aussehenden Ceylonesen. Er hatte sich vor einiger Zeit einer Gehirnoperation unterziehen müssen und darauf bestanden, daß es ein deutscher Chirurg sein mußte, der ihn operierte.
Ein deutscher Neurologe war eingeflogen worden. Die Operation war gelungen, der buddhistische Oberhirte gesundete.
Ein deutscher Gelehrter, der sich einen Monat in Colombo aufhielt, erzählte, daß diese Hirnoperation ein großes Risiko gewesen war. »Die Deutschen haben aufgeatmet, als die Operation gut verlief. Denn die Buddhisten, die Priester, die gegen Ausländer sehr kritisch sind, hätten bei einem Mißlingen der Operation ihren Unmut an allen Deutschen ausgelassen.«
Die Ceylonesen verdienen nicht viel. Im Durchschnitt zwischen siebzig und hundert Mark im Monat. Viele haben keine Behausung. Da die Witterung aber gnädig ist, können sie unter Bananen und Kokosstauden schlafen, können von den Früchten, die sie von den Bäumen pflücken, und sich von den Fischen aus dem Meer ernähren.
Ananas wächst wild. Sie fällt den Ceylonesen sozusagen als Geschenk Gottes in den Schoß.

Kleidersorgen haben die Ceylonesen nicht. Oben sind sie nackt, unten tragen sie auch nicht viel. Einen Lendenschurz, die Frauen einen Wickelrock.
Von einem katholischen Priester, Italiener, erfuhr ich, daß die ceylonesischen Christen sehr fromm sind. Ich habe in seiner Kirche viele ceylonesische Frauen, Männer und Kinder beobachtet. Wenn die Ceylonesen christlich geworden sind, sind sie dieser christlichen Religion von ganzem Herzen ergeben.
Die Kirchen sind ohne Schmuck. Innen und außen weiß gekalkt. Die Mutter Gottes und die Jesus-Statue sind mit grellroter und blauer Farbe angestrichen.
Jeder Tourist muß Kandy aufsuchen. Es ist das Pilgerziel aller Buddhisten. Ich habe den Heiligen Zahn, eine Buddhareliquie, bewundert. Jedes Stückchen Erde in Kandy erzählt von Kämpfen. Freiheitskämpfen.
Im Botanischen Garten wachsen und gedeihen die schönsten Orchideen der Welt. Kandy ist eine berühmte Universitätsstadt. Fünftausend Ceylonesen, 90% davon Männer, studieren hier. Alle Fakultäten sind vertreten.
Der Elefant ist in Ceylon ein hochangesehenes Tier. Ich bin mit dem Autobus nach Kandy gefahren. Unser Autobus mußte stehenbleiben. Da half kein Locken, nicht mit Brot, Bananen, mit Ananas. Die Elefanten fanden es großartig, sich auf der Straße von einer Seite auf die andere zu wälzen.
Ich zückte einen Dollarschein. Einer war zu wenig. Ich mußte noch einen zweiten zücken, bis sich die beiden Betreuer der Lastelefanten bereiterklärten, die Elefanten von der Straße zu locken.
Der ceylonesische Elefantenführer nahm einen Kübel, ging zu einem Tümpel, schöpfte daraus Wasser, brachte ihn zurück und hielt dem Elefant das Wasser vor den Rüssel.
Der Elefant versuchte liegend das Wasser zu trinken. Es gelang ihm nicht. Er mußte aufstehen. Die zwei Elefanten folgten dem Wasserkübel. Die Straße war frei.
Die Elefanten ersetzen in Ceylon das Lastauto. Sie schleppen Baumriesen durch die Landschaft. Es kann durchaus passieren, daß sich der Betreuer eines Elefanten, wenn dieser sich auf den Boden legt — und das tut der Elefant gerne — dazu legt. Da

hilft dann kein Hupen, kein Schimpfen. Elefant und Ceylonese schlafen den Schlaf der Gerechten. Es kann zwei Stunden dauern, bis ein Elefant die Straße wieder freigibt.
Die Verteilung der Schätze des Landes ist einseitig. Fünf Prozent der Bewohner Ceylons haben viel, fast alles, die anderen haben so gut wie gar nichts.
Ich war bei einem Zauberer.
Als Kind, Schüler und auch später habe ich öfters von indischen Fakiren gehört, die ein Seil in die Luft werfen, hinaufklettern. Und all das vor den Augen der Eingeborenen und Touristen.
Der Zauberer ist zahnlos. Seine schwarzen Haarzotteln waren total verdreckt. Sie wimmeln von Läusen. Er griff in die Haare, nahm zwei bis drei Läuse, steckte sie in den Mund. Und lachte.
Er saß auf dem Boden. Vor sich einen strohgeflochtenen Korb mit einem Deckel. Er flötete, öffnete den Deckel, flötete. Die Kobra hob den Kopf, sie wurde lang und länger. Ein Fotograf zückte die Kamera. Der Zauberer schüttelte den Kopf. Die Kobra zischte den Fotografen an.
Die Kobra schlängelte sich höher und höher. Der Zauberer legte die Flöte auf die Erde. Die Kobra sackte in sich zusammen. Der Zauberer hielt die Hand auf. Er sammelte Rupien.
Dann warf er vor meinen Augen ein Seil in die Luft. Das Seil blieb stehen. Ich sah das Ende, ich sah einen jungen Burschen auf Geheiß des Zauberers dieses Seil hinaufklettern. Ich sah, wie der Zauberer seinen Dolch, es war ein malayischer Kris, nach dem Burschen warf. Ich sah den Kopf des Buben zur Erde fallen. Ich sah das Seil ganz langsam zur Erde sinken, daneben den leblosen Körper des Buben. Und dann sah ich den Burschen aufstehen, mit Kopf, ohne Blut.
Der Zauberer grinste. Er kassierte Rupien.
Ceylontee ist in aller Welt berühmt. Ich trank am Tag zehn bis zwanzig Tassen. An allen Straßenecken, überall kann man Tee trinken. Tag und Nacht.
Die Prostituierten werden gruppenweise von ehemaligen Prostituierten oder von alten französischen Kupplerinnen oder von den »Hurenmeistern« vermittelt.
Ich habe einen »Hurenmeister« kennengelernt. Er machte mir im Hotel seine Aufwartung. Ein Ceylonese. Er herrschte über

dreihundert Prostituierte. Er war der Besitzer von fünfzig Bordellen. Geheime Bordelle. Für jedermann, der sich nach Erotik sehnte, hielt er seine Ware zur Verfügung. Jung, klein, oft sind die Mädchen erst zehn Jahre alt, Jungfrauen, keine Jungfrauen. Alle seine »Zöglinge« sind, bevor sie auf den Mann losgelassen werden, ein bis zwei Jahre vorgeschult. Man hat sie in der Provinz bei den Ärmsten der Armen gekauft. Dieser Mann sorgt für seine Mädchen, er sorgt nicht schlecht für sie. Er nimmt ihnen alles Geld weg, sorgt dafür, daß sie später einen Mann bekommen, einen Fischer oder Lastenträger. Es kommt der Tag, da das Mädchen oder die Frau mit einem Ochsengespann, vollbepackt mit den billigsten Möbeln, Bettzeug und Geschirr zu einem Mann geschickt wird.
Die Mädchen finden nichts daran, daß sie ihren Körper an Männer — sei es nun Ceylonesen oder Touristen — verkaufen. Sie haben ihre Freude, lernen den Mann zu entspannen. Sie massieren ihn von der kleinen Zehe bis zur Kopfhaut. Zwischendurch wird der Mann eingeseift, gebadet. Dann beginnen die Liebesspiele. Sie lehnen es ab, zu zweit einen Mann besuchen zu müssen. Nur ein Mädchen kommt. Dieses Mädchen gibt dem Mann, der das Geld ihrem Besitzer bezahlt hat, das Gefühl, als sei er derjenige, dem sie ihren Körper schenkt.
Der Hurenmeister hatte viele Hotelportiers bestochen. Der Portier: »Mädchen? Junge? Schwarz? Braun?« — Er telefonierte. Prompt wurde das Mädchen, das mit einem Auto vorfuhr, durch den Eingang für Lieferanten in das Zimmer des Kunden geführt. Der Portier kassierte doppelt, vom Gast und vom Bordellbesitzer.
Und wenn das Mädchen bei seinen Eltern wohnt, kommen Eltern und Verwandte mit ins Hotel. Dann gibt man dem Vater eine Handvoll Rupien. Er kauft beim Straßenhändler das Essen. Die Familie ißt mit im Hotelzimmer. Das Mädchen stiftet eine Kerze in ein kleines Geistertempelchen. Wenn die Kasse stimmt, wird aus Dankbarkeit ein Kerzchen angezündet.
Körperliche Liebe ist nichts Unehrenhaftes.
»Mädchen kommen auf die Welt, damit sie Freude schenken«, erklärte man mir. »Und vollwertig ist ein Mädchen, ist eine Frau im Sinne Buddhas nicht.«

Viele dieser Mädchen haben nur einen Wunsch: Sie möchten ihre Augen so stehen haben wie die Europäerinnen. Manche Asiatin bittet ihren Besitzer, er möge ihr die Augen operieren lassen. Augenärzte in Colombo führen solche Schönheitsoperationen durch.

Der Besitzer vieler Lustmädchen und Frauen war ein wohlangesehener Mann. In der italienischen katholischen Kirche sitzt er in der vordersten Reihe, spendet viel Geld.

Ein Franziskanerpater, übrigens auch nicht in brauner Kutte, sondern weiß gekleidet, erzählte mir von diesem Mann. Er hat eine Traumvilla mit Swimmingpool, eine schöne Frau, liebenswerte Kinder. Sie besuchen die Klosterschule, haben das Haar nach hinten gekämmt, einen Pferdeschwanz mit einer Schleife. In seinem Haus wird von seinem »Geschäft« kein Wort gesprochen. Er besucht seine »Ware« jeden Tag, gibt Anweisungen. Er hat viele Bedienstete. Er prahlt, daß er keinen seiner Schützlinge verkommen läßt. Wenn sie krank sind, bezahlt er Hospital, Arzt, Operation, Medikamente.

Er ist gebildet. Spricht französisch, englisch und arabisch. Die deutsche Sprache ist ihm zu schwer, sagt er.

Thailand — Das Land der Liebe

Prospekte aus und über Thailand versprechen jedem männlichen Touristen ein Liebesabenteuer.
Am Flughafen sah ich amerikanische Soldaten aus Vietnam, aus Saigon, die über das Wochenende Urlaub hatten, um ein Mädchen zu besuchen. In Bangkok gibt es tausende Bordelle, tausende Massagesalons.
Thailand ist das Paris Asiens. Es ist das Land, in dem jeder Taxichauffeur ein Kuppler ist. Jedes Mädchen, wenn es sprechen kann, das Wort »US-Dollar« ausspricht. Es ist das Land, in dem viele Männer ihre Frauen den Touristen anbieten.
Thailand ist das Land, in dem die Liebe nichts mit wahrer Liebe zu tun hat. Die Erotik hat dort den höchsten Stand erreicht. Liebe im europäischen Sinn ist nur in alten Erzählungen zu finden. Ein Märchen.
Thailand ist mehr als eine halbe Million Quadratkilometer groß. Es gibt ca. 35 Millionen Thais, wie man sie nennt. Es gibt fünf Universitäten, die das Land zieren. Thailand hat eine schöne Königin. Vom König spricht man kaum. Die Königin ist voll Charme und Schönheit, der König zurückhaltend.
Das Klima: Monsunklima, subtropisch.
Es gibt Luxushotels für die Touristen, sie sind genauso teuer wie in Hamburg, Berlin, Paris, Wien, London.
Ich hatte das Glück, den Majestäten vorgestellt zu werden. Königin Sirikit war liebenswert. Beide erzählten, daß sie Deutschland und die Deutschen lieben. Sirikit konnte eine Zeile des Liedes »Muß i denn, muß i denn, zum Städtele hinaus ...« singen.
König Bhumibol Adulyadej ist in England erzogen worden. Sein Gesicht ist seit einem schweren Autounfall halbseitig gelähmt.
 Bangkok ist voll von Palästen, Pagoden, Tempeln, in denen

Tanz- und Schattenspiele gezeigt werden. Es gibt buddhistische Klöster, ein Nationalmuseum und die weltbekannte Schlangenfarm. Den Schlangen wird das Gift abgenommen.

Bangkok ist von Klongs durchzogen, Gewässer, auf denen schwimmende Märkte abgehalten werden.

Im Manorah-Hotel, das europäisch geführt wird, traf ich wieder einen Wiener. Er spielte Klavier in der Bar. Der Speisesaal, ein Garten mit kleinen Seen, klimatisiert. Im Hotelzimmer ein Stoß Reklamekarten von Massagesalons in allen Spielarten: Französisch, chinesisch, schwedisch. Eine »deutsche« Massage, Massagen à la Java, Massagen à la Djakarta, Massagen à la Paris.

Jeder Tourist erzählt, wenn er nach Hause kommt, daß er sich in Bangkok hat massieren lassen. Dabei zwinkert er mit einem Auge, läßt durchblicken, daß außer der Massage noch viel anderes geschehen ist.

Die »Massage-Mädchen« sind alle für Geld zu haben. Aber nicht innerhalb der Massageetablissements.

Ein großer Vorraum. Hinter Glas sitzen gleich Schwalben auf einer Überlandleitung die Masseusen. Sie lachen. Sie kichern, kauen Kaugummi, trinken Cola. Wenn sie mit der Nase zukken, weiß man, daß die Mädchen »koksen«, Kokain nehmen. Sie sind klein, jung. Um die Hüfte hängt eine bunte Schnur. Die Männer wissen, was das bedeutet: Die Damen sind auch bereit, strengen Ballettunterricht zu geben. Masochismus, Sadismus.

Jedes Mädchen trägt auf der Brust ein rotes Emailleschild mit einer Nummer.

Wenn man gewählt hat, geht man zur Kasse, gibt die Nummer an — ich mußte sie aufmalen, weil ich mich nicht anders verständigen konnte —, legt dann zwischen fünf und zehn US-Dollar hin. Das Mädchen wird gerufen. Sie macht einen richtigen Luftsprung, manche schießen Purzelbäume, als wäre es das größte Glück der Welt, was ihr zugeflogen ist. Sie nimmt ihren »Patienten« an der Hand. Bekleidet mit einem engen, sehr kurzen Höschen. Der Busen ist verdeckt. Höschen und Blüschen sind wie an den Körper angegossen.

Das Mädchen führt ihren Kunden über Gänge. Links und rechts

sind Türen, die in kleine Kabinette führen. Jedes Kabinett hat ein Bad, ein Massagebett.

Das Mädchen faltet die Hände, legt sie an die Brust, fällt auf die Knie und löst die Schuhbänder, glättet die Hose, legt sie fein säuberlich auf einen Stuhl, macht eine Handbewegung, zeigt auf das Badezimmer. Und lacht.

Jeder, der einen Massagesalon zum erstenmal betritt, ist voll Erwartung. Er wird erstaunt sein, wenn die Dame, mit der er ein Liebesspiel praktizieren möchte, ihn mit einer richtigen Wurzelbürste und Seife vom Kopf bis zu den Füßen einseift, abbürstet und dann mit heißem und kaltem Wasser abspült. Es ist kein Bett im Zimmer. Nur ein Massagebrett. Ich war erstaunt, daß dieses kleine Mädchen voll Kraft massieren konnte. Sie warf über den bewußten männlichen Teil des Körpers ein Handtuch. Und ehe ich mich versah, hüpfte sie auf meine Beine. Sie fing an, meinen Körper von oben bis unten zu kneten, zu kneten, zu kneten.

Ich zeigte auf die Tür. Sie war geöffnet. Das hatte ich schon früher bemerkt, als ich in dieses Kabinett geführt wurde. Alle Türen waren nicht geschlossen. Sie standen einen Spalt breit offen.

In allen Kabinen wurde massiert. Die Mädchen tun alles, um den Mann zu erregen. Sie tun es aber so, als wäre es ein Zufall. Wenn ein Mann nach einem Mädchen greift, schlüpft es davon. Das Mädchen hat eine Uhr, an der man die Zeiger verschieben kann. Sie stellt den kleinen Zeiger zum Beispiel auf zwölf oder ein Uhr und den großen Zeiger auch.

Das heißt: »Warte auf mich um ein Uhr!« Sie schreibt dann auch den Preis dazu: Zehn Dollar, zwanzig Dollar. Dann hält sie drei Finger in die Höhe, das bedeutet, daß man eine Anzahlung von drei US-Dollar zu leisten hat, damit sie auch weiß, daß der Mann kommt. Diese drei Dollar sind auf jeden Fall schon verdient.

Um dem Mann das, was ihn erwartet, noch geschmackvoller zu machen, nimmt sie die Dollar, faltet sie zusammen und — das geht so schnell, daß man es kaum sieht — zieht sie das Höschen herunter und versteckt das Geld an einem sehr intimen Ort.

Die Mädchen tun geheimnisvoll. Die Finger an den Lippen. Das heißt: Nichts erzählen! Denn nur ihm, dem einen Mann, schenkt sie ihre Gunst. Keinem anderen. Sie schaut nicht auf den Bauch, auch nicht auf das Alter des Mannes, sie schaut auch nicht, ob er klein oder groß ist. Sie interessiert sich nur für US-Dollar.
Die Taxichauffeure von Bangkok versprechen alles und halten es auch. Von Stunde zu Stunde werden sie teurer. Wenn sie erst von fünf oder zehn Dollar sprechen, sind es, bis die Nacht vorbei ist, für den Chauffeur mindestens zwanzig Dollar.
Ich fuhr mit einem Taxichauffeur in die Peripherie. Die Häuser halb zerfallen, alle aus Holz. Der Chauffeur hielt. Er stieß einige Rufe aus.
Ein alter Neger, das Gesicht voller Falten, Tränensäcke unter den Augen, bis zum Hals voll mit Koks, kam zum Auto.
Ich stieg aus. Er führte uns in das Haus. Im Hauseingang lagen Frauen, splitternackt und schweißbedeckt. Auch sie voll bis obenhin mit Koks.
Der Neger wollte sie wecken. Ich ekelte mich.
Mitgegangen, mitgefangen, mitgehangen. Frauen kamen. Die Bordellmutter und der Neger brachten eine Französin. Strohblond gefärbt. Sie machte einen Spagat, legte die Beine über den Hals wie ein Schlangenmensch. Sie war splitternackt, mindestens sechzig Jahre alt.
»Paris! Paris!« sagte die Puffmutter.
Zu meiner Überraschung sprach die Französin Deutsch. »Deutscher?« fragte sie.
Ich nickte.
»Mein Freund war ein deutscher Soldat.«
Man merkte ihr an, wie sie jedes Wort aus dem Bauch heraus holte. Sie erzählte, daß sie, weil sie einen Deutschen geliebt hatte, von den Franzosen aus dem Land gejagt worden sei. Das mußte nicht stimmen.
»Wenn Sie mich nicht wollen, schenken Sie mir einen Dollar«, bat sie.
Ich schenkte ihr einen Dollar.
»Die Dame braucht sich nie unter einen Mann zu legen«, erklärte die Puffmutter. »Ihre Erzählungen sind so gut, daß die

Deutschen ihr in einer Nacht bis zu fünfzig Dollar schenken.«
Der Taxichauffeur fuhr mich in die Stadt zurück und hielt vor einer Garage. Geheimnisvoll drückte er dreimal auf eine Klingel.
Die Garage war ein Privatkino.
Da saßen amerikanische Soldaten mit ihren Mädchen. Es wurden Pornofilme gezeigt.

Es hat sich gelohnt, den königlichen Palast von außen und innen zu bestaunen. Vor allem den Smaragdtempel, den großen Buddhatempel, den Tempel des liegenden Buddha zu sehen. Viel Gold wurde verbraucht, viel Gold ist abgeblättert im Laufe der Jahrhunderte.
Mein Rat: Vorsicht mit den Taxichauffeuren. Sie sind liebenswert, sie bringen einen mit einer Selbstverständlichkeit frühmorgens und zu jeder Tageszeit in ein Bordell oder einen Massagesalon. Sie sind überzeugt, jeder Tourist hat nur eine Fahrt im Leben nach Bangkok zu unternehmen, um Bordelle und Massagesalons von innen zu sehen.
In einem Tempel habe ich buddhistische Mönche aufgesucht. Ein Deutscher war dabei. Er lebt schon viele Jahre in Thailand. Mehrere Deutsche, die sich in die Kaste der Mönche eingereiht haben. Nicht weniger als neun ehemalige Soldaten. Keine SS- oder Gestapo-Leute, sondern Krieger aus der Waffen-SS, Offiziere und Soldaten haben sich in die Meditation zurückgezogen. Einen von ihnen habe ich gesprochen.
Es ist nicht die Reue gewesen, nein, es war ihm alles zum Kotzen, so drückte er sich aus. Nur eine Sekunde lang war dieser rustikale Ausdruck aus seinem Mund zu hören, dann fiel er in die Meditation zurück.
Mit ihm habe ich eine Tempelschule besuchen dürfen. Er war dort der Lehrer. Söhne von Millionären und hohen Staatsdienern, Ministern und Generälen leben ein oder zwei Jahre als Bettelmönche, tragen eine Schale unter ihrer safranroten Kutte, bleiben stehen. Jeder gibt ihnen zu essen. Für ein Jahr nehmen sie Abschied von ihrem Bankkonto, ihren Autos. Sie werden Mönche, wandern durch die Straßen. Sie sind mit ihren Gedanken weit fort. Sie spüren keinen körperlichen Schmerz.

Mein deutscher Mönch erklärte mir: »Wenn der Mensch wissen würde, wie schön das Leben ist, weit, weit weg von jeder Verantwortung, mit dem Gedanken, nur Gutes tun zu wollen, würden sie keine Waffe in die Hand nehmen. Kein Diebstahl, kein Betrug.«
Generäle lassen ihre Orden, Säbel, Pistolen vor den Türen des Tempels. Mancher ist für immer im Tempel geblieben, hat seine Uniform nie mehr angezogen.
Im Mondschein sitze ich vor einem Tempel. Mit dem deutschen Buddhistenmönch. Es ist der gleiche Mond, der über Deutschland und Törwang leuchtet. Es sind die gleichen Sterne.
Die Tänzerinnen sind Thailänderinnen. Jede Bewegung klassisch, jahrelang einstudiert. Sie brauchen nicht zu sprechen, sie brauchen nicht zu singen, ihre Bewegungen mit den Händen, dem Hals, mit dem Kopf, dem Körper, sprechen für sich.
Dann habe ich Boxer gesehen. Die Thailänder boxen nicht so wie wir, bei ihnen ist alles erlaubt. Sie können auch die Füße zu Hilfe nehmen. Fairness gibt es nicht. Der Stärkere wird Sieger.
Ich habe auch die Auferstehungskirche, das ist die größte katholische Kirche in Bangkok, und die protestantische Christuskirche besucht. Was mir neu war: Nicht die Katholiken waren die ersten Missionare, die Protestanten waren es, die in den asiatischen Ländern die christliche Religion eingeführt haben. Viele von ihnen zogen, ihren Glauben im Herzen und auf den Lippen, nach Asien.
Das thailändische Essen ist sehr bekömmlich und schmackhaft. Spezialität: Hühnercurry mit Kokosmilch. Ein Essen für Feinschmecker. Für jedes Essen gibt es eine Soße aus Kokosnüssen und Curry.
Die Thailänder brennen ihren Whisky aus Reis. Das Fleisch ist geschnitten, so daß man bei Tisch auf das Messer verzichten kann. Man ißt nicht, wie in Japan, mit Stäbchen, sondern mit Löffel und Gabel.
Ich bin auf einem großen, mit Gold verzierten Holzboot ge-

H. G. Kernmayr als »Weltreisender« machte selbstverständlich auch in Hongkong Station.

fahren. Es gehört dem Staat, wird vom König und der Königin benutzt. Man hat mir erlaubt, ein solches Boot zu betreten. Man hat mir auch erlaubt, frühmorgens über die Klongs zu fahren. Ein königlicher Angestellter, der Wasser- und Fischmeister, begleitete mich.

Sie kommen von weither, die Frauen und Männer in ihren einfachen Kleidern, verkaufen Gemüse und Obst.

Jedem Europäer zur Warnung: Das Gemüse und das Obst sind zwar gewaschen, aber in den Klongs gewaschen, in dieser grünschillernden Kloake. Nicht zu vergessen, sämtliche Abwässer von Häusern und Hotels münden in diese Klongs.

Interessant sind die Hauswächter. So hat jeder Botschafter und jeder höhere Beamte vor seinem Haus einen Wächter. Trotzdem wird laufend eingebrochen. Entweder ist der Wächter selbst mit im Spiel, oder er schläft oder er befindet sich in den Armen einer liebenden Frau.

Der Wächter im Haus des deutschen Botschafters lag schlafend am Boden, ich bin über ihn gestolpert. Der deutsche Botschafter hatte mich zu einem Abendessen eingeladen.

Botschafter Dr. Scheske erzählte mir eine Geschichte aus der Entwicklungshilfe.

Die Thais hatten einen deutschen Bullen angefordert. Den besten Bullen, den es gab. Der Bulle »Theodor« war von der deutschen Regierung für viel Geld gekauft und nach Thailand geliefert worden.

Die thailändischen Kühe waren erwartungsvoll. Doch »Theodor« wollte nicht. Es verging ein Jahr. Theodor streikte. Er tat für die thailändischen Kühe nichts. Man ließ einen Experten aus Deutschland einfliegen. Dem Bullen wurden Hormone gespritzt. Nichts geschah. Der Bulle weigerte sich, die thailändischen Kühe zu bespringen.

»Wahrscheinlich werden wir den Bullen nach Deutschland zurückbringen müssen«, sagte Dr. Scheske.

H. G. Kernmayr mit Soldaten der arabischen Legion nach einem Flug über das Heilige Land Jordanien.

In einem großen Juwelierladen kaufte ich silberne Filigranarbeiten, Armreifen, Ketten. Und Prinzessinnenringe. Letztere sind Silberringe, auf denen ein kleiner Hügel von vielfarbigen Halbedelsteinen angebracht ist.
Erstaunt war ich, als die jungendliche Verkäuferin mir mit erhobenen Armen »Heil Hitler!« entgegenzirpte und dieses »Heil Hitler!« immer wiederholte.
Ich habe eine irische Nonne getroffen. Ganz in Weiß. Es leben viele irische Nonnen in Bangkok.
Töchter und Söhne von Politikern und Industriellen, Kinder vermögender Eltern befinden sich in den christlichen Klosterschulen.
Die Nonne ging auf die Siebzig zu.
Ich fragte, ob sie glücklich wäre. Sie unterrichtete in Deutsch, Französisch und Englisch.
»Glücklich?« Sie dachte nach. »Ich weiß nicht.«
»Haben Sie das Gefühl, viel versäumt zu haben? Familie, Gatten, Kinder?«
»In meiner Jugend nicht. Jetzt, wo ich merke, daß ich alt werde, wo die physischen Kräfte mich verlassen, habe ich das Gefühl, daß ich alles falsch gemacht habe. Ich glaube nicht mehr an das, was ich spreche, was ich lehre. Ich bin nicht mehr in der Lage, mein Christentum zu verteidigen.« Ihre Augen füllten sich mit Tränen.
»Wollen Sie nach Hause zurück, verehrte Schwester?« fragte ich.
»Nach Hause? Ich habe kein Zuhause.«
Eine deutsche Sekretärin weinte sich an meiner Brust aus. Sie hatte dem Mann, der sie bis gestern nacht betreut hatte, Geld und sich gegeben. Er hatte ihr aus Dankbarkeit gestanden, daß er verheiratet war.
Eine andere Dame, gehbehindert, stellte fest, daß der eine Ausländer ihr das Geld in der Nacht gestohlen hatte. Voll Scham und Reue gestand sie, daß sie diesen Mann in ihr Hotelzimmer mitgenommen hatte. Er war nett zu ihr gewesen. Er hatte ihr thailändische Suppe gebracht und Reisschnaps. In der Früh war er mit dem Geld und ihrer Uhr fort.
Eine Touristin hatte Zahnschmerzen. Sie verlor zwei Zähne,

bis der Zahnarzt den richtigen fand. Er hatte zwei Zähne gerissen, die nicht krank gewesen waren. Er hatte gelacht und kassiert.

Von dem Klavierspieler aus Wien habe ich mir im Speisesaal vorspielen lassen: »Drunt' in der Lobau, wenn ich das Platzerl nur wüßt...« Mitten im Herzen Thailands, in Bangkok, habe ich Sehnsucht gehabt nach Österreich, nach Wien. Ich wollte einen gekochten Tafelspitz mit Schnittlauchsoße essen. Ich hatte genug von den Schlangen, Fröschen und Kröten und all den Speisen von denen ich nicht wußte, was es sein sollte. Der Kaffee schmeckte mir auch nicht.

Am Flughafen in Bangkok gab mir der deutsche Buddhistenmönch zwei Briefe mit und bat mich, ich möge sie in Deutschland aufgeben.

»Kommen Sie nicht mehr nach Deutschland?«

»Nein!«

»Wird Thailand eine Monarchie bleiben?«

»Kein Land in Asien bleibt Monarchie!«

Thailand: Prades-Tai oder Muang-Thai, das heißt: »Land der Freien«. Ein Königreich in Hinterindien am Golf von Siam. Früher hieß Thailand Siam.

Die Bevölkerung besteht größtenteils aus den Thai, früher Siamesen. Stark ist in Thailand der Einfluß der Chinesen. Man rechnet mit drei Millionen Thailändern chinesischen Einschlags. 96% aller Thailänder sind Buddhisten. Es gibt ca. siebenhunderttausend Mohammedaner und nur 130 000 Christen.

Die Oberschicht wird von Beamten und Offizieren angeführt. Landpächter üben ihre Macht aus. Nicht ganz die Hälfte des Landes ist an die Bevölkerung verpachtet. Die Thailänder sind der Aristokratie, dem Landadel ausgeliefert.

Das Großkapital ist in chinesischen Händen. Das Industrieproletariat stellen ebenfalls die Chinesen. Große Macht liegt in den Händen der buddhistischen Priester. Es gibt in Thailand mehr als 170 000 Priester und 70 000 Priesterschüler. Kein Wunder, daß man 19 000 Tempel und Klöster zählt.

Die Monarchie ist konstitutionell. Die parlamentarische Exekutive übt ihre Macht im Ministerrat aus.

Der Weltumschlaghafen ist Bangkok.

Es besteht für alle thailändischen Kinder Schulpfllicht vom siebten bis vierzehnten Lebensjahr. Doch es gibt zu wenig Lehrer, zu wenig Schulen. Die Kinder werden schon vom vierten Lebensjahr an zu häuslicher Arbeit angehalten und häufig nicht in die Schule geschickt. Volks- und Mittelschulen sind kostenlos. Auch Berufsschulen und Universitäten.
Die Wehrpflicht ist allgemein vom 18. bis 30. Lebensjahr.
Ein schönes Land. Ein armes, aber farbenprächtiges Land, dieses Thailand. Vor allem ein Land, in dem die Liebe »Erotik« geschrieben wird.

Kambodscha — das Land der roten Khmer — Tausend Augen verfolgen dich

In Kambodscha hatte ich von dem Tag an, da ich das Flugfeld verließ, das Gefühl, beobachtet zu werden.
Ich machte mich selbständig.
Die Reisenden durften den Flugplatz von Phnom Penh nicht verlassen. Es wimmelte von Männern mit pomadisierten Haaren, weißen Hemden, blauen Anzügen und schwarzen Krawatten.
Sie brachten heiße kleine dampfende Frottiertücher für Hände und Gesicht. Eine Erleichterung. Die Sonne brannte. Der elektrische Strom war ausgefallen. Es gab kein Eis. Ich habe festgestellt, daß heißer Tee den Durst wunderbar stillt.
Mit US-Dollars konnte man alles bekommen. Ich zeigte dem Taxichauffeur einen Dollar. Er fuhr los. Obwohl das streng verboten war. Mein Paß lag bei der Flughafenpolizei. Hinter uns ein Auto mit zwei Männern, pomadisiertes Haar, weißes Hemd, blauer Anzug, schwarze Krawatte, ein Lächeln auf den Lippen.
Ich wollte Phnom Penh kennenlernen. Ich sah Märkte, bestückt mit farbenprächtigen Blumen, grünes, gelbes Gemüse, sah Mönche. Buddhisten, jung und alt. Und das Königsschloß. Monument der Unabhängigkeit, ich sah die Silberpagode, die prunkvollen Königsgräber, die reichhaltigen Andenkengeschäfte.
Ich war nicht imstande, dem Generalkonsul meine Aufwartung zu machen. Mein Notizbuch, in dem ich seine Adresse hatte, lag bei meinem Gepäck.
Der Chauffeur, dem ich noch einen US-Dollar in die Hand drückte, führte mich in ein kambodschanisches Restaurant »Le Lotus d'Or«. Ein schwimmendes Restaurant am Ufer des Mekong in Vietheins Sissowath. Ein »Floating Restaurant«. Nicht

weniger als zwölf Kambodschaner, alle in blendendem Weiß, stürzten sich auf mich, bewarfen mich mit heiß dampfenden Frottiertüchern, zogen mein Hemd aus, rieben mich ab, frottierten mich. Das Hemd bekam ich zwanzig Minuten später getrocknet und gebügelt wieder.

Ich glaube mich nicht zu irren, wenn ich schreibe, daß ich dort zum ersten Mal Regenwürmer gegessen habe. Und eine Schwalbennestersuppe. Große, kleine, dicke, dünne geröstete Regenwürmer mit scharfer Soße darüber. Dann kamen kleine gerupfte Vögel mit Innereien. Die Vogerln waren nicht größer als ein halber Daumen. Der Patron des Hauses, ein dicker Khmer, schlug mit seinen dicken Händen auf seinen nackten Bauch, das Hemd reichte nicht. Er zeigte mir, wie man das Vogerl aß. Er nahm den Vogel in die Hand, steckte ihn in den Mund, kaute einmal, schluckte. Dann schüttete er ein Schälchen Reiswein hinterher.

Der Patron zeigte mir Störche. Sie stolzierten durch den Nebengarten. Ich begriff, der nächste Gang war Storchenfleisch. Er servierte Storchenfleisch und Pfefferschotensoße. Geschmack: Stroh!

Mein Mund brannte. Brannte ist gar kein Ausdruck. Ich kam mir vor, als würde ich im nächsten Augenblick explodieren wie ein Feuerwerksartikel.

Der Patron, die Angestellten lachten.

Ich entkleidete mich. Die Unterhose behielt ich an. Ich war im Begriff, mich in den Miniteich voll mit Lotosblumen und Goldfischen zu stürzen.

Doch da stand ein Herr vor mir. Europäisch gekleidet. Er sprach englisch, italienisch, dann in der Sprache des Landes und zuletzt erst sagte er auf Deutsch: »Bleiben Sie stehen!«

Umringt von zehn Kellnern, dem Patron und einem europäischen Mann zeigte ich mit beiden Händen auf meinen Mund und tat so, als dürfte ich Feuer spucken.

Der Europäer trat an mich heran und bot mir zwei Pillen. Ich nahm sie ohne nachzudenken – es hätte ja auch Gift sein können –, schluckte sie. Es verging keine halbe Minute, da war das Feuer in meinem Hals gelöscht.

»Vielen Dank.« Ich nannte meinen Namen. Er nannte seinen

Namen. Es war ein polnischer Name. Er bat mich in sein Haus. Alles in deutsch mit polnischem Akzent.
Mit einer herrischen Bewegung trieb der Europäer die Neugierigen fort. Ich wollte bezahlen. Doch er sagte: »Es ist schon alles erledigt.«
Ich schaute auf die Uhr. Ich hatte Zeit. Also ging ich mit ihm. In der Nähe hatte er eine prachtvolle, im Stil des Landes erbaute Villa. Viel Dienerschaft.
Dann kam seine Frau.
Hier mußte ich feststellen, die Welt ist zwar groß, aber sie ist eben doch ein Dorf. Der Mann, der mir geholfen hatte, war ein polnischer Fürst. Und sie kannte ich als Komtesse aus Warschau.
Einige Tage vor Ausbruch des Krieges mit Rußland war es gewesen. In meiner Eigenschaft als Sonderführer Z wurde ich zur besonderen Verwendung als PK-Mann dem damaligen Generaloberst Guderian zur Seite gestellt. Ich wurde in das Hotel »Royal« nach Warschau geschickt.
Zwei Tage später begann der Krieg mit Rußland.
Im polnischen Restaurant »Zur goldenen Gans« servierten Gräfinnen, Baronessen, adelige Damen. Sie sprachen mit den Gästen, Offiziere der deutschen Wehrmacht, kein deutsches Wort. Sie gaben auch keine deutschen Antworten. Sie sprachen polnisch, nahmen kein Trinkgeld, waren stolzer als stolz, straften uns mit Verachtung.
Eine dieser Baronessen war die Gattin des polnischen Grafen in Phnom Penh! Als sie mich sah, fing sie an zu lachen. Und ihr Mann lachte ebenfalls.
Sie küßte mich links und rechts auf die Wangen, und dann erzählte sie mir von ihrem Leben.
Der Mann, Geologe, hatte einen Welthandel mit Mineralien aufgezogen, mit Sitz in Phnom Penh. Er war einer der reichsten Männer.
»Ich weiß nicht, wie lange ich hierbleibe«, sagte er. »In diesem Land gibt es zu viel Unruhen. Die Kommunisten werden kommen. Die einzige Regierungsform für die Asiaten ist der Kommunismus. Die Asiaten laufen dem Kommunismus in die Arme.«

Sie sagte: »Das Volk sind die Frösche, der Kommunismus ist die Schlange. Die Frösche warten darauf, von der Schlange geschluckt zu werden.«
»Ich bin kein Khmer, ich bin kein Asiat. Langsam bereite ich den Verkauf meiner Liegenschaften vor. Wir wollen nach Hongkong. Von dort nach Australien.«
Gleich einem Rudel junger Hunde kamen sieben Kinder, Buben und Mädchen, in die Halle.
»Ich will nicht, daß diese Kinder Kommunisten werden. Viele meiner Freunde sind gegen den Kommunismus, sie werden alle Kommunisten sein müssen.«

In Prek Kiong stehen die modernsten Seidenwebereien, sie sind in aller Welt bekannt. Ich habe dort Seide für meine Weiberleut' ausgesucht und gekauft.
Dann wurde ich den Stars des »Princesse Bopha Revi Etoile de Ballet royal avec ses ballerinas dance d'absara« vorgestellt. Alle leben im Internat, leben nur für den Tanz. In kleinen Täßchen wurde Tee serviert, dazu gezuckertes Reisgebäck mit Mandelsplittern.
In den Boutiquen für Andenken in Phnom Penh fand ich Handarbeiten des Landes in Silber.
Ein kurzer Besuch im Nationalmuseum, dann vorbei am Palast des Gouvernements. Ein Drink in der Bar des Hotels »Monorom« und dann zum Flugplatz.
Fürst und Fürstin brachten mich in einem Landrover auf den Flugplatz. Hinter mir ein Auto mit drei Männern im blauen Anzug, weißem Hemd, schwarzer Krawatte, pomadisiertem Haar und einem Lächeln auf den Lippen.
»Sind das Geheimpolizisten?«
»Polizisten auf jeden Fall. Geheim sind sie aber nicht. Jeder kennt sie. Jeder Tourist wird beschattet. Das Land wird bald mehr Polizisten als Soldaten haben.«
»Wir bringen Devisen!«
»Die Regierung bekommt von allen Seiten Geld. Vom Osten und Westen. Von den Sowjets, von den Chinesen und den Amerikanern. An Geld mangelt es nicht.«

Wir kamen zum Flughafen. Dort wurde ich von zehn Geheimpolizisten umringt. Sie sprachen englisch, französisch und in ihrer Landessprache.
Ich mußte mich ausziehen. Splitternackt. Ein Arzt kam. Ich mußte mich nach vorn beugen. Der Arzt produzierte sich als Urologe, prüfte, ob ich nicht geheime Dokumente mit mir führte. Er sah mir in die Ohren, fuhr mir sogar mit einer Pinzette in Ohren und Nase. Dann durfte ich mich wieder anziehen.
Das Flugzeug, mit dem ich gekommen war, bekam überraschenderweise die Erlaubnis zum Start. Die nächste Station meiner Reise war Siem Reap.
Eine Provinzhauptstadt.
Nach dem Motto: Ohne Glück soll man nicht auf der Welt sein, gelang es mir, Prinz Sihanouk zu sprechen. An einem Fluß sah ich, wie ein Einbaumrennen veranstaltet wurde. Ein Volkssport. Die Kambodschaner sind Wasserratten.
Der Prinz, schmächtig, elegant nach französischer Mode gekleidet, verbeugte sich, gab mir die Hand. Er versuchte einige französische Worte mit mir zu sprechen. Ich bat um einen Dolmetscher, um ihm zu sagen, wie sehr ich es bedauerte, keine Fremdsprache zu beherrschen.
Eine Silbermünze hatte ich noch bei mir. Mit dem Bildnis der Kaiserin Maria Theresia.
Er lächelte, gab mir zwei kleine silberne Wasserbüffel.
Von Siem Reap aus fuhr ich nach Angkor.
Vor tausend Jahren war Angkor die Hauptstadt des Khmerreiches gewesen. Dann verfiel die Tempelstadt. Der Urwald verschlang Paläste und Tempel.
Im Hotel »Auberge Royal du Temples« brachte mir eine hübsche Kambodschanerin vom Fremdenverkehrsamt Informationsmaterial. Sie beschenkte mich mit einem Stapel Reispapier. Damals wußte ich nicht, was ich mit diesem Papier anfangen sollte, später bin ich darauf gekommen, da ich doch gerne koche, daß man darin faschiertes Fleisch einwickeln kann und kurz grillen. Eine Herrlichkeit für den Magen.
Die Touristen, die mit mir nach Phnom Penh geflogen waren, vor allem der Reiseleiter, hatten nicht mehr gehofft, mich zu

sehen. Man hatte ihnen mitgeteilt, ich sei verhaftet. Man hatte auch nicht erlaubt, den deutschen Generalkonsul anzurufen. Sie waren erfreut, mich nun doch wiederzusehen. Man hatte gemunkelt, in diesem Land würden Menschen für immer verschwinden.

In der »Auberge Royal du Temples« wurde französisch gekocht. Alle Kellner, Kambodschaner, sprachen französisch. Hinter jedem Gast stand ein Kellner in Weiß.

Ich wollte Briefe schreiben.

Der Offizier des Königs ließ mir durch unseren Reiseleiter sagen, wenn ich Briefe schreibe, solle ich sie ihm mitgeben. Von Siem Reap aus dauert ein Brief, bis er das Land verläßt, drei Wochen. Alle Briefe werden nach Phnom Penh geschickt, dort zensiert. Wenn man Glück hat, wird der Brief dann weiter geleitet, wenn nicht, wandern Briefe und Postkarten in den Papierkorb.

Ich trank Schweppes Tonic Water. Dann mietete ich mir einen Elefanten. Es gibt Bilder, ich hoch oben auf einem Elefanten. Es war wie eine Schaukel. Auf der einen Seite der Elefantenführer, ein Kambodschaner, auf der anderen Seite ich.

Ich ritt, um fotografiert zu werden, in den Urwald. Hundert Meter links und rechts von der Straße beginnt der Urwald. Und im Urwald: Coca Cola überall.

Sie nahmen US-Dollar. Sie gaben amerikanisches Geld heraus. Verstohlen kamen sie aus den Urwäldern, junge Burschen, boten für zwei US-Dollar breite Messer mit aus Büffelhorn geschnitzten Griffen.

Polizei in Uniform und Zivil. Sie sorgen für Ordnung. Sie wollten genau wissen, was jeder Tourist vom frühen Morgen bis zum späten Abend tat.

Die Taxis sind Rikschas. Manchmal Fahrräder oder Motorräder davor. Viele werden von großen, stämmigen Kambodschanern gezogen, im Laufschritt, im Schweiße ihres Angesichts. Abends ließ ich mich in einer Fahrradrikscha nach Siem Reap fahren. Die Provinzhauptstadt war erleuchtet. Vor allem die Tempel. Auf den Straßen war es so wie am hellen Tag. Die Straßenköche hatten ihre Öfen aufgestellt, daneben das Geschirr gestapelt. Sie kochten.

Der Zahnarzt war auch noch bei der Arbeit. Ich konnte durch das Schaufenster eine Zahnärztin beobachten. Am großen Zeh hatte sie eine Schnur hängen, das andere Ende war an einer Hängemate befestigt. Während sie die Bohrmaschine mit dem Fuß betrieb, bewegte sich die Hängematte, in der zwei kleine Kinder lagen. Ohne das Gesicht zu verziehen, saßen die Patienten, ließen sich Zahn für Zahn ziehen, ließen sich den Bohrer in die Zähne treiben.

Ich folgte zwei buddhistischen Mönchen.

Sie drehten sich um, verbeugten sich, machten eine Gebärde mit den Händen, ich möge mitkommen.

Die buddhistischen Mönche feierten einen großen Tag in der Geschichte ihrer Religion mit einem Freundschaftsessen. Ältere und jüngere Mönche und, ich sah sie zum erstenmal in großer Zahl, buddhistische Nonnen. Diese Nonnen haben sich freiwillig in die Zurückgezogenheit begeben. Mönche und Nonnen wurden von den kambodschanischen Zivilisten voll Ehrfurcht bedient.

Zu trinken gab es Wasser und Limonade. Man saß auf dem Boden. Ich mußte mich dieser Sitte anpassen. Es war für mich sehr strapaziös.

Ich wurde von den Mönchen bedient. Der Napf blieb immer derselbe. Nur das Essen, das hintereinander hinein kam, war verschieden. Es gab einen hölzernen fein polierten Löffel. Es war nicht leicht, den Gastgebern klarzumachen, daß mein Bauch bald platzte, daß ich keinen Appetit auf ein auf ein Holz gespießtes und gebratenes Mäuschen hatte. Ich mußte zugreifen. Dann stopfte man mir süße Melonenstücke in den Mund.

Ich stieg in die Rikscha mit dem Fahrrad davor. Der Fahrer verbeugte sich tief. Wir fuhren über die asphaltierten Avenuen, links und rechts Urwald, zurück ins Hotel »Auberge Royal du Temples« nach Angkor.

Es war heiß. Die Sterne strahlten vom Himmel. Schweißbedeckt lag ich im Bett. So, wie ich war, splitternackt, öffnete ich die Hoteltür in den Garten hinaus. Ich sah Störche und Pelikane. Große Pelikane rissen die Schnäbel auf. Heiß war es. Angst überfiel mich. Ich wollte in das Zimmer zurück. Ich sprang über Blumenbeete.

»Was soll's?« fragte ich mich. »Was wollen diese großen Vögel? Die Störche, die Pelikane? Sie stolzieren auf mich zu, sie wollen mit den Schnäbeln auf mich loshacken!«
Dann fiel ich zur Erde.
Am frühen Morgen wurde ich in einem Blumenbeet ohne Bewußtsein gefunden. Man rätselte herum. Man holte einen einheimischen Arzt. Ich hatte Fieber.
Ich mußte in ein verdunkeltes Zimmer. Da kamen in meinen Gedanken wieder die Pelikane und Störche. Auch Elefanten. Und heiß war es. Eine Wanne heißes Wasser, eine Wanne kaltes Wasser mit Eisstückchen wurde neben mein Bett gestellt. Der Arzt wusch mich heiß, rieb mich mit den Eisstückchen ab, wickelte mich in ein nasses Leinentuch. Viele Pferdedecken wurden auf mich gelegt. »Wenn Sie es nicht mehr aushalten können, läuten Sie!« übersetzte der Reiseleiter. Er drückte mir die Klingel in die Hand. »Schlafen Sie! Schwitzen Sie sich gesund!«
Traumlos blieb ich liegen. Als man mich auswickelte, zeigte man mir das nasse Tuch. Kohlschwarz!
Der einheimische Arzt lachte. »Aller Schmutz ist aus Ihrem Körper heraus.«
Der Arzt brachte mir eine Flasche französischen Cognac. Ich bekam ihn, verrührt mit vier Eidottern. Ich schlief die Nacht durch. Am frühen Morgen schmeckte mir der Kaffee, schmeckten die weißen Brötchen mit Honig.

Angkor. Im 9. Jahrhundert nach Christus wurde der erste Tempel mit dem Namen P'himeanakas gebaut. Er war und ist heute noch der Mittelpunkt von Angkor.
Angkor war die Hauptstadt des Khmer-Landes. Immer weiter und weiter breitete sich diese Tempelstadt aus, verbannte den Urwald, der später die Stadt wieder einschloß und überwucherte.
Das Zentrum dieser Stadt ist der Tempel Baphuon. Feinde, die Cham, zerstörten den Tempel.
Die Khmer sind ein zähes Volk, sie bauten den Tempel wieder auf, bauten Galerien und Terrassen, bauten einen Hauptturm, Tempel und nochmals Tempel. Grandios, wahrhaft atemberaubend sind die Auffahrten zu den Tempeln.

Im Dschungel um Angkor stehen die Hütten auf hohen Pfählen wegen der wilden Tiere und wegen der Regenzeit. Ich sah Wasserkühe, zum Greifen nahe. Auch Wasserbüffel. Ich sah Schweinchen, obwohl klein, waren sie doch ausgewachsene Schweine. Sie sahen aus wie große Igel.

Die Dschungel-Kambodschaner waren gut gelaunt. Sie lachten, als sie mich sahen, ließen sich auch fotografieren; gegen Bezahlung.

Ich habe viele Kinder mit aufgedunsenen Bäuchen gesehen. Auch Frauen und Männer. Sie taten nichts. Sie saßen und starrten vor sich hin. Mädchen, junge Frauen, zahnlos. Ihre Kleidung: Nur das Allernotwendigste. Aber es gab Coca Cola.

Die Hitze im Dschungel ist für einen Europäer kaum erträglich. Ich bestieg eine wacklige Leiter. So gelangte ich in ein Pfahlhaus. An den Wänden Bilder von Prinz Sihanouk. In einer Holzmulde drei Handvoll Reis.

Mit einemmal wurde es dunkel. Der Himmel bewölkte sich. Dann öffnete sich eine Wolkenschleuse. Wasser, Wasser, kein Blitz. Kein Donner. Durch den Wasserschleier war nichts zu sehen. Der Wolkenbruch dauerte eine Viertelstunde. Dann Sonne. Glühende Sonne. Orchideen blühten in allen Farben. Die Bananenstauden ebenfalls. Die Dschungelbewohner lachten.

Alles stand unter Wasser. Die Schweinchen suhlten sich im Schlamm. Die Wasserbüffel lagen im Moor. Bis zum Rücken bedeckt mit Wasser.

Dann sah ich einen kleinen jungen Tiger. Mit einem Strick an einen Baum gebunden.

Wie konnte ich auf die asphaltierte Straße zurück! Kein Weg. Nur Wasser.

Aus einem Pfahlhaus kletterte ein junger Mann, es war der Fahrer, der mich mit seiner Rikscha nach Siem Reap gefahren hatte. Ohne ein Wort zu sprechen, nahm er mich bei der Hand. Ich zog Schuhe und Strümpfe aus, krempelte die Hosenbeine bis über die Knie auf und ging hinter ihm. Das Wasser war seidig warm.

Wir wateten eine halbe Stunde lang durch Morast und Wasser. Ich wollte ihm US-Dollar geben. Er schüttelte den Kopf, deutete auf mein Hemd.

Ich verstand. Zog mein Hemd aus, drückte es ihm in die Hand. In Windeseile hatte er es angezogen. Mit nackter Brust, behaartem Oberkörper, trottete ich in die »Auberge Royal du Temples« zurück.

Ich hatte das Glück in einer – in Europa würde man es als Scheune bezeichnen – offenen Hütte dem Unterricht der Tempeltänzerinnen beizuwohnen. Kinder von vier bis zum 16. Lebensjahr aufwärts standen vor einer alten Tänzerin. Sie trugen dünne lange Hosen, an den Fesseln zugebunden. Der Oberkörper bis zum Hals verdeckt. Die Lehrerin hatte einen langen Stock in der Hand. Am Boden saßen zwei Männer und bliesen auf Holzflöten. Immer wieder mußten die Kinder die Schritte wiederholen, die Hände nach oben, einen Schritt links, nach rechts, sie bewegten die Finger. Mir kam es vor, als würden sie Füße und Hände verrenken. Alles geschah in einem bestimmten Rhythmus. Oft genug bekamen die Schülerinnen den Stock zu spüren. Sie mußten auch singen. Für meine Ohren war dieser Gesang nichts.

Nachts in der Tempelstadt. Alles in vollem Scheinwerferlicht. Ich erlebte die meisterliche Leistung der Tempeltänzerinnen. Für die Touristen wurden Nacht für Nacht Tempeltänze vorgeführt. Ob man will oder nicht, man wird in einen geheimnisvollen Bann versetzt. Die Kostüme sind kostbar, schon vor tausenden von Jahren wurde in den gleichen Kostümen getanzt. Einst dem Höchsten zur Ehre, heute zur Ehre der Touristen. Eine nächtliche Stunde, die man nie im Leben vergißt. Jahrtausende, zerstört, aufgebaut, Zeugen der Vergangenheit.

Verhüllte Menschen. Männer in schwarzen und blauen Anzügen, weißen Hemden.

Über den blutgetränkten Khyberpaß nach Pakistan

Die pakistanischen Offiziere tragen ein Stöckchen unter dem Arm. Dieses Stöckchentragen haben sie von den englischen Offizieren übernommen. Die Engländer waren lange Zeit Kolonialherren in diesem Land, als es noch zu Indien gehörte.

Ich wunderte mich über die deutsche Aussprache eines jungen Mädchens, das sagte: »Ich finde, daß die Soldaten gut aussehen.«

Ich nickte.

»Ja, gut aussehen tun sie wirklich«, fuhr sie fort, »aber viel mehr nicht. Sie müßten sie kämpfen sehen. Die schöne Uniform macht noch lange keinen guten Soldaten.«

Die pakistanischen Riffles trugen goldene, turbanartige Helme, rote Röcke, blaue und weiße Hosen.

Es wurde viel getrommelt, Kommandos wurden gebrüllt. Ein Offizier, ein Riese von einem Pakistani mit einem kohlschwarzen bis zu den Ohren aufgedrehten Schnurrbart meldete, meldete, meldete.

Ich verstand kein Wort.

Der Offizier stampfte mit den Füßen. Eine Staubwolke hüllte ihn ein.

»Wer ist dieser Offizier?« fragte ich.

»Mein Daddy!«

»Und trotzdem sind Sie gegen die Riffles?«

»Mein Daddy war noch nie im Ausland. Er weiß nicht, wie es in der Welt wirklich aussieht. Ich war in Deutschland im Internat.«

»Ich glaube, mein Fräulein, der Aufenthalt in Deutschland hat Ihnen nicht gut getan.«

»Ich bin Kommunistin«, sagte sie.

»Weiß das Ihr Vater?«

 »Nein!«

»Warum sagen Sie es ihm nicht?«
»Er würde mich, ohne auch nur einen Augenblick zu zögern, einsperren lassen.«
»Sie haben bald Wahlen im Lande ...«
»Hoffentlich verliert dieser England-Boy!«
»Wen meinen Sie denn damit?«
»Mohammed Ayub Khan.«
»Aber, aber, Ayub Khan hat Pakistan zu einer beachtlichen Macht ...«
Sie ließ mich nicht aussprechen.
»Macht? Ja, für die Reichen, für die Großgrundbesitzer, für die Militärs, für die Politiker.«
»Und wer sollte, Ihrer Meinung nach, Ayub Khan ablösen?«
»Die Kommunisten!«

Neunzig Prozent der Bevölkerung Pakistans sind Landbewohner. Auf dem Land und in den Städten wird Indoarisch und Iranisch gesprochen.
Die Bevölkerung: Pandschabi, Sindhi, Urdu, Belutschi und Paschtu.
Im damaligen Ost-Pakistan, dem heutigen Bangla-Desh wohnen die Bengalen und Assamesen. Staatssprache sind Urdu und Bengali. Als Amtssprache dient Englisch.
Über neunzig Prozent der Einwohner sind Mohammedaner, der Rest Hindus, Christen, Buddhisten und ein paar hundert Juden.
Die Nationalflagge: Grünes Feld mit weißem Halbmond und fünfzackigem Stern. Am Flaggenstock ein weißer waagerechter Streifen.
Die Regierungsform — so firmiert Pakistan — ist eine islamische Republik mit zentralistischem Charakter.
Die Wehrpflicht ist allgemein. Jeder will, schon um genügend zum Essen zu haben und farbenprächtig gekleidet zu werden, Soldat werden.
Mohammed Ayub Khan war zu der Zeit, als ich in Pakistan war, Staatsoberhaupt und Regierungschef. Er beherrschte die größte Partei, die »Moslem-Liga«. Seine Gegner waren die

Armen und der Mittelstand von der »Islam Partei«. Er hatte sie 1964 verboten.
»Kennen Sie Ayub Khan?« fragte ich meine Begleiterin.
»Viel zu gut. Wir sind mit ihm verwandt.«
»Ein schöner Mann. Imponierend.«
»Ein eitler Affe!«
Ich zündete mir eine Zigarette an. Ehrlich, ich war überrascht von den Aussagen dieser selbstbewußten jungen pakistanischen Dame.
»Wie alt sind Sie?« fragte ich.
»Neunzehn.«
»Und Sie glauben, daß Ihre Entscheidungen richtig sind?«
»Ich glaube es nicht, ich weiß es. Dieser Ayub Khan ist kein guter Mensch. Er hat zu meinem Vater gesagt: ›Die Wahlen gewinne ich!‹ Und als mein Vater Einwände machte, sagte er: ›Vergiß nicht, die Gegenkandidatin ist eine Frau, die Schwester des Gründers Pakistans, Frau Dschinna, ich werde sie einsperren lassen, auch die Opposition lasse ich einsperren!‹« - Das waren die ersten Eindrücke, die ich über das Land Pakistan und über das einstige Staatsoberhaupt Ayub Khan bekam.
Ich habe Ayub Khan persönlich kennengelernt. Mit Walter Scheel und seiner Regierungsdelegation. Scheel überreichte dem Feldmarschall ein Jagdgewehr mit Zielfernrohr.
»Feldmarschall, werden Sie die Wahl gewinnen?«
»Ja!«
»Wie können Sie so sicher sein?«
»Ich habe die Opposition einsperren lassen!«
Das Mädchen am Khyber Paß hatte also nicht gelogen.
Und Ayub Khan gewann die Wahl.

In Peshawar wohnten wir alle in einem nach englischem Kolonialstil erbauten Hotel »Deans«.
Der Botschafter wußte von unseren Nöten und Sorgen. Auch Pakistan war, was Alkohol betrifft, Notstandsgebiet. Er überreichte jedem von uns eine Flasche Whisky.
 Der Leiter dieses Hotels war ein Österreicher, ein Wiener. Er

war nicht mehr der Jüngste, duzte mich. »Von dir habe ich schon was gelesen.« Wir gingen in den Weinkeller. Er öffnete eine Flasche Gumpoldskirchner Rotkipferl, Spätlese. Ich bestaunte viele Flaschen. Weine aus Krems, aus der Wachau, aus Wien, aus Gumpoldskirchen, ja, auch aus meiner Heimat Steiermark.
Zwei Stunden später – ein genauer Betrachter hätte gesagt, mein Freund aus Wien und ich waren betrunken. Wir waren es nicht. Wir waren nur angeheitert. Er erzählte mir, daß er schon zweimal von den Engländern interniert gewesen sei. Im Ersten und Zweiten Weltkrieg. Alle fünf Jahre fuhr er nach Wien, und jedesmal nahm er sich vor, in Österreich zu bleiben, dort ein Hotel zu kaufen. Aber immer wieder fliegt er zurück nach Pakistan.
»Wer einmal hier gelebt hat ... frag die Engländer ... der kann anderswo nicht mehr leben.«
Er gestand: »Ich trinke alles, nur kein Wasser. Die Amöben sind große Luder«, so drückte er sich wörtlich aus. »Sie kommen über das Wasser in den Menschen, sie schleichen sich ein, und dann braucht man Jahre, bis man diese Luder wieder los ist. Merk dir zu jeder Tages- und Nachtstunde: Wein oder Whisky. Nie, nie Wasser. Auch kein Gin Tonic. Von Gin Tonic wird man impotent!«
Er wies mit der Hand auf die Straße. Draußen waren viele Kinder, alle barfuß. Manche gut, manche zerlumpt angezogen.
»Zehn davon gehören mir.«
»Wissen das die Kinder?«
»Nein!«
»Wissen das die Mütter?«
»Vielleicht.«
»Sind die Frauen in Pakistan für einen Europäer leicht zu haben?«
»Bestimmt nicht. Aber Frauen sind eben Frauen. Wehe, du würdest eine Pakistani auf der Straße ansprechen, wenn eine zweite dabei ist. Sie schüttet dir möglicherweise einen Eimer Wasser über den Kopf. Wenn du sie aber allein antriffst, dann ... Schau dir die Männer an, die sind doch fast alle unterernährt. Wenn so ein richtiger Mann wie ich kommt, fallen

die schönen Pakistani um wie ein Brett!« Er lachte. »Dann schenkst du ihr einen silbernen Armreif, ein paar echte oder Similiklunkern für den Hals, und schon bist du Vater geworden!«
Peshawar ist eine Kleinstadt. Eine liebenswerte Kleinstadt. In Peshawar habe ich auch den Regierungschef, damals Außenminister Zulfigar Ali Bhutto bei einem Essen, das der damalige Bundesminister Walter Scheel dem pakistanischen Außenminister gegeben hat, kennengelernt.
»Lassen Sie sich nicht von den Antiquitätenhändlern betrügen«, warnte Ali Bhutto. »Vorsicht. Vor allem, wenn der Händler behauptet, daß er von der Polizei überwacht wird!«
Mein Wiener Freund hatte mir eine Adresse gegeben. »Das ist der beste Antiquitätenhändler, zu dem man gehen kann. Kauf Silberwaren, Handarbeit. Aber Vorsicht mit tausendjährigen Buddhas«, warnte er.
Ich kaufte Stoffe aus Kashmir und Silberschmuck für meine Frau und meine Töchter. Es gab schöne noch ungegerbte Felle von Himalaya-Tigern.
Dann kaufte ich schöne Teakholzfiguren, Störche, Kamele, die man an die Wand hängen konnte.
Der Verkäufer sagte: »Pakistani-Kunst!«
Später entdeckte ich, daß diese Teakfiguren »made in Danemark« waren.
Die mit Gold- und Silberfäden durchzogenen Schals waren eine Wucht. Große und kleine farbenprächtige Teppiche.
Walter Scheel kam mit seiner engeren Begleitung. Was ihm alles vorgeführt wurde, hatten wir schon durchexerziert. Auch uns wurden schöne uralte Buddhas angeboten. Geheimnisvoll wurde auf die Lippen gedeutet. »Die Buddhas sind versteckt, weil sie so wertvoll sind, weil die Ausfuhr verboten ist«, sagte der Verkäufer. Er wies auf einen Polizisten, der vor dem Geschäft auf und ab ging. »Er bewacht uns, aber . . .« Er schob einen an der Wand hängenden Teppich zur Seite, dahinter kam eine Tür zum Vorschein, sie wurde geöffnet. Mit einem Kerzenstummel leuchtete der Verkäufer eine Treppe hinunter. Wir gingen in einen Keller, der voll mit Teppichen war. Dort standen sie, die Buddhas, frisch gebrannt, nach An-

gaben des Verkäufers fünfhundert, sechshundert, siebenhundert Jahre alt.
Immer wieder legte der Verkäufer beim Sprechen den Zeigefinger auf die Lippen. »Niemand sagen . . . Geheim . . . Polizei!«
Karlheinz von den Driesch und ich fielen auf diesen Trick nicht herein. Wir waren von Ali Bhutto gewarnt worden. Wir glaubten dem Verkäufer kein Wort. Der Verkäufer tat beleidigt, weil wir seinen Angaben keinen Glauben schenkten.
Trotz der Warnung haben einige Herren diese tausendjährigen Buddhas gekauft. Als diese Herren und Damen an der Grenze angehalten wurden — sie hatten die Buddhas in ihren Strümpfen und zwischen der Wäsche versteckt —, lachten die Zöllner. Es handelte sich um Kitsch, keine zehn Mark wert.
Auch Walter Scheel war in die Gruft der Buddhas gestiegen. Er konnte aber als deutscher Minister keine Ware kaufen, dessen Ausfuhr verboten war. So kaufte er nichts.
Der Polizist vor dem Geschäft? Ein Angestellter des Antiquitätenhändlers. Er hatte die Aufgabe, vor dem Geschäft auf und ab zu gehen, den Hüter des Gesetzes zu spielen. Seine Uniform war eine Phantasieuniform.
Es ging lebhaft zu im Hotel »Deans«, und zwar rund um den großen englischen Kamin. Die Propellerventilatoren waren eingeschaltet. Es gelang ihnen nicht, die Hitze war zu groß, Kühlung zu bringen. Es wurde viel getrunken.
Mir war an diesem Abend nicht wohl im Magen. Mein Wiener Freund, der Hoteldirektor, brachte in einem Tonkrug eine Kraftsuppe. Zwei Hühner hatten dran glauben müssen. Sie wurden zermahlen und heiß aufgekocht, mit vielen Kräutern versehen. Eine Wundermedizin.
Wenn ein Mensch in einer Stadt wie Peshawar auf der Straße stirbt, kann es viele Stunden dauern, bis er von der Polizei oder dem Roten Kreuz aufgelesen und weggebracht wird.
Ich habe es selber gesehen, die Leute steigen über die Toten hinweg. Auch Fuhrwerke machen einen Bogen. Ein Toter ist eben ein Toter. Aus.
Nachts gibt es für viele Pakistani kein Dach über dem Kopf. Sie schlafen, wo sie stehen oder sitzen. Viele schlafen auf den Bürgersteigen.

Wir fuhren im Auto durch die Landschaft.
An den Bäumen hängen im heißen Sommer Orangen, Zitronen.
Die farbenprächtigen Orchideen wachsen als wilde Blumen auf den Feldern.
In der Regierungsstadt Rawalpindi hielten wir vor einem großen schloßartigen Gebäude. Ehemaliger Sitz der englischen Residenten. Der Feldmarschall Mohammed Ayub Khan stellte uns dieses Gästehaus zur Verfügung.
Wir von der Presse wurden in die funkelnagelneue zukünftige Regierungsstadt, damals noch menschenleer, nach Islamabad gefahren.
Islamabad: Alle Gebäude neu. Tausend und mehr weiße Gebäude waren aus der Erde gestampft worden. Rathaus, Regierungspalast, Parlament, Hotels, Häuser, Kasernen, Rundfunkstationen. Alles, was zu einer Stadt gehört, stand vor unseren Augen. Doch man sah kaum Menschen.
Leute, die in Deutschland studiert hatten, erzählten mir, Islamabad sei in der Nähe von Rawalpindi erbaut worden, weil Mohammed Ayub Khan, Feldmarschall, Präsident, Diktator, in der Nähe seine Ländereien habe.
Was Städtebau betrifft, ist Islamabad für den Vorderen Orient und für Asien die modernste Stadt. Die Wohnungen waren bezugsfertig. Der Umzug der Regierung und der Abgeordneten hatte sich jedoch noch nicht vollzogen.
In einem dieser modernen Hotels wurden wir untergebracht. Ein Hotel mit 260 Betten. Als wir dort ankamen, waren wir die einzigen Gäste. Nachts kamen Franzosen.
Ein Heer von Dienern stand um uns herum. In diesem Hotel angestellt zu sein, bedeutet für die Bediensteten das tägliche Brot, außerdem konnten sie ihre großen Familien zuhause mit den Überresten von Frühstück, Mittag- oder Abendessen der Gäste mitverpflegen.
Wir staunten, als wir sahen, wie die Baumaterialzufuhr gehandhabt wurde. Nicht mit Lastautos, nein, mit tausend Eseln, die säckeweise Zement schleppten oder einen Stoß Ziegel auf dem Rücken hatten.
Abends um zwei Uhr habe ich zwei Pyjamas, zwei Tageshemden, einige Unterhosen und Strümpfe einem pakistanischen

Hoteldiener in die Hand gedrückt. Da wir drei Tage bleiben sollten, dachte ich mir, am dritten Tag würde ich die Wäsche zurückbekommen.

Um zwei Uhr nachts klopfte es zaghaft an die Tür. Wer stand da: Der pakistanische Diener mit meiner hervorragend gewaschenen und gebügelten Wäsche. Der Kragen an den Hemden war auf Glanz gebügelt. Der Betrag für dieses Waschen war so minimal, daß ich nicht anders konnte, als ihm das Dreifache zu geben.

Jeden Abend versuchte ich dem Diener klarzumachen, er möge mir am nächsten Morgen um sieben Uhr eine Kanne Tee bringen, nur Tee, sonst gar nichts. Erst später, um acht Uhr, wollte ich dann mein Frühstück haben. Ich sagte: »No eggs, no Omelett, kein kaltes Hammelfleisch.«

»Yes, yes, yes«, lächelte der Boy.

Dann brachte er mir am nächsten Tag nicht nur Tee, sondern Milch, Cornflakes, Eier, sechs Stück an der Zahl. Ein golden gebratenes Omelett, aufgeschnittenes kaltes Hammelfleisch, Jam, Honig, Nüsse, gebratenen Fisch.

Ich konnte außer Tee, Brot und Butter nichts essen.

So geschah es, daß ich drei Tage lang große Portionen – er brauchte zwei Tabletts, um alles zu transportieren – serviert bekam und zurückschickte.

Der pakistanische Hoteldiener verzog sein Gesicht. Dann faltete er die Hände wie zum Gebet zusammen, legte sie an die Brust und gestand, er habe verstanden, was ich bestellt hatte. Er hatte aber an seine große Familie gedacht, die Hunger hatte. Bruder und Vater, Schwester und Mutter, Frau und Kinder, alle hatten Hunger. Er hatte das Essen in seiner Familie verteilt und so deren Hunger gestillt.

Wenn ich nachts aus dem vollklimatisierten Zimmer trat, lagen auf den Hotelgängen nicht weniger als zehn Pakistani, Hotelangestellte und Verwandschaft. Eine andere Schlafstätte außer diesem dicken Veloursteppich hatten sie nicht.

Die Geheimpolizei in Pakistan ist immer unterwegs auf »Inderfang«. Die Jagd auf Inder ist ein beliebter Sport. Die Pakistani haben Angst, daß die Inder eine Revolution in ihrem Land anzetteln.

Mein Freund Karlheinz war nicht bei mir.
Ich wurde verhaftet. Im Hotel. Um mich standen sieben Mann, alle im korrektesten blauen europäischen Anzug. Sie trugen die gleichen Krawatten, sprachen englisch, französisch und pakistanisch, aber kein Wort deutsch.
Warum war ich verhaftet worden? Vielleicht war ich gar nicht verhaftet, sondern nur, wie man mir klarmachte, in Sicherheit gebracht, damit ich keine Unannehmlichkeiten hatte. Auf meinem Paß stand »Gustav Johann Kernmayr«. Und — sie müssen eine meiner Visitenkarten gesehen haben — da stand mein Künstlername »Hans Gustl Kernmayr«.
Ich war beim besten Willen nicht in der Lage, mit meinem Deutsch diesen Herren von der pakistanischen Geheimpolizei verständlich zu machen, daß Hans Gustl und Gustav Johann Kernmayr ein und dieselbe Person waren. Aus Johann war Hans geworden, aus Gustav Gustl.
Sie taten nichts.
Ich bot ihnen meine Whiskyflasche an. Sie lehnten ab. Sie tranken Tee, saßen auf dem Boden mit gekreuzten Beinen. Wir warteten und warteten.
Der Hoteldirektor persönlich servierte mir Haifischflossensuppe, dann mit vielen Pilzen und Kräutern überbackene Eier, einen Krabbensalat, bestreut mit kleinen Nüssen und ein Stück Fleisch. Ich konnte nicht feststellen, war es Rindfleisch, Eselfleisch, Pferdefleisch, Kalbfleisch oder Hammelfleisch? Auf alle Fälle war es zäh. Dann gab es ein Omelett bestrichen mit Honig und kleingehackten Ananas.
Man bot mir Zigaretten an.
Karlheinz klärte die Sache mit meinen Vornamen auf. Ich durfte mich wieder frei bewegen. Die Geheimdienstleute verschwanden.

Wer in Pakistan Augen und Ohren offen hat, der wird bald die Leute kennenlernen, die man dort Haris nennt. Das sind die armen Pächter.
Alle hatten den Worten des Gründers Pakistans, Mohammed Ali Dschinnah geglaubt, der am 15. August 1947 versprochen

hatte: »Brot für alle. Arbeit für alle. Ein Dach über dem Kopf für alle. Keine Angst vor dem Alter!«
Nichts von all diesen Versprechungen war eingehalten worden. Die Haris arbeiteten auf den Ländereien der Nabobs für einen Hungerlohn.
Am schlimmsten ist, daß die pakistanischen Moslems die Hindus am liebsten zu Tode hetzen würden. Es ist ein Volkssport, die vielen Hindu-Flüchtlinge zu jagen.
Neun Millionen Flüchtlinge aus Indien, die mit nichts, nur mit dem, was sie auf dem Leib trugen, vielleicht noch mit einem Ochsengespann, nach Pakistan gekommen sind. Städte mußten für sie erbaut werden, Städte aus Hütten.
Sie wurden eingesetzt, die Versalzung des Indusbeckens zu verhindern.

Lahore ist eine Provinzhauptstadt.
Man erzählte mir, daß die Afghanen ihre Krieger einst bis nach Lahore geschickt hatten, die Mogule verjagt und alles zerstört hatten.
Die Kaisermoschee war erhalten geblieben, und die muß man gesehen haben.
Dann den traumhaft schönen Shalamargarten. Ein Schmuckstück in allen Farben.
Die Universität und das Mogul-Fort. In Lahore hatten seinerzeit die Mogule regiert.
Lahore liegt am Westufer des Flusses Jawe. Der Fluß fließt träge und schmutzig dahin, an ihm liegt das Grabmal des Kaisers Jahangir. Seine Witwe hat dem Toten dieses zeitüberdauernde Denkmal setzen lassen.
Alle Gärten in Lahore sind rechteckig angelegt, alle von einer hohen Mauer umgeben. An den Wänden berichten arabische Kalligraphien über Koran und Geschichte.
Bei einem Juwelier kaufte ich rosa Perlen aus Bengalen, aus Dakka. Hunderttausende dieser Perlen waren in einem faßartigen, aus festem Glas hergestellten Gefäß. Rosa Perlen, rote Perlen, zartrosa Perlen, tiefrosa Perlen, schwarze Perlen. Ein beglückendes Gefühl, mit beiden Händen in den Perlen wühlen zu können.

In den modernen Geschäften gab es Seide gleich Spinnweben, so fein. Diese Seide kaufen die Frauen für ihre Saris. Ein hauchdünner zarter Sari, so erzählt man, muß so fein sein, daß man den Stoff durch einen Ehering ziehen kann.
Ich habe einige Saris gekauft. Es gibt Saris schon zu hundert Rupien, aber es gibt auch Saris, die mit Edelsteinen besetzt sind, die bis zu zwanzigtausend und mehr Rupien kosten. Manche Saris sind mit Brillanten und Perlen bestickt.
Soldaten, wohlgenährt, farbenprächtig gekleidet, jeder einzelne ein Ausstellungsstück. Wenn man mit den pakistanischen Offizieren spricht, ist jeder voller Mut und Tatendrang. Ihre Ziele: die Inder aufs Haupt zu schlagen.
In der Universität habe ich mit einer Studentin gesprochen. Viele Studentinnen besuchen die Universität. Alle in blütenweißen Saris. Die Wasserhyazinthen blühen. Sie verströmen einen wunderbaren Duft. Ich wurde gewarnt, ihre Blüten sind giftig.
In allen Gewässern wird Jute gewaschen, Tag für Tag, Nacht für Nacht.
Die Maharadschas und Nabobs sind noch lange nicht ausgestorben. Sie haben ihre großen Ländereien, haben in der Politik mitzureden. Viele von ihnen sind irrsinnig reich. In den Kellergewölben haben sie Fässer voll mit Goldmünzen, an den Wänden lagern die Goldbarren bis zur Decke. Sie haben geschliffene und ungeschliffene Edelsteine aller Arten in großen kupfernen Truhen.
Ich mußte mich in Pakistan Tag für Tag bei der Polizei melden. Man hat sich sofort anzumelden, wenn man in einer Stadt eintrifft, und am Abreisetag wieder abzumelden. Die Pakistani haben Angst vor den Ausländern, sehen in jedem Ausländer einen Spion.
Die Polizei ist kleinlich. Man kann große Unannehmlichkeiten haben, wenn man sich den polizeilichen Vorschriften nicht fügt.
In Lahore habe ich im Goethe-Institut einen Dominikanerpater getroffen. Der deutsche Schriftsteller Hagelstange hielt einen Vortrag. Er befand sich auf einer ausgedehnten Reise. Viele Leute waren gekommen. Es hatte sich gelohnt. Der Beifall war berechtigt. Ich becherte mit ihm.

Weiß in Weiß der Dominikaner.
Man muß wissen, daß die Dominikaner und die Jesuiten sich immer in den Haaren liegen. Wenn ein Dominikaner ein Buch schreibt, schreibt ein Jesuit genau das Gegenteil davon. Umgekehrt: Stellt ein Jesuit eine These auf, wird der Dominikaner das Gegenteil behaupten. In den orientalischen Ländern tragen auch die Jesuiten weiße Habits, sie passen sich dem Klima an, man kann sie kaum von den Dominikanern unterscheiden.
Der in Lahore lebende Dominikaner war in einem großen Ort, hundert Kilometer von seinem Sitz gewesen und hatte vergessen sich anzumelden. Prompt wurde er von der Polizei verhaftet.
Vierundzwanzig Stunden war er eingesperrt. Wer holte ihn aus dem Arrest: ein Jesuit!
Ich habe in der Kathedrale zu Lahore den Bischof kennengelernt. Ein Kapuzinerpater aus Belgien. Er zeigte mir die Kathedrale. Der Bischofssitz war sechzig bis siebzig Jahre alt. Ein roter Ziegelbau, der Gotik nachempfunden. Er lud mich zum Essen ein. Er lebte in einer bescheidenen Wohnung.
Der Bischof erzählte: »Die Christianisierung ist in allen mohammedanischen Ländern sehr, sehr schwer. Nur die Parias sind Katholiken. Die Ärmsten der Armen.«
Er zog einen Vergleich mit Rom zur Zeit der Christenverfolgung. Da waren die Sklaven und Sklavinnen diejenigen, die Christus in die Katakomben folgten. »Wir haben einen Mann, der eine höhere Stellung im Staat einnimmt, der ist aber, als er zu uns kam, ein armer Mann gewesen. Er hat studiert. Wenn er heute aufgefordert würde, Christ zu werden, würde er bestimmt nein sagen. Wir leben von den Spenden aus dem Ausland. Auch unsere Missionsschulen werden aus Europa und Amerika mit allen nötigen Mitteln versorgt.«
Ich habe viele Kapuzinerpatres gesehen. Alte, junge, jeder beseelt von seiner Aufgabe, Gott zu dienen.
Ich war in der Missionsschule. Dort trugen die Mädchen weiße Kleider, die Haare straff nach hinten gekämmt, mit einer bunten Schleife im Haar. Alle trugen Schuhe. Sie sprachen französisch, englisch und pakistanisch.
Reiche pakistanische Mohammedaner schicken ihre Kinder, Buben und Mädchen, in diese Missionsschule.

Der Gouverneur ließ zum Abendessen bitten. Der deutsche Konsul Othmar Seiler, er ist der Direktor einer eisenverarbeitenden deutschen Firma, überbrachte mir im Hotel persönlich die Einladung.

Ich war bettlägerig. Die Amöben hatten mich erwischt.

Konsul Seiler lächelte. »Die Amöben haben wir in drei Stunden verjagt. Ich bringe Ihnen meinen Leibarzt. Das ist aber kein akademischer Doktor, er ist ein Pakistani. Er kümmert sich um hohe und niedere Persönlichkeiten. Er wird auch Ihnen helfen.«

Der Wunderdoktor kam. Groß, unsymphatisch, schmutzig. In einer strohgeflochtenen Tragetasche trug er seine Apotheke mit sich herum.

Er nahm eine Flasche Terpentin, schüttete etwas davon in ein Schälchen, dann nahm er Petroleum, ein bißchen von einer Kröte, wie er sagte, etwas zerriebenen Rattenkopf, zu Mehl gestampfte Ameisen.

Er tauchte den Finger ein und schmeckte das Gesöff ab.

Dann tröpfelte er aus verschiedenen kleinen Fläschen, rührte um und ließ mir sagen: »Austrinken! In einem Zug austrinken!«

Mir wurde schlecht bei dem bloßen Gedanken.

Konsul Othmar Seiler holte aus seiner Tasche eine Flasche Whisky. »Zuerst einen Schluck Whisky, dann die Augen zu und austrinken! Auf alle Fälle werden Sie so die Amöben los.«

Ich trank. Erst den Whisky, dann das Gebräu von dem Pakistani. Ich hatte keinen Geschmack im Mund. Ich trank Whisky nach. Einen Whisky, noch einen Whisky und noch einen Whisky.

Ich habe es nicht bemerkt. Der Pakistani schlug mir mit der flachen Hand auf den Magen. Auf den Bauch. Ich dachte, Hören und Sehen müßte mir vergehen.

»Ich komme Sie um achtzehn Uhr abholen«, sagte der Konsul, »wir trinken dann bei mir einen Aperitif. Dann fahren wir in den Gouverneurspalast!«

Der Pakistani fuhr mir mit seiner nicht gerade sauberen Hand einige Male über die Augen. Von oben nach unten. Immer wieder. Ich schlief ein.

Zwei Stunden später fühlte ich mich gesund. Ich rasierte, duschte, schmückte mich.

Wir fuhren in eine Villa außerhalb der Stadt. Die private Residenz des Konsuls. Gereicht wurde ein Long Drink, Gin Tonic. »Wir müssen uns mit Alkohol volltanken«, riet der Konsul, »im Gouverneurspalast wird nur so lange Alkohol gereicht, bis der Hausherr offiziell erscheint. Er ist Moslem. Er trinkt keinen Alkohol, folglich bekommen die anderen auch keinen.«
So war es auch. Es waren mehr als hundertfünfzig Leute anwesend. Eine mit Blumen geschmückte, in blendendem Weiß gedeckte Tafel voll Silber- und Goldgeschirr. Ich hörte Namen, kaum genannt, hatte ich sie schon wieder vergessen.
Es wurden Drinks, Whisky, Gin Tonic, Champagner und Fruchtsäfte gereicht. Nüsse aller Art.
Mit einemmal betrat der Gouverneur den Raum. In schwarzer Seide, Pluderhosen, Seidenschuhen. Er strahlte Gutmütigkeit, Wohlwollen aus, ein kräftiger, schwarzer Schnurrbart, die Kopfhaare eisgrau.
Mir zur linken Seite ein Franzose, rechts ein Engländer. Diplomaten, die etwas Deutsch sprachen. Mir gegenüber der Adjutant des Nabobs, ein Kavallerist. Er hatte einige Zeit in der pakistanischen Botschaft in Deutschland verbracht. Er schwärmte von den schönen deutschen »Fräuleins«. Er hoffte, bald wieder nach Deutschland kommen zu können.
»Unser Gastgeber ist der größte Gauner, den ich kenne«, sagte der Franzose zu mir. »Er trinkt Alkohol, hat einen Haufen Weiber. Nur darf niemand davon sprechen, aber alle wissen es.«
Der Mann zu meiner Rechten: »Diesem Mann kann ich dreißig tatsächliche Morde nachweisen. Da brauch ich nicht lange nachzudenken.«
Aus dem Nebenraum ertönte ein Walzer aus der »Fledermaus«. Ein pakistanisches Essen. Hühner, Fische, Hammelfleisch mit Rosinen, die Soßen dazu, alles stark gewürzt mit Chilipowder und Curry. Zu trinken gab es Fruchtsaft und Mineralwasser. Mir brannte der Schlund bis in den Magen hinab.
Ich verdrückte mich, ging in den Nebensaal. Dort saßen die

Musiker, alle in der Tracht des Maharadschas, farbenprächtig mit roten Turbanen. Es waren Polizeimusiker.

Der Dirigent im Smoking, ein Musiker aus Wien.

Als ich ihn fragte, ob es eine Möglichkeit gäbe, Alkohol zu bekommen, rief er den Chef der Dienerschaft, einen riesenhaften Hünen.

»Sie müssen mit fünf bis zehn Dollar rechnen, lieber Landsmann.«

Ich gab dem pakistanischen Cheflakai zehn US-Dollar. Er brachte zwei Flaschen Whisky.

Mit disen Flaschen verzog ich mich in eine Ecke. Bald waren gleichgesinnte Männer bei mir. Gläser gab es keine. Wir ließen die Flasche kreisen.

Dann stand er vor mir. Der Nabob, der Gouverneur. Er sprach und sprach und sprach. Ich nickte mit dem Kopf, antwortete auf alles, was er redete, mit »Yes« oder »No«, wie es mir gerade in den Sinn kam.

Plötzlich bekam ich einen Stoß von seinem Adjutanten, dem Kavalleristen, der in Deutschland gewesen war.

»Seine Exzellenz wundert sich, daß Sie immer Ja und Nein sagen. Er hat Verschiedenes erzählt, auf das Ihre Antworten nicht paßten!«

Ich bat den Adjutanten, er möge dem Nabob sagen, ich sei in der Schule ein schlechter Schüler gewesen, ich spräche nur deutsch.

Da kam aus dem Mund des Nabobs: »Grüß Gott ... bitte ... danke ... guten Morgen ... guten Abend ... ich habe Hunger!« Er lachte auf.

Einige Damen und Herren drehten sich um.

Der deutsche Konsul schüttelte den Kopf. »So gut gelaunt habe ich den Gouverneur noch nie gesehen!«

Es ist Sitte, daß man kurz vor dreiundzwanzig Uhr den Palast verläßt.

Ich wollte noch nicht ins Bett gehen.

Ich hatte verschiedene Whisky getrunken. Nachdem mich die Amöben verlassen hatten, war ich allein und dachte: Der Mond scheint, es riecht nach Jasmin, ich bin tausende Kilometer von

 Zuhause entfernt. Irgend etwas muß mich ermutigt haben, die

Dame, die plötzlich in der Hotelhalle stand, anzuhören. Sie fragte, ob sie mich einen Moment sprechen könne.
Ich war einverstanden.
»Aber hier geht das nicht,« sagte sie.
Die Dame war wirklich eine Dame. Sie war in Lahore bekannt. Sie nannte dem Taxichauffeur einen Ort, an den er sie fahren sollte. Es war ein traumhaft schöner Garten. Der Shalamar Garten. Wir fuhren zum Kaiserdenkmal.
Unter den Jasminblüten nahm ich sie in die Arme, küßte sie. Und dann ... dann waren sie hier, die Polizisten. Sie waren mit Gewehren bewaffnet, hielten sie schußbereit im Arm.
Die Dame wollte davonlaufen. Die Soldaten schossen in die Luft. Daraufhin sank die Dame zu Boden.
Es war ein Glück für mich, daß sie pakistanisch sprach, wenn auch nicht viel, doch ausreichend zur Verständigung.
Die Dame stöhnte: »Mein Mann! Mein Mann!« Sie murmelte die Namen ihrer beiden Söhne. Zu meinem Erstaunen sagte sie: »Wäre ich Ihnen nur nicht gefolgt!«
Ich hauchte ihr über das Gesicht, strich mit der Hand über ihr Haar. »Mein kleines Mädchen, jetzt mußt du die Situation retten. Frag diese Herren ...«, ich zeigte auf die Polizisten, »was sie von mir wollen.«
Der Polizeioffizier erklärte, er sei benachrichtigt worden, da ich Gold schmuggle.
»Gold schmuggle?« fragte ich entgeistert.
»Ja. Sie haben in Islamabad, in Peshawar, in Rawalpindi Goldmünzen verschenkt!«
Das stimmte. Ich griff in meine rückwärtige Hosentasche, denn ich habe immer Goldmünzen bei mir, die ich statt Blumen verschenke. Ich öffnete die Tasche. Ich hatte noch sieben österreichische Dukaten, Nachprägungen aus der Zeit Kaiser Franz Josefs I.
Der Polizeioffizier stürzte sich auf die Goldstücke »Goldschmuggler!«
Ich legte die sieben Goldmünzen in die geöffnete Hand des Polizeioffiziers, verbeugte mich und ließ ihm durch meine Begleiterin ausrichten, es würde mir eine große Freude sein, wenn der »General« diese Goldstücke übernehmen würde.

Und siehe da: Der Vorgesetzte der Polizisten ließ seine Mannen eine Kehrtwendung machen, gab ein Kommando, das sie sofort ausführten. Dann schloß er die Faust um die Dukaten und schlug diese an seine Brust.
Die Dame hatte genug vom Abenteuer. Sie verließ mich, bestieg ein Taxi, rief mir zu: »Schuld bist du!«
Mitten in der Nacht stand ich im Shalamar-Garten. Wie sollte ich ins Hotel kommen?
Ich war nicht in der Lage ein Taxi anzuhalten. Noch weniger war ich in der Lage, dem Chauffeur zu sagen, wohin ich wollte.
Aber nicht nur ich war unterwegs. Einer meiner Kollegen der Feder, der sich in Lahore ein bißchen nach Liebe umgesehen hatte, kam auf mich zu. Er war fuchsteufelswild. Man hatte ihm Geld abgenommen. Vor seinen Augen hatte das Mädchen, umgeben von drei anderen Damen — nach Aussagen meines Kollegen waren es keine Pakistanierinnen, sondern Französinnen, Touristinnen, die anscheinend ihre Reise auf diese Art finanzierten, ihm das Geld abgenommen.
Er zeigte mir auch das Hotel, in dem er gewesen war. Doch kaum hatte er mit seiner Begleitung das Zimmer betreten, da stürzten drei »Damen« herein. Sie haben ihn bis auf die Haut ausgezogen, haben ihm nur die Papiere gelassen, den Füllfederhalter, die goldene Uhr. Sein Geld haben sie genommen.
Mein Freund hatte keine Freude an meinem Trost: »Wer weiß, für was es gut ist!«
Wörtlich sagte er mir: »Arschloch!«

Gesund und munter kam ich nach Karatschi. Es war 19 Uhr. Vor der Düsenmaschine stand ein Mercedes mit »CD«. Mit schriller Stimme schrie ein Pakistani: »Mister Kernmayr! Mister Kernmayr!«
Ich ging zum Mercedes. Der Pakistani riß die Tür des Autos auf. Wer saß drinnen? Die Frau des Botschafters, Frau Scholl. In jeder Hand ein großes Glas Whisky-Soda.
»Sie wissen, Frau Botschafter ...« begann ich.
»Sagen Sie zu mir nicht Frau Botschafter. Ich bin Frau Scholl!«
»Woher wissen Sie, daß ich ein Trinker bin?«

»Als sie am Himalaya waren, haben Sie ein gutes Dutzend Whisky getrunken.«
»Ich wurde beobachtet?« fragte ich lächelnd.
»Ja. Aber es hat mir gefallen. Ich hasse Leute, die so tun, als wären sie Abstinenzler, und heimlich saufen!«
Vom Cauffeur wurde mein Gepäck geholt.
Ich erfuhr, daß meine Maschine am nächsten Morgen nach Genf flog.
»Wir fahren Sie ins Hotel ›France‹. Dort werden Sie übernachten.«
Frau Scholl hatte für mich ein Zimmer reservieren lassen.
»Dann fahren wir ins Goethe-Institut. Da gibt es einen Instrumentalabend mit der Sängerin Bellinda. Das heißt, sie sollte singen. Aber die Bellinda ist verboten ...«
»Warum?«
»Weil sie Jüdin ist.«
Ich sah sie ungläubig an.
»Die Pakistani lassen keine Juden als Künstler auftreten.«
Im Goethe-Institut. Der Mann an der Gitarre war auch ohne Bellinda einmalig.
Im Goethe-Institut habe ich den Kanzler der deutschen Botschaft kennengelernt. Ein Deutscher, ein mohammedanischer Geistlicher.
»Wir sind froh, daß wir ihn haben«, sagte Frau Scholl, »durch ihn haben wir viele Möglichkeiten ...«

Und wieder pakistanische Polizei. Um Mitternacht kam ein Mann in Zivil. Der Schauplatz: Das »Hotêl de France« in Karatschi.
Ich war nicht allein. Ein Angestellter der Fluggesellschaft hatte mir gerade die Nachricht überbracht, daß die Maschine, die eigentlich um sieben Uhr morgens starten sollte, erst um zehn Uhr flog.
Dieser Angestellte fungierte als mein Dolmetscher.
Wieder handelte es sich um Goldmünzen.
Kein einziger Winkel meines Koffers blieb ununtersucht.

Der Polizist erklärte, er sei von seinem Kollegen aus Lahore verständigt worden.
Ich mußte mich splitternackt ausziehen. Meine Kleidung wurde untersucht. Die Wäsche auch. Ich hatte kein einziges Goldstück.
Sieben Dukaten hatte ich ja dem Polizeioffizier in Lahore in die Hand gedrückt.
Ich durfte mich wieder anziehen.
Der Polizist erklärte mir, wenn ich ihm nicht auch eine Goldmünze geben würde, müßte er mich mit zur Polizeistation nehmen.
Der Angestellte der »Lufthansa«, ein Pakistani, gab mir den Rat, ihm zu sagen, daß ich das Gold beim Portier hätte. Ich sollte verschwinden, er würde den Pakistani zurückhalten.
Ich lächelte, ging zum Portier, ließ mir ein Taxi kommen und fuhr zur deutschen Botschaft.
Mit viel Mühe gelang es dem indischen Portier, dem Taxifahrer zu erklären, wo ich hinwollte.
Frau Scholl wurde aus dem Bett geholt. Ich erzählte ihr von dem Vorgang in Lahore, erzählte, daß ein pakistanischer Polizist in Zivil mich einsperren wolle.
»Haben Sie wirklich keine Goldmünzen?«
»Nein!«
»Aber ich habe zwei Stück. Erinnern Sie sich noch: Statt Blumen . . . am Himalaya.«
Der Polizist, der im »Hotêl de France« auf mich wartete, wollte schon den Angestellten der Fluggesellschaft mitnehmen, weil ich nicht zurück kam.
Der indische Hotelportier gab ihm die Adresse der Botschaft. Dann stand der Polizist vor der Botschaft, klingelte, trommelte mit einem Stöckchen an die Tür. Er durfte die Botschaft nicht betreten. Exteritoriales Gebiet. Ich befand mich auf deutschem Boden.
Frau Scholl, eine kluge Frau, wußte, wie man mit der Polizei in diesem Land umgehen muß.
Sie schrie ihn an, warf ihm die beiden Goldstücke vor die Füße. Er bückte sich, hob sie auf, verbeugte sich, bedankte sich.
»Es bleibt Ihnen nichts anderes übrig, Sie müssen hierbleiben.

Betrachten Sie sich als unser Schützling. Wir bringen Sie dann in der Früh zum Flughafen«, sagte Frau Scholl.
»Und mein Gepäck?«
»Wird am Flughafen sein. In Pakistan und Indien dürfen Sie kein Gold zeigen, denn hier ist das Gold doppelt so viel wert als anderswo. Der illegale Goldhandel wird von der Regierung schwer bestraft.«
Frau Scholl brachte mich am Morgen mit dem Mercedes mit dem deutschen Stander und mit Diplomatenausweis direkt zur Lufthansa-Maschine.
Ich küßte Frau Scholl die Hand. »Danke für alles.«
Jahre später habe ich Frau Scholl und ihren Gatten in Scuols Tarasp im Engadin beim Wintersport getroffen. Ich habe sie umarmt. »Wären Sie damals nicht gewesen, hätten mich die Läuse und Wanzen im Gefängnis von Karatschi aufgefressen!«
In der Lufthansa-Maschine ging es zurück nach Deutschland.
Lufthansa ist die Bundesrepublik Deutschland. Nicht jeder beherrscht die Sprache des Landes, in das er reist. Ich fuhr und flog als Weltreisender nur mit der deutschen Sprache in die weite Welt und habe die Ehre gehabt, von einem Kaiser, von Königen, Prinzen, Präsidenten, Diktatoren, Päpsten empfangen zu werden, mit ihnen sprechen zu dürfen. Wenn ich zurückdenke, schmunzle ich, aber ich habe nicht vergessen, wie verzweifelt ich oft war, voller Angst. Der Schweiß stand mir auf der Stirn, wenn ich an Lahore denke, an Karatschi, Bangkok, an Afrika, Asien. Ich verstand kein Wort auf dem Flughafen, auf den Bahnhöfen. Ich stand und lauschte. Alle Mitteilungen wurden in der Landessprache gemacht, in englisch und französisch, nur nicht in deutsch. Und oft stand dann das rettende Wort »Lufthansa«. Hier findet jedermann ein Stück Heimat, ein Stück Bundesrepublik Deutschland.

Der Schah und ich

Es war eine viermotorige Langstreckenmaschine, eine »Douglas DC 7 C«. Jeder der vier Motoren verfügte über eine Kraft von 3215 PS und schluckte pro Stunde 2300 Liter Treibstoff. Ursprünglich waren in der Maschine »nur« 104 Sitze. Aber die Fluggesellschaft lebte nach dem Prinzip: Man lebt nicht von der Arbeit, sondern vom Profit. Also waren in der Maschine 124 Sitze untergebracht. Dieser Flug ging in meinen Erinnerungen als »Leichenflug« ein.

Stationen dieser Reise: Frankfurt - Teheran - Colombo - Phnom Penh - Angkor - Bangkok - Hongkong - Kyoto - Tokio - Honolulu - San Franzisko - Mexiko City - Miami - New York - Frankfurt.

Funker und Navigator waren jung, der Pilot ein älterer Herr, Holländer. In seinem Land hätte er keine Maschine mehr fliegen dürfen.

Zu den Stewardessen muß ich sagen, ich habe noch nie jemanden so viel und so hart arbeiten sehen wie diese drei Mädchen. Nicht nur während des Fluges, sondern auch auf den Flugplätzen; sie mußten die Toiletten säubern, zusätzlich. Trotzdem waren sie immer gut gelaunt.

Von den Fluggästen waren die meisten voll der Hoffnung auf dieser Reise um die Welt, sie wollten viel erleben.

Sekretärinnen, die ihre Ersparnisse zusammengekratzt hatten in der Erwartung, den Mann ihres Lebens zu finden.

Da war eine Witwe, sie war schon etwas lange auf der Welt, aber sie sah noch gut aus. Sie konnte das Geld für die Reise nicht auf einmal aufbringen, so hatte sich die Reisegesellschaft mit einer Ratenzahlung einverstanden erklärt.

Es waren zwei Männer dabei, der eine sicher ein Heiratsschwindler, den anderen hielt ich für einen Goldschmuggler.

 Der Mann, der neben mir saß, hieß Franz. Er hatte es zu einem großen Betrieb gebracht, mit 40 Leuten. Mit 55 Jahren hatte er den Betrieb auf Leibrente verkauft.

In zehntausend Meter Höhe erzählte er mir, daß er im Monat siebentausend Mark verbrauchen könne. Er zeigte mir Bilder seiner Frau, seiner Villa mit dem schönen Garten, zeigte mir Pakete von Banknoten, die er mit sich herumschleppte. D-Mark und US-Dollar. In jedem Land wollte er sich in erster Linie ein Mädchen unter den Nagel reißen. Geld sollte dabei keine Rolle spielen.

Neuneinhalb Stunden Non-Stop-Flug sind eine Strapaze.

Wir kamen kurz vor Mitternacht in Teheran an. Die Stadt lag im Lichterglanz. Millionen Glühbirnen in allen Farben brannten.

Ich hatte mich beim deutschen Botschafter in Teheran angesagt. So war ich nicht erstaunt, als ich über den Flughafenlautsprecher ausgerufen wurde. Ein liebenswerter Legationsrat holte mich ab.

Er nahm sich meiner an, trank mit mir an der Bar einige Whisky und richtete mir aus, der Herr Botschafter würde mich um sieben Uhr in der Früh am Flughafen empfangen, weil er nach Deutschland fliegen würde, Heimaturlaub.

Der Legationsrat verabschiedete sich, versprach, mich um sechs Uhr morgens im Hotel abzuholen. Ich schaute auf die Uhr. Es war drei Uhr in der Früh.

Aus Angst, nicht munter zu werden, beschloß ich, gar nicht erst zu schlafen. Ich besorgte mir eine Flasche Whisky und zehn Dosen Bier. Damit bewaffnet fuhren wir in unser Zimmer, tranken, sprachen, sprachen und tranken. Zum Schluß lallten wir und so, wie wir waren, fielen wir auf die Betten.

Das Telefon schrillte. Es war zehn Minuten vor sechs Uhr.

Der Legationsrat wartete in der Halle auf mich.

Ich sprang aus dem Bett, zog die Kleider aus, ließ Wasser in die Wanne laufen, badete, zog mich an, fuhr im Lift nach unten. Es schien, als müßte mir jeden Augenblick der Kopf zerspringen. Aber ich lächelte, trank fünf Tassen schwarzen Kaffee, eine Flasche Mineralwasser. Schon war ich im Auto. Unterwegs erfuhr ich vom Legationsrat, daß das Stadtbild Teherans einem deutschen Architekten zu verdanken sei.

Auf dem Flugplatz wurde ich dem deutschen Botschafter und seiner Gattin vorgestellt. Der iranische Hofmarschall war anwesend, der iranische Botschafter aus Bonn, der Urlaub in seiner Heimat machte.
Ich habe ein elektronisches Notizbuch, ein Diktaphon. Ich stellte dem Botschafter einige Fragen, die er bereitwillig beantwortete.
Unter anderem fragte ich ihn, wie meine Bitte, den Schah zu sprechen, erfüllt werden könnte.
Der Botschafter lachte. »Sie sind ein großes Kind. Um den Schah zu sprechen, benötigt man die Intervention des Auswärtigen Amtes in Bonn!« – Er machte mir klar, daß ich mir den Besuch beim Schah aus dem Kopf schlagen sollte.
Nachdem er abgeflogen war, lud uns der Hofmarschall des Schahs in das Flughafenrestaurant zum Frühstück ein. Mit »uns« meine ich die Herren von der Botschaft und vor allem den Presseattaché, den liebenswerten Legationsrat, der mich abgeholt hatte.
Dieser Hofmarschall war ein Numismatiker, ein Münzensammler. Ich hielt meine Hand offen, legte drei Münzen hinein, eine russische, eine österreichische und eine schweizerische.
»Bitte, machen Sie mir die Freude, suchen Sie sich eine Münze aus.« Er konnte sich wirklich schwer entscheiden.
Ich nahm seine Hand, schloß meine, legte sie in seine Hand und öffnete sie wieder, drückte ihm alle drei Münzen in die Hand. »Exzellenz, Freude gegen Freude. Ich muß den Schah sprechen. Ganz kurz!«
»Kommen Sie!«
Ich weiß nicht, wie er die iranische Majestät überzeugt hat, mich unbedingt einige Minuten zu empfangen. Ich weiß nicht, als was er mich vorgestellt hat.
Unterwegs bekam ich Richtlinien. »Sie müssen ein oder zwei Stufen unter Seiner Majestät stehen. Machen Sie keine großen Handbewegungen. Greifen Sie in keine Tasche! Ich werde Ihr Dolmetscher sein.«
Er muß mich als hohes Tier vorgestellt haben. Er sprach mich in seiner Eigenschaft als Dolmetscher mit »Exzellenz« und »General« an.

Mir sollte es recht sein.
Ich hatte mir den Schah viel größer vorgestellt. Ein kleiner, gut aussehender Mann mit gewelltem, weiß-grau meliertem Haar. Er trug eine Interimsuniform. Blau. Ohne Orden.
Ich kam nicht dazu, viel zu reden. Der Schah war auf die Bundesrepublik Deutschland bzw. auf die bundesrepublikanischen Deutschen nicht gut zu sprechen. Er war in Bonn und in München von iranischen Studenten unfreundlich empfangen worden. Ich wußte davon, ich wußte auch, daß er zu besänftigen gewesen wäre, wenn die Deutschen auf Kosten der Bundesrepublik ihm die Berliner Philharmoniker, an der Spitze Herbert von Karajan, schicken würden.
Es fiel mir im richtigen Moment ein. Ohne Auftrag sprach ich so, als wäre ich derjenige, der der Majestät die Berliner Philharmoniker einschließlich Herbert von Karajan schicken könnte.
Der Schah lächelte, ließ mir sagen, daß leider, leider die Söhne der iranischen Großgrundbesitzer, ausgestattet mit viel Geld, diesen Krawall und Wirbel bei seinem letzten Deutschland-Besuch inszeniert hätten. »Diese Studenten und ihre Väter wollen mich zwingen, meine Bodenreformgesetze in letzter Minute zurückzuziehen. Sie werden viel Pracht sehen, viele Juwelen, viel Gold, und Sie werden sagen, ich lebe zu aufwendig. Sie werden auch die Armut und Not meines Landes sehen. Ich werde die Armut beseitigen. Aber mein Volk würde es nicht verstehen, wenn ich anders leben würde. Wenn Sie Augen und Ohren offen haben, werden Sie feststellen, daß es den Leuten heute auf jeden Fall besser geht als vor zwanzig oder dreißig Jahren. Der Iran ist freilich nicht die Bundesrepublik. Wir haben viel nachzuholen. Wir wissen es. Meine Landsleute hätten es nicht verstanden, wenn ich nicht bei der Inthronisierung das ganze Land illuminiert hätte. Allein in Teheran brennen sechs Millionen Glühbirnen Tag und Nacht. Meine Feinde sind nicht das Volk, meine Feinde sind die Großgrundbesitzer, die dreißig bis fünfzig Dörfer und die dazu gehörenden Ländereien besitzen. Seit hunderten von Jahren haben sie nichts anderes zu tun, als die armen Leute bis aufs Blut auszubeuten.«
Der Schah fuhr sich mit der Hand über die Augen. Er

schwankte. Wie aus dem Boden gestampft standen riesige Gardisten da und stützten ihn.
Er ließ mir sagen, daß er keine gute Nacht gehabt habe. Der Hofmarschall küßte die Hand seines obersten Herrn. Ich verbeugte mich, blieb stehen, bis der Hofmarschall sich nach rückwärts bewegte, den Kopf immer zum Schah gerichtet. Ich drehte mich um. Lauten Schrittes verließ ich den Raum. Es war kein Audienzsaal. Es war die Halle, der Schah war über die Treppe gekommen. Ich hatte, wie der Hofmarschall es wollte, zwei Stufen unter ihm gestanden.
In der Hand das elektronische Notizbuch.
Ich war so aufgeregt, daß ich mein Notizbuch nicht angestellt hatte. Das Gespräch wurde nicht aufgezeichnet.
Ich hatte über den Schah Resa Pahlevi viel gehört.
Alle, die sich mit dem Schah-in-Schah Mohammed Resa Pahlevi gut stehen wollten, plazierten in seine Nähe Mädchen aus aller Welt. Sie müssen schön sein. Resa Pahlevi ist immer auf der Suche nach dem richtigen weiblichen Spielzeug für eine Nacht. Das besagt aber keineswegs, daß er seiner Frau, der schönen Kaiserin Farah Diba nicht wohlgesinnt wäre. Im Gegenteil, er führt mit ihr ein richtiges biederes Familienleben. Die Kinder sind sein Alles.
Er gab Auftrag, man möge mir die weit über die Landesgrenzen hinaus bekannten Ringkämpfer vorstellen. Ich habe zwei Dutzend dieser lebenden Fleischkolosse besichtigt. Mir hat es ein wenig den Magen umgedreht. Diese Kämpfer, so um die dreihundert Pfund schwer, sind keine Sportler. Gemästete Menschen. Die Mast wird vom Schah bezahlt. Fleisch in Öl getunkt. Sie triefen von Öl. Nicht von Schweiß. Sie brüllen, knirschen mit den Zähnen, mimen Wut und Eifer.
Den vielfarbenen porzellanenen Pfau, den mir der Schah geschenkt hat, habe ich in Schönheit nie gesehen. Er kam nicht heil in meine Hände.
Schuld war ich. Ich hatte vergessen, den Wasserhahn im Badezimmer zuzudrehen. Der Aschaffenburger Franz hatte fest geschlafen. Das Wasser suchte sich einen Weg aus dem Badezimmer und fand ihn auch. Viele Teppiche standen unter Wasser, das Wasser lief unter der Zimmertür auf den Flur hinaus.

Der Hotelpage, der das Paket auf mein Zimmer bringen sollte, war in diesem Wasser ausgerutscht und mit dem Körper auf das Parkett gefallen.
Der farbenprächtige Pfau war zerbrochen. Ich hätte ihn sicher so oder so nicht heil nach Hause gebracht. Auf Reisen soll man sich nicht mit Prozellan belasten.
Der Hotelmanager verhandelte mit mir über den Wasserschaden.
Wie gut, daß ich kein Wort verstand. Er redete und redete, englisch, französisch und persisch. Und ich lächelte.
Ich ließ dem Manager ausrichten, daß ich dem Schah-in-Schah Bericht erstatten würde, daß ein Page aus seinem Hotel das Geschenk, das mir zugedacht gewesen war, zerbrochen hatte.
Damit war die Sache mit den unter Wasser stehenden Teppichen erledigt. Der persische Manager hätte mir fast die Hand geküßt.

Es war schwer, den Herren bundesdeutschen Diplomaten im Ausland begreiflich zu machen, warum es notwendig war, ein Buch unter dem Titel »Der Herr Botschafter läßt bitten« zu schreiben. Der deutsche Steuerzahler möchte doch wissen, wo sein Geld hinrollt.
In Teheran konnte ich feststellen, daß man die Bundesrepublik Deutschland von heute sehr wichtig nimmt.
Teheran ist großzügig angelegt, von einem deutschen Städteplaner. Breite Straßen, große Plätze. Wenn man den Teheranern glauben darf, haben sie den größten Platz der Welt.
Ich erfuhr von maßgebenden Männern, daß die Studenten, die in Deutschland, Amerika oder wo auch immer im Ausland studieren, nicht in den Iran zurückkehren wollen. Sie lassen sich als Ärzte oder Architekten in Europa nieder.
Der Schah-in-Schah hat wörtlich gesagt: »Ich kann warten. Es kommt der Tag, da jeder meiner Landsleute Heimweh kriegt. Dann erhält der Iran die Spezialisten, die das Land so notwendig braucht.«
Armut wird von den Iranern als von Allah gewollt hingenommen.

Das Volk als solches glaubt an die Reformen des Schah-in-Schah. Dieser ist ernsthaft bestrebt, Reformen durchzuführen. Doch der freiheitsliebende Iraner kann sich nur schwer einer geregelten Arbeit unterwerfen. Gerade auf dem Lande fehlen noch Maschinen, man arbeitet mit Werkzeugen, die die Vorfahren vor hundert Jahren schon im Gebrauch hatten.

Das Nationalgericht ist der Reis. Er wird auf viele Arten zubereitet, genauso wie das Schaffleisch. Es gibt viele Schafe und Ziegen.

Vom Kaspischen Meer wird der Kaviar in die Hauptstadt geliefert. Nationalgetränk: Arrak.

Ich habe mich selbständig gemacht, wenn auch voll Angst, denn nur mit der deutschen Sprache ist es ein bißchen abenteuerlich. Ich fuhr mit einem Taxi zehn Kilometer weit außerhalb Teherans, um das Grab von Mohammed Reza Schah dem Großen zu bewundern.

Jeder, der nach Teheran kommt, läßt sich zum Goldenen Palast fahren. Er liegt in einem schönen Park.

Ich besichtige die kaiserliche Bibliothek und den märchenhaften Pfauenthron, sah die Kronjuwelen, die »Pahlevi-Krone«, die mit dreitausendachthundert Diamanten, fünfzehn Smaragden, zwei Saphiren und dreihundertachtundsechzig Perlen besetzt ist, sah die »Kian-Krone«, den Juwelen-Globus. Nicht weniger als 51 400 Edelsteine sind in ihm verarbeitet. Es gibt Schmuckstücke, die so wertvoll sind, daß keine Versicherung der Welt sie aufnimmt.

Die Schatzkammer der größten Bank des Landes beherbergt diese Juwelen. Um die Kleinodien besichtigen zu können, muß man eine besondere Bewilligung haben. Ich habe sie bekommen. Da ich mich in jedem Land, was die Liebe betrifft, orientiere, erfuhr ich, daß die islamische Religion den Männern vier Frauen gestattet. Auch Kinderheiraten gibt es. Mit sieben, acht oder neun Jahren werden die Kinder von den Vätern einander versprochen: »Ich gebe dir hundert Kamele und meine Tochter, du gibst mir fünfzig Kamele und deinen Sohn.«

Spätestens mit 14 Jahren gibt man die Kinder zusammen. Die Kinder haben sich vorher nicht gesehen, wissen nichts von ihren ehelichen Aufgaben. Verspielte Hochzeiter. Die von Ira-

nern geheirateten Ausländerinnen haben keine Rechte, keine Freiheit. Also: Vorsicht, der Traum ist oft nur sehr kurz.
Vom Temperament her ist von der iranischen Frau nicht viel zu erhoffen. Darum sind die Männer sehr an europäischen Frauen interessiert. Sie laufen jedem Blondschopf nach. Die Blondschöpfe kommen aus den nordischen Ländern, aus der Bundesrepublik Deutschland. Sie wollen Brillanten aus »Tausend und einer Nacht« mit ihrem Körper erwerben. Vielen mißlingt es. Es geht dann abwärts mit ihnen. Ein Iraner gibt einer ausländischen Geliebten, wenn er sie über hat, nichts. Er wendet sich der nächsten zu. Viele Ausländerinnen enden in Bordellen oder billigen Nachtlokalen.
Oder die Verstoßene wird die Frau eines Lastträgers und muß Teppiche weben, sie muß der Frau, die jünger und schöner ist, die Fingernägel mit rotem Henna bestreichen, die Zehennägel golden lackieren. Sie hat keine Verbindung mehr mit der Heimat. Die meisten schämen sich, sind sie doch von Zuhause weggefahren, um ein Königreich zu erobern.
Wie immer gibt es Ausnahmen. Und dann kann man nur sagen: Armer Iraner. Die Französin oder die deutsche Frau, die von einem reichen Gutsbesitzer oder Kaufmann geheiratet worden ist, tyrannisiert ihren Mann. Viele haben es so weit in der Ehe gebracht, daß der Iraner es als eine Gnade ansehen muß, wenn er bei ihr schlafen darf. Die Kinder werden nach Paris, nach Genf, nach Rom oder London ins Internat geschickt.
Der Reichtum des Landes ist das Öl am Persischen Golf.
Die Größe des Landes: 1 750 000 Quadratkilometer.
35 Millionen Iraner. Davon leben ca. 45% in den Städten, 60% der Bevölkerung sind iranische Perser, 20% turktatarische Aserbaidschaner, ein richtiges Naturvolk sind die 20% Kurden, dann Araber, Beludschen und Armenier. Die Landessprache ist Persisch.
Daneben spricht man noch kurdisch und arabisch.
Beherrschende Religion: Islam, Schiiten und Sunniten, ca. 160 000 Christen, davon ca. 20 000 Anhänger der alten Zarathustra-Religion und Tausende der verbotenen Bahai-Sekte.
Die Nationalflagge: grün-weiß mit Löwenemblem und rot. Die Streifen waagerecht.

Staatsform: Konstitutionelle Monarchie.

Das Parlament besteht aus zwei Kammern. 168 Abgeordnete werden auf vier Jahre gewählt. Wahlberechtigt sind alle über 20 Jahre alten Iraner, auch die Frauen.

Es gibt eine allgemeine Wehrpflicht.

Er offizielle Titel des Schah-in-Schah: Mohammed Resa Schah Pahlevi. Er hat den Thron 1941 bestiegen.

Kurz vor meiner Abreise wurde ein Anschlag auf den Schah-in-Schah verübt.

Man erzählte mir, daß die Kette dieser Anschläge nicht abreißt, obwohl jeder Attentäter zum Tode verurteilt wird. Es gibt in diesem Fall keine Begnadigung. Ein Attentäter wird öffentlich, in Anwesenheit des Volkes, hingerichtet.

Die Iraner sind Fatalisten. Sie wissen, daß kein Jahr ohne Erdbeben vergeht. Das stört sie nicht. »Insch Allah! Allah weiß schon, was er will.«

Nippons ernstes Lächeln
Japan

Japan hat sich gewandelt. Es ist nicht das Land der Kirschblüten, der Butterflys. Es wird rund um die Uhr gearbeitet. Ein Kommen und Gehen auf den Straßen, in den Geschäften und Hotels.

In Japan ist jede Stadt eine Großstadt.

Kyoto hat eineinhalb Millionen Einwohner. Von 794 bis 1868 war es Hauptstadt des Landes. Herrliche Paläste, Tempel und wunderschön angelegte Gärten.

Ich nahm mir ein Taxi und hatte Glück. Im Hotel verbeugte sich der Japaner. Er zeigte auf mein Lionsabzeichen, das ich im Knopfloch trug. Er sprach deutsch. In Berlin hatte er Maschinenbau studiert. Nach dem Prinzip: Lion sein, heißt für den anderen auf der Welt sein, führte er mich zu seinem Auto, Privattaxi. Er war der Besitzer von hundert Taxis. Einmal in der Woche fuhr er selber. »Damit meine Chauffeure wissen, daß ich imstande bin, genauso viel zu arbeiten wie sie.«

Er zeigte mir den alten Kaiserpalast. Die weltberühmte Zeremonienhalle aus dem 13. Jahrhundert. Man mag mich für einen Banausen halten, in Japan habe ich nicht das gefunden, was ich mir in meiner Fantasie vorgestellt habe, was ich gesucht habe.

Der Japaner ist liebenswert, liebenswürdig. So war auch mein Lionsfreund. Ich hätte Monate bei ihm zu Gast sein können. Ohne Bezahlung. Er verlangte keinen Yen für seine Fahrten.

Die Japaner lächeln, sind hilfsbereit und höflich. Aber sie sind hektisch.

Die Japaner vermehren sich zu schnell. Sie müssen um das tägliche Brot kämpfen, hart arbeiten, um genügend zum Essen zu haben. Sie arbeiten besessen, um die Ware, die sie schaffen, der anderen Welt aufbürden zu können.

Schön sind die alten Trachten, die die Japanerinnen und auch die Kinder an Festtagen tragen. Farbenprächtige Kimonos, die Haare hochgesteckt. Die Männer dagegen ziehen sich meist europäisch an.

Es war naßkalt in Kyoto. Man konnte europäisch, japanisch, chinesisch, tschechisch, russisch, ungarisch und jugoslawisch essen.

Ein kurzer Besuch in Osaka.

Osaka ist die größte Industriestadt des Landes. Weder Osaka noch Kyoto haben mich sehr beeindruckt. Ich hatte mir von den Sehenswürdigkeiten Japans mehr erwartet.

Tokio, die Hauptstadt des Landes, ist tagsüber nicht anders als jede europäische oder amerikanische Großstadt.

Nachts aber, wenn die japanischen Schriften der farbigen Neonröhren aufflammen, bekommt Tokio ein asiatisches Gesicht.

Japan hat sich verwandelt, hat sich gewandelt. Es ist weiß Gott nicht mehr das Land der Kirschblüten und der Butterfly.

Ich wohnte im »New Otany Hotel«. Ein riesengroßer Kasten, drei Stockwerke tief unterkellert. Es gab in diesem Hotel alles zu kaufen, vor allem Perlen.

Der Erbauer dieses Hotels, in der Jugend Perlenfischer und Boxer, hatte Glück. Heute besitzt er in der ganzen Welt Hotels.

Jedes Zimmer hat einen Farbfernseher. Man kann rund um die Uhr neun Fernsehstationen empfangen.

In Tokio haben die Straßen keine Namen. Man will welche einführen, aber niemand kennt die neu benannten Straßen und Plätze. Auch die Taxifahrer nicht. Ein guter Rat: Hotel und Adresse in Druckbuchstaben aufschreiben und dem Taxifahrer zeigen. So kommt man am leichtesten ans Ziel.

Kein Japaner nimmt Trinkgeld, kein Kellner, kein Taxifahrer.

Nur ein japanisches Wort kannte ich und konnte es auch aussprechen: »Konisjowa«, das heißt »Guten Tag.«

In Japan muß man beim Essen ein bißchen auf seinen Magen achten. Es ist nicht jedermanns Sache, zum Frühstück und Mittag gesalzene Pflaumen, die in Zucker getaucht werden, zu verzehren.

Fisch wird in Tokio zu jeder Tages- und Nachtzeit gegessen. Wenig Fleisch, viel Sojasoße. Und Reis.

Wer mit Stäbchen essen kann, soll es tun. Für mich war das zu anstrengend. Ich bat um Messer, Gabel und Löffel.
Kaufhäuser in Hülle und Fülle. Eines größer und moderner als das andere. Kameras, Kimonos, Wandbehänge, überall Zuchtperlen, Perlen und immer wieder Perlen. Auch schöne Lackarbeiten und Damaszener-Stahlmesser, Degen und Schwerter, Holzdrucke auf Seide, handgeschöpftes Papier, seidene und papierne Schirme, Schildpattkämme. Es lohnt sich, in Tokio einkaufen zu gehen.
Die prunkvolle Ladenstraße Tokios ist sehenswert. Man muß sie rauf und runter gehen, nicht nur einmal, dreimal. Dann stellt man fest, daß man viel zu wenig Geld hat, um all das Schöne — Billige und Teure — zu kaufen.
Viele Bars, Nachtlokale und Kabaretts. Tag und Nacht gibt es Revuen und Theateraufführungen. Um halb neun am Vormittag kann man in eine Revue gehen, sie nachmittags wieder verlassen. Drei Vorstellungen für dasselbe Geld.
Kabaretts, Clubs und Bars sind nach amerikanischem Muster aufgezogen. Davon gibt es rund fünfzehnhundert.
Im No-Theater wird Kunst nach einer vielhundertjährigen Tradition vorgeführt. Zwischen den Vorführungen, in den Pausen, werden Zeremonien des Shintofestes gezeigt.
Milliarden und mehr Perlen liegen in den Fenstern der Geschäfte in Tokio.

Der Botschafter empfing mich nur kurz. Er hatte eine Cocktailparty zu besuchen, die Verabschiedung eines dänischen Militärattachés. Er stellte mir seinen liebenswerten Wirtschaftsattaché zur Verfügung, der mir Tokio zeigte. Der Botschafter gab auch den Auftrag, mich in das Perlengeschäft zu führen, in dem die Angehörigen der deutschen Botschaft kaufen.
Der Wirtschaftsattaché holte mich im Hotel ab.
Franz stand neben mir. »Ich gehe mit!« erklärte er. Er fragte nicht, ob es dem Attaché und mir recht wäre: »Ich gehe mit!«
Wir kamen in das Geschäft. Zuerst mußten wir zehn Vorder- und Hinterhäuser passieren. In einem großen Raum waren drei Perlenhändler. Jeder saß hinter einem Verkaufstisch. In der

Mitte der Chef, neben ihm zwei Assistenten. Alle lächelten freundlich. Hinter dem Chef ein großer Stahltresor.

Man bat uns, Platz zu nehmen, die Perlenschnüre wurden vorgelegt.

Jedesmal sagte Franz zu dem Chef: »Haben Sie nichts Teureres?«

Der Wirtschaftsattaché übersetzte.

Ohne eine Miene zu verziehen, zeigte der Chef die nächste Perlenschnur.

Obwohl die Kette zwischen fünf- und sechshundert Dollar kosten sollte, fragte Franz: »Haben Sie nichts Teureres?«

Ohne eine Miene zu verziehen, lächelnd, stand der Chef auf, ging an den Tresor, sperrte ihn auf, brachte drei Perlenschnüre heraus. Er legte sie vor Franz auf den Tisch.

»Die drei Ketten kaufe ich! Was kosten sie?«

Die Antwort: »Eine Kette kostet ohne Schließe hunderttausend Mark.«

Dem Franz verschlug es den Atem. Er kaufte seiner Frau eine Kette für fünftausend Mark, für seine Freundin eine Kette um hundert Mark herum, für seine Nichte legte er fünfhundert Mark auf den Tisch.

Der Chef und seine Assistenten lächelten.

Wenn man sich für eine Kette entschieden hat, werden die Perlen von den Assistenten gefädelt und geknotet. Die Kettenschließe, meist aus Jade, wird ausgesucht und extra berechnet. Interessant, daß in allen Schaufenstern der Perlengeschäfte Gläser mit Wasser stehen. Ich erfuhr von dem deutschen Wirtschaftsattaché, daß die Perlen immer feuchte Luft um sich haben müssen, damit sie ihren Glanz nicht verlieren.

Jeder, der in Tokio ist, muß eine Reise nach Nikko machen. Die Landschaft ist grandios, wunderschön. Ich habe noch nie so viel Parklandschaft gesehen. In Nikko ist das alte, traditionelle Japan. Der hundert Meter hohe Wasserfall Kegon ist mehr als imposant. Die Japaner sagen: »Sage nie wunderbar, wenn du etwas gesehen hast, wenn du nicht in Nikko gewesen bist!« Sie haben recht.

Die Japanerin in der Massage ist wirklich eine Masseuse. Die Massagesalons sind gepflegte Wasch- und Bürststationen für

Männer. Zwei Mädchen waschen, zwei reiben einen mit einem Frottiertuch ab, zu zweit wird gelacht, zu zweit wird Tee serviert. Immer zwei Mädchen und ein Herr.
Die Mädchen nehmen kein Trinkgeld. Sie lachen, tun so, als freuten sie sich.
Ich war bei einem Frühlingsfest. Kinder und Mütter in ihren Trachten. Ich habe den Shinto-Gottesdienst besucht, fünfzehn Minuten dauerte die Zeremonie mit Trommeln und Posaunen, dem Schwenken von Fähnchen. Man legt seinen Obolus auf einen Teller. Ich habe kein Wort verstanden. Ich nehme an, ich wurde gesegnet.
Ich war Gast bei einer Teezeremonie. Keine dieser Gast-Geishas würde, auch nicht für viel, viel Geld, mit dem Mann schlafen. Es sind Mädchen aus den Geishaschulen. Sie gehen auch wieder in diese Schulen zurück. Sie werden für sechs Stunden gemietet, kosten viel Geld, sind steif und zeremoniös. Es dauert lange Zeit, bis die Geishas den Tee zelebriert haben. Ich habe keinen Unterschied gemerkt zwischen dem Tee, den ich bei uns in Törwang trinke und eben dem in Tokio.
Jasmingeruch ja. Die Tänze sind keine Tänze. Es sind nur Figurinen, die vor dem teetrinkenden Gast vorgeführt werden. Alles andere als erotisch. Das Haar kohlschwarz voll Pomade aufgebaut, bestückt mit silbernen Pfeilen und Perlen. Es ist Japan vor tausend Jahren.

Der Wirtschaftsattaché hatte den Auftrag, mich in ein original japanisches exklusives Restaurant zu führen.
Die Japanerin in der Tracht ihres Landes empfing uns, nahm uns unsere Mäntel ab, zog uns den Rock aus. Sie hüllte uns in rote »Riesenservietten«. Sie lächelte. Wir lächelten.
Es wurden Krebse serviert. Es war eine Bar mit kleinen Holzkohlefeuerchen. Ich glaubte meinen Augen nicht zu trauen. Mitten in der Bar, golden eingerahmt, prangte ein Vers in deutscher Sprache: »Zwei Täubchen, die sich küssen und nichts von Falschheit wissen, so herrlich und so rein, soll unsere Freundschaft sein.«
Drei japanische Musikanten in ihrer Landestracht musizierten.

»Mensch«, sagte Franz, »das ist doch alles kalter Kaffee!« Er sang den Musikanten sein Lieblingslied vor, ein Lied aus der Zeit der Jahrhundertwende: »Hupf, mein Mädele, hupf recht hoch, hupf und schrei Hurra!«

Die Musikanten lächelten, spielten, erzählten singend die Geschichte eines alten Samurais.

Franz wollte bezahlen.

Der Wirtschaftsattaché versuchte ihm klarzumachen, daß er Gast der Botschaft sei.

Franz war beschwipst.

»Sagen Sie dem Herrn Botschafter, ich habe mehr Geld als er!«

Ich flüsterte Franz zu: »Wenn du nicht sofort deinen Mund hältst, verprügle ich dich so, daß du Tokio für einen Laib Brot ansiehst!«

Es war nicht leicht, Franz aus der Nähe einer schönen Japanerin zu bringen. Er zeigte ihr ein Bündel US-Dollar. Die Japanerin lächelte.

Mit den Riukiu-Inseln beträgt die Fläche des Landes 372 079 Quadratkilometer. Damals zählte Japan 105 Millionen Einwohner. Über zwei Drittel aller Japaner wohnen in den Städten. In Japan sind außerdem ca. 600 000 Koreaner und 50 000 Chinesen. Die Staatssprache ist Japanisch, die Verkehrs- und Bildungssprache Englisch.

Religion: Buddhismus und viele, viele Sekten, unter ihnen auch die Shintoisten. Es gibt ca. 350 000 Katholiken, 450 000 Protestanten und tausend Juden.

Nationalflagge: Rote Sonne auf weißem Feld.

Regierungsform: konstitutionelle Monarchie. Das Parlament, »Kokkai« genannt, besteht aus zwei Kammern, dem Haus der Räte und dem Abgeordnetenhaus.

Wahlberechtigt: Alle Japaner über 20 Jahre, keine Wehrpflicht, Freiwilligenheer.

Bis zum Zweiten Weltkrieg studierten die Japaner in Deutschland und Österreich, nach dem Weltkrieg in Amerika und England.

 Die deutsche Sprache wurde zurückgedrängt. Aber nach und

nach wieder, auch in japanischen Schulen, die Möglichkeit Deutsch zu lernen.
Die Amerikaner haben je eine Atombombe über Hiroshima und Nagasaki abgeworfen. Stadt und Land wurden verwüstet, Zehntausende von Menschen getötet. Viele Japaner leiden heute noch an den Folgen dieser Atombombenabwürfe.

Es war ein Uhr morgens. Ich begab mich in den für meine Begriffe modernsten Frisiersalon, den ich je gesehen habe. An den Wänden Spiegel, die Rasierstühle mitten in dem ausgedehnten Raum. Die Friseure von Kopf bis Fuß in Weiß. Sie glichen Ärzten bei der Operation. Jeder Stuhl ein Karussell. Liegend, stehend, mit den Füßen aufwärts. Maniküre, Fingermassage, Gesichtsmassage. Haare waschen, schneiden, all das in einem Arbeitsgang. Vier Leute beschäftigen sich mit mir. Niemand sprach ein Wort. Musikberieselung ohne Pause. »An der schönen blauen Donau«. Haarewaschen, rasieren, all das rund um die Uhr.
Ich bin eingeschlafen. Der Rasierstuhl bewegte sich. Ein Mann rüttelte mich wach. Kopfmassage elektrisch. Der Chef lächelte, verbeugte sich, alle verbeugten sich.

Zwei Tage sind ein Tag

Wir überquerten die Datumsgrenze bei Wake Island. Die Maschine wurde aufgetankt. Eine Geisterinsel. Kein Baum, kein Strauch, Steine über Steine. Riesige Behälter mit fünfzig Millionen Litern Treibstoff. Die Amerikaner werden alle vier Wochen abgelöst, damit sie nicht stumpfsinnig werden. Kein Kaffeehaus, keine Bar, kein Restaurant, kein Kino, keine Geschäfte, in denen man etwas kaufen könnte. Nur Automaten, aus denen man alles bekommen kann, von Eiscreme angefangen bis zur siedend heißen Hühnerbrühe, aber keinen Alkohol.
Beim Überschreiten dieser Insel von Ost nach West wurde das Datum doppelt gezählt. Man gewann einen Tag. Wir warteten auf die zweite Besatzung. Sie war von dem älteren holländischen Flugkapitän nach Wake Island angefordert worden. Vier Personen mehr an Bord!
Der Flugkapitän legte sich nach acht Stunden schlafen, aber eigentlich soll kein Pilot oder Copilot länger als sechs Stunden Dienst tun.
Bei der Einreise sind die Amerikaner kleinlich. Keine Orange, keinen Apfel, kein Stück Wurst darf man in ihr Land bringen. Man muß ein Formular nach dem anderen ausfüllen. Sie leben in Angst vor Seuchen.
Die Nachtflüge hatte ich satt. Das Flugzeug, in dem so viele Personen waren, zwanzig Sitze mehr als zugelassen, an Schlaf nicht zu denken. Früh morgens Run auf die Toiletten. Die Männer wollten sich rasieren, die Frauen sich schön machen, schminken. Die Toiletten waren besetzt, besetzt, besetzt.
Die Stewardessen, immer gut gelaunt, taten lächelnd ihre Pflicht. Pflicht? Sie taten mehr als ihre Pflicht: Sie schufteten geradezu Tag und Nacht.
Viele Touristen hatten heimlich von Pornohändlern Filme und Diapositive gekauft. Alles sehr, sehr heimlich.

Mutter und Tochter, beide verheiratet, sahen gut aus. Als die Mutter annahm, ich sei interessiert, sagte ich ihr, daß ich auf Reisen aus Prinzip, sei es nun in der Eisenbahn oder im Flugzeug, erst auf der Heimreise einen Flirt anbahne. »Ich denke nicht daran, unterwegs für zwei zu bezahlen, die Koffer zu tragen, immer als Kavalier aufzutreten. Außerdem: nach München nimmt man kein Bier mit, nach Athen keine Eulen und nach Asien kein Mädchen!«

Die Dame: »Wie man sich täuschen kann!«

»Tja, Träume gehen selten in Erfüllung!«

Mutter und Tochter sprachen kein Wort mehr mit mir.

Einige Touristen wurden krank. Der Arzt, selbst ein Tourist, hatte alle Hände voll zu tun. Er hatte eine gut sortierte Apotheke bei sich. Er behandelte auch mich. Es ist keine reine Freude, zehntausend Meter hinauf in den Himmel, wieder hinunter, wieder rauf und wieder runter, von der Kälte ins Warme.

Einer sagte, er habe Durchfall »wie eine Rakete«. Als er das verkündete, meldeten sich sechzehn Touristen, die auch alle Durchfall hatten.

Eine Frau schrie: »Feuer! Feuer!«

Alle schreckten auf. Es war kein Feuer an Bord. Der Reiseleiter hatte alle Hände voll zu tun, die Touristen zu beruhigen.

Aloha und Hibiskusblüten

Hawaii, Land der Hula-hula-Mädchen. Waikiki auf Hawaii. Frühstück: 1 Dollar. Kaffee kannenweise. Man trinkt den dünnen, geschmacklosen Kaffee wie Wasser.

Am Flughafen warteten liebenswerte Mädchen, Ananassaft in Gläsern. Kostenlos. Hulamädchen tanzten. Kostenlos. Die bunten Blumenkränze, die um den Hals gelegt werden, wurden mit einem Trinkgeld belohnt.

Sonst muß man auf Hawaii alles bezahlen. Blumen und Küsse.

Von den Ureinwohnern Hawaiis gibt es fast keine mehr. Die letzte Königin ist vor mehr als sechzig Jahren gestorben. Damals schon abgedankt, aber sie hatte eine sehr gute Pension.

Die Hawaiianerinnen und Hawaiianer von heute bestehen aus Chinesen, Amerikanern, Japanern, Philippinos. Honolulu befindet sich unter einer Zellophandecke.

Die alten Hawaiianer haben vor Jahrzehnten prophezeit: »Die Amerikaner haben uns unser Land genommen. Nun sollen sie kommen, wir werden sie als ›Goldene Eier‹ begrüßen.«

Und die Amerikaner kommen. Die Gäste aus USA fühlen sich wohl auf Hawaii, in Waikiki.

Mit ein- und zweimotorigen Sportflugzeugen kann man auf die vielen kleinen Hawaii-Inseln fliegen.

Fast jeden Monat speiht irgendein Vulkan Feuer in den Himmel.

Waikiki: Ein Hotelkasten neben dem anderen. Nichts Individuelles. Auch im »Hilton« nicht. Im Hilton-Hotel wird viermal im Jahr das bayrische Oktoberfest gefeiert. Das bayrische Bier ist auf Hawaii sehr gefragt.

800 000 Einwohner leben auf den Hawaii-Inseln. Darunter siebentausend Deutsche.

Hawaii ist die letzte Station der »vergessenen Frauen«, deutscher Frauen. Sie haben meist aus Liebe einen amerikanischen

Soldaten in Europa geheiratet, sind mit ihm nach Amerika geflogen. Oft war alles anders, als sie es sich vorgestellt hatten. Viele Männer hatten sie belogen. Viele Frauen aus Europa haben sich mit den amerikanischen Verhältnissen nicht abfinden können.

Die letzte Station dieser Frauen ist Hawaii. Viele von ihnen haben keinen Beruf. Sie gehen der geheimen Prostitution nach. Die Touristen bringen ihnen Geld, bei den Touristen versuchen die vergessenen Frauen ihr Glück.

Eine Sekretärin kann auf Hawaii nicht mehr verdienen als in Deutschland, dreihundertfünfzig Dollar, die Höchstgrenze liegt bei sechshundert Dollar. Die Wohnungen sind teuer. Übrigens, keiner der Leute, die ich auf Hawaii gesprochen habe, haben ihr Haus, das sie sich gekauft haben, bezahlt. Bevor sie das Haus bezahlen konnten, sind sie ausgezogen, haben es durch einen Makler weiterverkaufen lassen.

Pearl Harbour. Die Japaner haben 1941 die Hafenstadt angegriffen und damit den Krieg gegen Amerika eröffnet. Es gab viele Tote. Zur Erinnerung an diesen Tag wird auf Hawaii Jahr für Jahr eine Gedenkstunde abgehalten. An jedem 7. Dezember, als die Bomben der Japaner über Pearl Harbour hergefallen sind, wird auf dem Wrack eines amerikanischen Schlachtschiffes das Sternenbanner gehißt, bei Sonnenuntergang wieder eingeholt. Die amerikanische Marine ehrt damit ihre toten Helden. Elfhundert Soldaten sollen es gewesen sein, die damals den Tod im Meer fanden. Den Japanern wäre es an diesem Tag fast gelungen, die gesamte amerikanische Pazifikflotte zu vernichten.

Pearl Harbour ist in alter Pracht wiedererstanden. Viele Schiffe liegen im Hafen.

Ich wohnte im ältesten Hotel auf Waikiki, direkt am Strand, im Hotel »Sheraton Moana«.

Jeder grüßte: »Aloha!« Der Gruß der Hawaiianer. Vierundzwanzig Stunden lang ertönt Musik, hawaiianische Musik, Musik aus USA und Europa.

Alte und junge Leute gehen barfuß, tragen farbige Kleider, »Mukkus« und »Hubukus«, Kleider mit langen Schleppen. Sie schreiten gleich Königinnen.

In den Nachtlokalen Hulamädchen. Sie tanzen tahitisch und samoitisch.
Auf der Insel sind alle Religionen der Welt vertreten. Auch Protestanten, Katholiken, Juden. Sie vertragen sich.
Hawaii lebt hauptsächlich von Touristen. Viele jungverheiratete Amerikaner wollen auf der Hochzeitsreise auf Hawaii gewesen sein. Sie sparen, bis sie sich vierzehn Tage Hawaii leisten können.
Nachts brennen in den Gärten Fackeln. Sie verscheuchen die Moskitos.
Man sitzt im Freien, trinkt. Der Wein ist teuer, das Bier ist noch teurer. Man trinkt Whisky mit Eiswasser, Gin mit Eiswasser, Long drinks.
Der deutsche Wahlkonsul Dr. Richards und seine liebenswerte Frau hatten mich eingeladen. Vor hundert Jahren waren die Vorfahren Richards' nach Hawaii gekommen, Missionare aus dem vornehmsten Teil Amerikas, aus Boston, Protestanten. Sie hatten kein Geld, legten sich eine große Plantage an, pflanzten Kaffee und Tee. Heute sind die fünf größten Faktureien der Insel im Besitz der Richards.
Mir zu Ehren gab der Konsul ein Abendessen. Wichtige Persönlichkeiten der Insel nahmen mich gut auf, darunter auch der Direktor der Universität, ehemalige Botschafter in Berlin, Herr Jones mit Gattin.
Ich habe einen deutschen Dichter kennengelernt. Seit fünf Jahren arbeitete er als Bäckergeselle auf Waikiki. Er wollte mir seinen ersten fertiggestellten Roman vorlegen.
Ich winkte ab. »Nichts für ungut, lieber Kollege der Feder. Der erste Roman kann der beste sein, aber auch der schlechteste. Ich bin kein Kritiker.«
Frau Konsul Richards legte mir einen prachtvollen roten Hibiskusblütenkranz um den Hals. Ich bekam in Zellophan verpackt einen blauen Blütenkranz für meine Frau mit auf den Weg.
Auf Hawaii gibt es keine spürbaren und sichtbaren Jahreszeiten. Immer Blumen. Alles blüht das ganze Jahr. Es ist wahr, der Pazifik ist ein »laues Laken«.
 Die Deutschen werden auf Hawaii sehr geschätzt. Handwerker,

Kaufleute, Deutsche von gestern und Deutsche von vor hundert Jahren genießen großes Ansehen.
Die Hawaiianer rufen: »Aloha!« – Komm bald wieder!
Konsul Richards führte mich in ein echtes hawaiianisches Restaurant. Die Besitzerin, achtzig Jahre alt, war eine echte Hawaiianerin. Sie stützte sich auf zwei ihrer schönen Enkelkinder. Konsul Richards, Gattin und Sekretärin, eine Deutsche aus Frankfurt mit einem Kind, waren dort gern gesehen. Es wurde hawaiianisch gekocht. Viel Ananas, viel Gemüse, Fische, kleine gespickte Wachteln, faschiertes Fleisch in Reispapier gerollt, süßsaure Soßen dazu.
Die Nachspeise: Ein Turm aus Eis in vielen Farben mit kandierten Früchten. Dazu eisgekühlter Champagner aus Frankreich, Kaffee aus Jamaika. Zum Schluß eine Schüssel voll mit Rosenblättern in Wasser, serviert von jungen Hawaiianerinnen. Wir wuschen uns darin die Finger.
Ich habe in den Kaufhäusern mit Verkäuferinnen gesprochen, älteren Frauen, Jüdinnen. Alle voll Heimweh nach Deutschland. Aber sie konnten einen Flug nach Deutschland nicht bezahlen.

San Franzisko

Hotel Sheraton. Stil des Hotels: Jahrhundertwende, Samt, Seide, Plüsch.
Ein liebenswerter deutscher Kulturattaché betreute mich. Dr. Sommer, Konsul und Legationsrat I. Klasse.
Südlich des Goldenen Tores im Staate Kalifornien, USA, prunkt San Franzisko. Das Klima ist sommerlich warm. Die Kühle der Meeresluft schafft erholsame Abkühlung. Früchte aller Art gedeihen.
Majestätisch die Hafenanlagen, das Hochhausviertel. Auf einem weit ausgelegten Platz stehen das Rathaus, das Haus der Staatsbehörden, der Bundesbehörden, das Kunstmuseum, die Bibliotheken, die kunsthistorischen Gesellschaften, das Versammlungshaus, die Oper.
Im Norden der Stadt findet man noch Bauten aus der Zeit der spanischen Ansiedler und Goldsucher. Romantisch und für jeden Besucher von San Franzisko interessant ist der Stadtteil Chinatown. Ein altchinesisches Viertel. Dort wohnen fast nur Chinesen. Chinesische Geschäfte, Restaurants und Opiumhöhlen, Bordelle.
Italiener und Mexikaner wohnen im »Quartier Latin«, an das sich ein pittoresker Fischerhafen anschließt.
1936 und 1937 griffen die Stadtväter von San Franzisko tief in ihre Geldsäckel. Sie bauten die größte Hängebrücke der Welt, das »Golden Gate«.
Diese 1280 Meter lange »Golden Gate Bridge« verbindet San Franzisko mit der Halbinsel Marin.
Hinter den Bergen entstand ein Wohnstadtteil, die Welt der Universitäten. Und das Vergnügungsviertel. Marine- und Privatwerften, Zuckerfabriken, Großschlächtereien, Güterbahnhöfe.
San Franzisko gilt als einer der vielen großen Handelsplätze der Welt. Hier wird der Handel zwischen Asien und den Ver-

einigten Staaten abgewickelt, vor allem auch mit Hawaii und den Philippinen.
Am 18. April 1906 zerstörte ein Erdbeben über Nacht die Stadt. Zerstörung, Tote, Verletzte, Seuchen.
Die Bewohner von San Franzisko griffen zu Schaufel und Spitzhacke. Sie bauten ihre Stadt auf den Hügeln wieder auf. 1930 zählte San Franzisko über eine Million Einwohner.
Vom 25. April bis 26. Mai 1945 wurden bei einer Konferenz in San Franzisko die Vereinten Nationen gegründet.
Am 8. September 1951 wurde in der kalifornischen Metropole der Friedensvertrag mit Japan unterzeichnet.
Die Millionenstadt San Franzisko beherbergt die monumentale »Bank of America«, die beste Oper nach der »Metropolitan« in New York.
San Franzisko liegt auf einer Halbinsel, von drei Seiten mit Wasser umgeben. Die Straßen sind schnurgerade, über die Hügel hinweg gibt es große Steigungen.
Ich habe in San Franzisko die altmodischste Straßenbahn der Welt gesehen. Diese wird von den Einwohnern der Stadt behütet und verehrt, obwohl die Straßenbahngesellschaft jedes Jahr eineinhalb bis zwei Millionen Dollar zuzahlen muß. Diese Straßenbahn ist eine Sehenswürdigkeit. Ein Museumsstück.
Von der Franziskanergründung 1779 und vom spanischen Ursprung ist nicht mehr viel zu spüren. Auch die Goldfunde in Kalifornien sind in Vergessenheit geraten. Niemand spricht mehr von der Goldgräberstadt San Franzisko.
Ich erlebte die Hippies. Sie waren in jener Zeit tonangebend in San Franzisko. Sie nannten sich Blumenkinder, hielten sich am Telegraph Hill mit seinem »Coit-Memorial-Aussichtsturm« auf, von dem man einen wunderbaren Blick über die ganze Stadt hat.
Dreißigtausend Hippies waren in der Stadt. Ich habe diese Blumenkinder zum erstenmal in diesem Ausmaß gesehen. Junge Menschen lungern Sommer und Winter herum. Jugendliche, Männer, Mädchen und Frauen. Sie leben in Gemeinschaft in ein bis zwei größeren Zimmern. Ohne Möbel.
Eine Nacht und einen Tag habe ich mit den Hippies verbracht. Ich habe lange mit ihnen gesprochen. Es waren Deutsche und

Österreicher darunter. Viele waren gebildet, hatten studiert. Sie warfen ihren Eltern vor, in der Vergangenheit versagt zu haben.

Ich habe feststellen müssen, daß sie alle an Seele und Gemüt arme Menschen sind. Sie wissen mit ihrer Jugend nichts anzufangen, haben keine Freude, sind traurig. Für sie ist das Leben seit gestern vorbei. Sie glauben nicht an morgen. Sie sterben in sich ab.

Sie zeichnen, malen, schmieden Ringe, Armbänder, Halsketten. Jugendstil ist beliebt und bevorzugt.

Ich war dabei, wie sie einen Sarg verbrannten. Darin lag ein Hippie. Die Polizei konnte den Jüngling im letzten Moment vor dem Feuertod retten. Die Blumenkinder wollten zum Ausdruck bringen, daß sie alle schon gestorben seien. Wenn sie sich als Blumenkinder bezeichnen, dann sind sie »Trauerblumen«.

Sie sind traurige Kinder, sind nicht lustig, tun alles, ohne irgendeine Regung zu zeigen, ohne besonderen Grund. Sie schließen Gemeinschaften: Frau-Mann, Jüngling-Mädchen, ohne Liebe.

Eine Nacht war ich mit ihnen zusammen. Ich bin mit ihnen von einem Lokal zum anderen gezogen. Eine Tasse Kaffee kostete zehn Cents. Eine Tasse Tee: zehn Cents. Sie trinken keinen Alkohol, greifen aber zum Rauschgift. Marihuana, Haschisch. Sie dämmern vor sich hin, nehmen ihre Umwelt nicht wahr. Viele sind Kinder reicher Eltern. Mit den Eltern aber haben sie keinen Kontakt mehr. Sie nehmen ihren Scheck entgegen, oft bekommen diese jungen Menschen von ihren reichen Millionärseltern fünfzehnhundert bis zweitausend Dollar im Monat. Die Eltern versuchen, ihre Unfähigkeit, ihr Versagen mit Geld wettzumachen. Die Hippies verbrauchen das Geld mit den anderen, die nichts haben.

Es stört sie nicht, verlaust, verdreckt zu sein. Sie frieren des Nachts, sie hungern des Nachts. Niemand ist bereit, zuzugeben, daß das Leben, das sie führen, verkehrt ist.

Einer bittet mich um zehn Cent. Er hat eine Pferdedecke um seinen klappernden, zerschundenen dürren Körper gewunden. Das Gesicht ist eingefallen. Die Augen ohne Glanz. Ich gebe ihm einen Dollar.

Er sagt nicht »Danke«, er sagt nicht »Bitte«. Er nimmt das Geld, kauft sich davon Haschisch.
Viele sterben. Sie werden von den Hippies begraben. Sie sind traurig und wissen es nicht.
Ich habe mit meinen Hippie-Landsleuten gesprochen. Sie hörten mir nicht zu, schickten mich fort. Wäre ich nicht gegangen, hätten sie mich mit Gewalt weggebracht.
Eine Holzlatte wurde aufgehoben. Schon sauste sie über meinen Kopf. Zum Glück hatte und habe ich einen steirischen Dickschädel. Ich habe mich geschüttelt, und schon war der Fall für mich ausgestanden.

Im Hafen.
Tausende von Schiffen lagen dort vor Anker. Vom kleinsten Segelboot bis zum großen Steamer. Segelboote, die an die Zeit erinnerten, da man noch um das Kap Hoorn segeln mußte, um nach San Franzisko zu kommen.
Ich war auch auf der großen Zuchthausinsel »Alcatraz«. Sie machte auf mich einen traurigen Eindruck.
Dann ein Ausflug nach Chinatown. Zwölf Straßenzüge von der »Stockten Street« bis zur »Market Street« im Norden. Die Speisehäuser erinnern an Asien, an den Orient. Auch die Gerüche.
Im »Mandarin Theater« habe ich mir ein Theaterstück angesehen, nur kurz. Eigentlich hätte diese Darbietung sieben Stunden dauern sollen, ein chinesisches Theaterstück.
Ich war auch in den großen chinesischen Tempeln, im Kong Chow und in Tien How. Tag und Nacht besuchen die Asiaten ihre Kultstätten.
Im Wells-Fargo-Museum ließ ich die Goldgräberzeit auferstehen. Alles historisch, vom Gold angefangen über Postkutschen, Goldgräberschaufeln, Plakate, Zeitungen.
Ich fühlte mich nicht wohl. Ich verlangte nach einem Arzt. Ein tschechischer Arzt kam ins Hotel, gab mir eine Spritze.
Das Hotelessen schmeckte nach Stroh.
Ein Passagier in der ersten Klasse eines Flugzeuges ist Majestät. Ich wurde vom Assistenten des Managers mit einem Sportwagen vom Hotel abgeholt. Dieser Assistent trug meinen Kof-

fer. Was ich vorher von San Franzisko noch nicht gesehen hatte, sah ich jetzt. Alles wurde erklärt.
Am Flughafen wurde ich in die Longue geführt. Nur für Passagiere Erster Klasse. Champagner, Whisky, Gin Tonic, Campari. Man kann trinken, bis einen die Füße nicht mehr tragen. Echter Kaviar. Und mir war speiübel.
Ich gestehe, daß ich der festen Überzeugung war, meine Familie nie mehr wiederzusehen.
Man begleitete mich in die Maschine. Zigarren, Zigaretten. Ich schloß die Augen. Ich wollte nichts und niemanden sehen.
Der Arzt, ein Amerikaner. Die Fluggesellschaft liebte keine Leichen an Bord. Er untersuchte mich, gab mir sechs rote Pillen, die ich im Abstand von vier Stunden nehmen sollte.
Dann wurde serviert. Eine Viertelkilodose Kaviar, Krebse, Lachs, eine halbe Flasche Champagner, ein Omelett mit kleingeschnittenen Pilzen, ein Steak, weich wie Butter, hell gebräunt, glänzender Reis, Kompott, Eis, Kaffee.
Acht Passagiere waren in der ersten Klasse. Sieben von ihnen schmeckte es. Sie tranken zünftig, erkundigten sich, wie es mir ging. Ich habe sie nicht verstanden, Engländer, Franzosen, Amerikaner, Japaner.
Wir flogen über die Rocky Mountains. Der Flugkapitän schrieb mir auf einen Zettel, wo wir uns jeweils befanden. Ich mußte an Karl May denken.
Dann schlief ich. Als ich erwachte, war mir besser. Das Leben gefiel mir wieder. Vom Essen wollte ich immer noch nichts wissen. Nur eine Tasse Bouillon trank ich, aß dazu ein Stück Zwieback. Dann trank ich Pfefferminztee.
Der Steward der ersten Klasse der Boeing 707 war nicht so beglückt, daß ich nicht eine Flasche Champagner nach der anderen verlangte. Alles, was geöffnet und nicht konsumiert wurde, gehört dem Personal.
Ich legte mich wieder hin. Schlief. Jedesmal, wenn ich aufwachte, fühlte ich mich wohler.
»Wollen Sie in Chikago aussteigen?«
Ich mußte an Al Capone denken, an die Mafia. »Nein!«
Chikago, Montreal, all das hatte ich im Unterbewußtsein zur
 Kenntnis genommen. Auch den Flug über den Atlantik, Lon-

don, Brüssel, Frankfurt. In Frankfurt stieg ich in das Flugzeug nach München.

Meine Familie holte mich ab. Ich sah es an ihren Gesichtern: sie waren erschrocken über mein Aussehen.

Es dauerte Tage, bis ich von dieser Reise erzählen konnte: vom Leichenflug.

Geschenke, Perlen, Seide, bunte Kleider aus Hawaii.

Es hätte ein Leichenflug sein können.

Franz und ich sind Freunde geworden. Leider ist er einige Zeit nach der Reise gestorben. Er war ein Pfundskerl.

Libanon — die orientalische Schweiz

Ich bin nicht der einzige, der den Libanon als die »Schweiz des Vorderen Orient« bezeichnet.
Ich hätte in Libanon 21 Tage Haft abzusitzen, denn wenn man einen Soldaten oder einen Polizisten fotografiert oder sich mit einem Soldaten oder Polizisten fotografieren läßt, wird man mit drei Tagen Haft bestraft. Ich wurde beim fotografieren erwischt, und zwar mit Soldaten bei Sandsäcken, mit Gewehren und sogar mit Panzern. Militärische Anlagen zu fotografieren, ist streng verboten. Aber wie immer: Ohne Glück soll man nicht auf der Welt sein.
Ich habe den Soldaten und Polizisten Zigaretten angeboten und mit ihnen Limonade getrunken »Salem Aleikum« und »Insch-Allah« waren die einzigen Worte, die ich ihnen anbieten konnte.
Ich wunderte mich über die Ausrüstung eines libanesischen Soldaten: Das Gewehr aus den Vereinigten Staaten von Amerika. Das Bajonett: made in Italy. Die Pistole: made in Great Britain. Die Uniform: made in France. Der Plastikhelm: made in West Germany.
Und die jungen und älteren Herren, die diese Waffen und Uniformen tragen durften, waren nicht nur Libanesen, es waren Araber, Flüchtlinge, Palästinenser, die sich freuten, daß sie Soldat sein durften. Vor allem freuten sie sich, daß sie vom Kopf bis zu den Füßen, ja, man kann ruhig sagen, bis an die Zähne, bewaffnet waren. Und auch ich wurde durch diese Waffen beschützt.
Ein Auto mit Maschinengewehr, Flakabwehrgeschütze, und das alles mitten im Frieden! Es war Frieden und jeder der Libanesen behauptete, daß es keinen Krieg gebe.
Von den Palästinensern spricht man, als wenn sie nur so täten, als wollten sie kämpfen. Und die libanesischen Soldaten haben

von der Regierung den Befehl, so erzählte man mir, wenn sie auf die Palästinenser oder Fedajin schießen müßten, in die Luft, über die Köpfe hinwegzuzielen.
Betrifft: Fedajin (Freiheitskämpfer).
Unter dem Druck des verstorbenen Staatschefs Gamal Abd el Nasser wurden im Jahre 1964 durch die Araberliga verschiedene palästinensische Bewegungen in der Dachorganisation der Palästinensischen Freiheitsbewegung, der PLO, zusammengefaßt. Die konkurrierenden Palästinenserführer durften ihre eigenen Armeen aufstellen. Diese Heerscharen sollten Nasser vom frühen Morgen bis in die Nacht hinein an seine Versprechungen erinnern, Palästina zu befreien.
Ich habe die Fedajin kennengelernt, war auch bei ihnen im Lager.
Sie operieren militärisch von Jordanien, Syrien und Libanon aus. Sie belästigen Israel, provozieren Israel, fordern, daß alle Araberstaaten in einen Krieg gegen Israel eintreten.
Neben den verschiedenen »Kommandos«, wie sie sich nennen, gibt es eine Palästina-Befreiungsarmee, bestehend aus drei Brigaden von ca. 2 bis 3000 Mann Stärke. Eine kleine Armee, die man nicht ernst nehmen sollte.
Die Syrer und Jordanier kontrollierten in Damaskus und in Amman diese Kommandos. Gruppen von etwa fünfzig Personen. Jordanier und Syrer waren nicht glücklich, wenn Israel Gegenschläge auf syrischem und jordanischem Territorium ausführten. Armeeanlagen, Dörfer usw. zerstörten. Kein Wunder, daß die Syrer und Jordanier von ihrem Gebiet aus diese Kommandoeinsätze verboten.
Die Niederlage der jordanisch-ägyptischen Armee während des Juni-Krieges 1967 war verheerend für die Fedajin.
Ihr Führer Dr. Habbasch von der Volksfront für die Befreiung Palästinas — der PFLP — leitete Flugzeugentführungen unter Leila Khaled in aller Welt.
Er verkündete: »Wenn die arabischen Staaten nicht in der Lage sind, Palästina zu befreien, müssen es die ›Kommandos‹ tun!«

Der Autor besichtigt die jordanische Ruinenstadt Petra.

Dr. Habbasch wußte, daß die Fedajin Palästina nicht befreien konnten. Er brauchte propagandistisch den verstärkten Gueril-la-Krieg, um die Araberführer aufzurütteln. Er plante Revolutionen à la Marx, Stalin, Ché Guevara, Mao, rief die revolutionären Massen gegen ihre konservativen Staatschefs auf.

Der Habbasch-Slogan: »Der Weg nach Tel Aviv führt über Kairo, Amman, Damaskus und Beirut!« Er will die bestehenden Regierungen stürzen, die rund um Israel sind, und dann auf die Befreiung Palästinas lossteuern.

Ich habe mich freiwillig von einem »steirischen« Fedajin entführen lassen. Ein naher Verwandter Arafats, ein Palästinenser, der in Graz studiert. Er sagte: »Die Intellektuellen der Araber und Fedajin sind intelligent. Die Amerikaner haben sie an ihrer Brust genährt. Die Intellektuellen haben an amerikanischen Universitäten studiert, viele auch in Deutschland. Sie sind bedacht, daß man auf sie aufmerksam wird.«

Den Fedajin, der in meiner Heimatstadt studiert hat, verdanke ich einem ehemaligen PK-Mann, der heute zwei große Zeitungen in Beirut vertritt.

Ali, so hieß der Fedajin, sagte: »So wie wir jetzt den Krieg führen, mit den kleinen Kommandos, können wir die Israelis nie besiegen. Aber, was heute nicht ist, kann morgen sein.«

»Woher kommt das Geld?«

»Das besorgt Arafat aus aller Welt. Zur Zeit ist er bei Tschou En-lai. Vergessen Sie nicht die vielen Rückversicherer, die denken heute schon, vielleicht haben die Palästinenser einmal etwas zu melden. Also muß man sich mit ihnen gut stellen.« Er lachte.

»Stimmt es, daß Sie Schwarzhandel betreiben? Mit Haschisch und Zigaretten?«

»Stimmt. Ganze Schiffsladungen von Zigaretten werden von uns ge- und wieder verkauft. Um die Hälfte des Originalpreises. Haschisch ist für uns keine Droge wie für Sie, wie für die Europäer. Unsere Leute haben seit tausenden von Jahren Haschisch genommen. Ohne Haschisch könnten sie ihr armseliges Leben nicht ertragen.«

»Haben Sie Einfluß auf Hotels und Nachtlokale?«

161 *Vor einem Tempel in Tokio am Tag des Frühlingsfestes.*

»Ja.«
»Betätigen Sie sich als eine Art Mafia?«
»Nein. Die Hotels brauchen unseren Schutz nicht, weil wir Geld verdienen wollen, sondern weil wir Informationen brauchen. Wir sind über alles, was in den Hotels vorgeht, Stunden vorher orientiert. Wir wissen, wer kommt, wer abreist, woher er kommt, wohin er fährt. Wir haben überall unsere Fedajin sitzen: in den Fabriken, in den Büros, in den Ministerien, in den Hotels.«
»Welchen starken Mann fürchten Sie?«
»Ein Fedajin darf keine Furcht kennen, nicht einmal das Wort Furcht aussprechen.«
»Der König von Jordanien, Hussein, hat sie ganz schön zusammengeböllert. Und euer libanesischer Staatspräsident Sleiman Frangieh ist auch ein starker Mann, mit dem ist nicht gut Kirschen essen!«
»Frangieh! Ja, Frangieh ist ein Held. Das wissen wir. Er ist kein Feigling. Vor kurzem hat er verlauten lassen: Wenn in Beirut nicht bald Ruhe sei, werde er das Maschinengewehr in die Hand nehmen und auf eigene Faust Ordnung im Lande schaffen. – Bevor Frangieh Staatspräsident im Libanon wurde, hat er manches Blutbad angerichtet. Er ist Christ. Und die Christen im Libanon sind tapfer.«
»Glauben Sie, daß Sleiman Frangieh die Verbrüderung der Libanesen mit den Fedajin verbieten wird?«
»Wenn ein Staatsmann in den arabischen Ländern etwas verbietet, ist das noch lange nicht verboten. Verstehen Sie mich?«
»Welche Ziele streben die Fedajin an?«
»Insch Allah! Insch Allah! Insch Allah!«
»Wollen sie Staatspositionen einnehmen?«
»Insch Allah!«
»Wie hoch schätzen Sie die Zahl der Fedajin?«
»Zehn- bis zwölftausend.«
»Ali, Ihr Vetter Arafat ist intelligent. Glaubt er, daß er einen Krieg gegen Israel gewinnen könnte?«
»Wer glaubt, hat schon gewonnen.«
Er trank Orangensaft. Ich trank Whisky. Wir rauchten Zigaretten.

»Wir haben Vertrauen zu den Deutschen und zu den Herren vom Weltsicherheitsrat.«

»Was wird mit Ihnen, wenn der Frieden geschlossen ist? Rebellen werden erschossen.«

»Rebellen bewähren sich auch im Frieden!«

Fünf Fedajin kamen. Jeder in Zivil. An den Ausbuchtungen ihrer Anzüge stellte ich fest, daß jeder eine Pistole im Hosenbund trug, zwischen den Hosenbeinen Eierhandgranaten. Voll Achtung begrüßten sie mich.

Wir bestiegen einen gepanzerten Landrover. Ich mußte mit beiden Händen meine Augen verdecken. Ich hörte je einen Motorradfahrer mit Polizeisirenen vor und hinter mir.

Ich kann nicht sagen, wo das Lager sich befand, in dem wir Halt machten.

Türkischer Kaffee, Nüsse, Süßigkeiten.

Die Fedajin hatten König Hussein bedrängt. Flugzeuge wurden entführt. Landung in jordanischer Wüste. Pausenlose Mordandrohungen gegen den König und seine Familie.

Daraufhin setzte König Hussein radikal seine Beduinenregimenter ein: Kanonen, Panzer.

Die Fedajin verloren laut Arafat 20 000 Mann.

Nasser hatte den Waffenstillstand vermittelt. Noch im gleichen Jahr im September — daher auch der Begriff »Schwarzer September« — vertrieb Hussein die Fedajin aus seinem Land. Sie mußten schwere Verluste einstecken.

Die Regierung im Irak mußte nach massiven Drohungen Rußlands und Amerikas die Fedajin im Stich lassen.

Die Fedajin haben sich von diesem Schlag bis heute nicht erholt. Ihre Waffen gingen in Jordanien verloren. Sie hausen in syrischen und libanesischen Lagern, unter Kontrolle der Armee. Die Syrer haben jeden Angriff der Fedajin auf Israel verboten. Im Libanon leben ca. eine halbe Million Palästina-Flüchtlinge. Fast hunderttausend einsatzfähige Männer darunter. Sie lungern in den Städten herum. Keine Kontrolle durch den Staat.

Ich erfuhr, daß der »Schwarze September« keine Organisation ist, sondern der propagandistische Tarnname für die Terroristen des Al-Fatah. Die Fedajin haben an Renommee viel eingebüßt. So waren noch bis vor kurzem die schiitischen Moslems

Pro-Fedajin. Nachdem aber die Israelis den schiitischen Moslems die Dörfer zerstörten, drohten, Ländereien zu besetzen, verbieten sie den Fedajin das Betreten ihrer Dörfer und Städte. Ali, ein kluger Mann, erzählte, daß die meisten Araber, gleich welcher Nationalität, von dem Problem Palästina nicht mehr viel hören wollen. Palästina ist ihnen lästig geworden. »Im gegebenen Moment werden wir, die Fedajin, von den Ägyptern, Syrern, Irakern im Stich gelassen. Sie brüllen noch, wir seien Helden, aber sie reiben sich stillschweigend die Hände, wenn wir Verluste haben. Wir wissen, daß wir von unseren arabischen Brüdern verraten, kaltgestellt sind, trotzdem müssen wir weiterkämpfen.«

Die Palästinenser wissen, ihre letzte Bleibe ist der Libanon. Die Regierung im Libanon wehrt sich jedoch dagegen, daß die Fedajin, die PLO, ein Staat im Staat wird.

Die Existenz Israels ist de facto anerkannt worden. Von Gamal Abd el Nasser. Man spricht nicht mehr vom »Unrechtsstaat Israel«. Der starke Mann in Libyen, Ghadafi, hat sich auch damit abgefunden.

Eine Tragödie, sprich: Palästinenser, sprich: Fedajin.

Der Libanon will den Handel und Wandel seines Landes in keiner Weise gefährden. Er will kein imperialistisch-zionistischer Brückenkopf werden.

»Ali, glauben Sie, daß die Libanesen die Fedajin im Stich lassen werden?«

»Vielleicht wird man auf uns schießen. Aber über unsere Köpfe hinweg.«

»Seien Sie kein Fantast, Ali. Wie sehen Sie die Zukunft der Fedajin, der Palästinenser?«

»Wir Araber sind Fatalisten. Doktor Habbasch hat gesagt: Wenn die Welt ihre Augen vor diesem Unrecht verschließt, damit sind wir, die Palästinenser gemeint, werden wir mit Bomben für schlaflose Nächte sorgen. Auch wenn deswegen ein Weltkrieg ausbricht!«

»Glauben Sie daran, Ali?«

»Nein. Wir wollen Frieden. Auch die Israelis wollen Frieden. Aber man läßt uns keinen Frieden schließen.«

Wir bestiegen wieder den Jeep.

»Entschuldigen Sie«, sagte Ali, »aber es muß sein, daß ich Ihnen die Augen verbinde.«
Wir fuhren ins Hotel zurück.

Stramm standen Soldaten und Polizisten. Sie standen vor Ali stramm. Die Uniformierten standen vor einem Fedajin stramm!
»Sehen Sie, die Burschen wissen nicht, wer in Zukunft ihr Brotgeber sein wird. Sie gehen auf Nummer sicher, also Hand an die Hosennaht und stillgestanden. Vielleicht werden eines Tages die Palästinenser und die Fedajin in diesem Land etwas zu reden haben. Wenn nicht, schaden tut es nichts. Wenn Sie wieder in Ihre Heimatstadt, nach Graz kommen, grüßen Sie die schönen Mädchen. Ich war sehr gern in Graz.«
»Wenn Sie Ihren Vetter Arafat sprechen, ich bitte um ein Interview.«
»Möglich ist alles. Vielleicht bei Heinz Metlitzky.« Ali kannte den Beauftragten des ZDF in Beirut. »Grüßen Sie Freund Metlitzky und seine liebe Frau. Die Fedajin hatten einmal sein Haus besetzt. Frau Metlitzky hat sich großartig bewährt. Sie hat für uns gekocht. Er hat mit uns geplaudert. Wir blieben einige Stunden, wir wollten zeigen, was wir können, wenn wir wollen. Wir könnten morgen den Staatspräsidenten entführen. Aber wir wollen nicht.«
Kaum im Hotel, war ein Polizeikommissar bei mir. Er legitimierte sich, sprach französisch, englisch, libanesisch. Deutsch nicht. Aber der Hotelmanager sprach deutsch.
»Sie waren bei den Fedajin?«
»Ja.«
»In welcher Angelegenheit?«
»Ich war neugierig.«
Dann kam ein Mann auf mich zu, es war der ehemalige PK-Mann, mit dem ich in Rußland bei Generaloberst Guderian war. Mit ihm kam der Chef der Auslandspresse, der sehr wenig deutsch sprach. Er grüßte mit erhobener Hand: »Heil Hitler!«
Jeder in der Hotelhalle konnte mithören, daß er bis 1945 gegen Hitler gekämpft habe, nun, nachdem er das große Unrecht in

der Welt herumgeistern sehen, hören und spüren müsse, sei er unbedingt der Meinung, Hitler habe recht gehandelt.
Die Touristen im Hotel »Phönizia« wurden auf mich aufmerksam. Der gute Chef der Auslandspresse, ein liebenswerter Herr, neben ihm eine bezaubernde Schottin, jung, blond und schön, mein Freund und ich waren eingekeilt in der Menschenmenge. Der Wahrheit die Ehre, wenn es ein Loch gegeben hätte, wäre ich am liebsten im Erdboden verschwunden. Ein Kreis bildete sich um uns herum.
Mein Freund nahm mich bei der Hand. »Da gibts nur eins: Abhauen.«
Polizisten in Zivil erklärten, nicht wegen des »Heil-Hitler-Grußes« seien sie gekommen, sondern sie müßten mich verhaften wegen meiner Zugehörigkeit zu den Fedajin.
Mein Freund blieb an meiner Seite. Der Chef der Auslandspresse ebenfalls. Sie erklärten: »Wenn unser Freund nicht binnen einer Stunde wieder im Hotel ist, werden tausende Libanesen vor Staatspräsident Frangieh protestieren.«
Sleiman Frangieh wollte mich sprechen. Kein polizeiliches Verhör. Eine Aussprache zwischen Männern.
Sleiman Frangieh ist nicht gegen Israel, nicht gegen die Juden. »Unseren Reichtum verdanken wir den Juden.« Er fuhr fort: »Sie dürfen nicht alles glauben, was die Fedajin Ihnen gesagt haben. Sie sind arme Menschen, von unserer Gnade abhängig. Wenn wir Schwierigkeiten haben, werden wir uns bemerkbar machen.«
»Aber es sind Landsleute, Araber!«
»Leben wir von der Arbeit oder vom Profit?«
Diesen Spruch kannte ich aus meiner Heimat. »Vom Profit, Exzellenz!«
»Ich bin keine Exzellenz! Ich bin Sleiman Frangieh. Ich weiß, wo das Brot herkommt. Die Intellektuellen wissen von Marx, Lenin, Stalin, wissen aber nicht, wo das Brot herkommt. Jeder einzelne dieser Revoluzzer ist im Überfluß aufgewachsen. Es sind keine Proleten, keine Geknechteten. Es sind Kaffeehausrevolutionäre. Sie waren und sind gegen alles, was Ordnung betrifft. Sie sind dagegen. Bei mir aber, bei mir beißen sie auf Granit. Ich habe Sie hergebeten, nicht verhaften lassen, denn

ich wußte keinen anderen Weg. Schreiben Sie das, was Sie über die Fedajin gehört haben, über die Palästinenser. Schreiben Sie, wir wollen Frieden! Frieden!
Die Fedajin und die Palästinenser sind für die Regierung in Beirut eine große Belastung. Schauen Sie sich unser schönes Land an. Ein Land der Freude, ein Land der Offenbarung. Die Libanesen müssen wegen der Palästinenser in Angst leben. Die Israelis könnten Flugzeuge, Panzer schicken.«
Der Staatspräsident ballte die Hände zu Fäusten. »Hier Amerika, da Rußland. Die beiden zusammen ...« Er schlug die Fäuste ineinander. »Ich lade Sie mit Ihrer Gattin ein, Sie können sich im Libanon umsehen, alles sehen. Keine Zensur wird Sie hindern. Schreiben Sie über den Libanon das, was Sie sehen. Bei uns wächst Wein, viel Wein. Wir sind ein fröhliches Volk. Ich weiß genau, daß Sie gern leben, gern essen, gern trinken. Und Revolutionäre essen nicht gern, trinken nicht gern, lieben nicht, rauchen Zigaretten und trinken Kaffee. Spielen Schach!«
Mein libanesischer Freund stellte fest: »Ich habe Frangieh noch nie so gut gelaunt gesehen. Wehe wenn er tobt. Er schreit alle in Grund und Boden, Abgeordnete, Freunde, Gegner.«
Frangieh ist eine Persönlichkeit. Herr und Vater des Libanon.

Beirut: 950 000 Einwohner. Im Libanon leben fast drei Millionen Menschen. Acht Prozent von diesen drei Millionen sind Millionäre, zwei Prozent Multimillionäre. Devise im Libanon: Ist der Handel noch so klein, so bringt er mehr als Arbeit ein. — Handel, viel Handel.
Regierung: Parlamentarische Demokratie.
Nicht zu unterschätzen der Religionsproporz. Neunundneunzig Abgeordnete des Parlaments verteilen sich auf: Maroniten, Katholiken, Mohammedaner, Sunniten, Schiiten, Protestanten und Juden.
Ich habe drei »wild« aussehende Libanesen getroffen. Man hat sie mir vorgestellt. Es waren Drusen. Jeder einzelne ein Held. Schade, daß ich nur deutsch und steirisch spreche.
Mein libanesischer Freund an meiner Seite. Er erzählte mir viel von den Drusen. Zur Zeit sind sie ruhig. Aber sie sind Rebellen,

sind immer bereit loszuschlagen, sind immer gegen die Regierung, auch wenn sie nicht wissen, warum. Am liebsten organisieren sie an den Grenzen einen Aufstand. Sie sind fleißig, sehr tüchtig, doch in erster Linie kriegerisch. Sie haben sich einer geheimen Religion verschrieben. Über diese Religion ist kaum etwas zu erfahren. Jeder einzelne Druse ist sein eigener Gott und lebt fast ohne Sünde, trinkt keinen Alkohol, Treue zur Frau. Allen Drusen ist es strengstens verboten, über ihre Religion zu sprechen. Auch untereinander nicht. Die Drusen werden von der libanesischen Regierung bevorzugt. Wer einen Drusen beleidigt, muß wissen, daß nachher Blut fließt.

450 000 Maroniten, gläubige Menschen, leben im Libanon. Sie sind christlich. Sie haben einen Erzbischof. Es gibt Bistümer. Die Residenz des Patriarchen von Antiochien, des Obersten der Maroniten, ist im Sommer im Kloster Kanubin, im Winter im Kloster Pekorki.

Maroniten findet man auch außerhalb des Libanon. Stark verbreitet sind sie auf der Insel Cypern, in Damaskus und Kairo. Nach dem syrischen Kloster des Heiligen Maro stammt das Wort Maroniten.

Mit Schwertern und Feuer wollten die deutschen Kreuzfahrer, die Christen, den Arabern Christus näherbringen, sie vereinigten sich mit den Maroniten. Im Jahre 1180 unterstellten sich die Maroniten Seiner Heiligkeit, dem Papst zu Rom. Die Maroniten sind tüchtige Geschäftsleute.

Die christlichen Bewohner des Libanon sind, was Handel betrifft, diejenigen, die das große Geld in das Land bringen, im Land umsetzen und fest in ihren Händen halten.

Die Moslems, die Araber, die Allah dienen, haben von den Christen gelernt, mit Geld umzugehen, Geld zu verdienen. Sie vertragen sich. Religiöse Auseinandersetzungen gibt es nicht.

Ich war in Byblos.

Es ist die älteste Stadt der Welt.

Die Phönizier haben diese Stadt mit einer Mauer umgeben, 2800 Jahre vor Christus. Fischer lebten dort, denn Byblos liegt am Meer.

In Byblos wurde der erste Gott in Stein gefunden.
Wer damals in die Ewigkeit wanderte, wurde in gebeugter Stellung in einem großen Tonkrug aufbewahrt. Das Schönste, was er zu Lebzeiten hatte, Schmuckstücke, Kleider, wurden ihm mitgegeben. Nicht weniger als 1471 solcher Kruggräber wurden im Laufe der letzten Jahrzehnte freigeschaufelt.
Ich habe mir diese Kruggräber im Nationalmuseum in Beirut angeschaut. In einem Kruggrab war ein Herr mit seinem Hund zu sehen.
Der Dame von Byblos, der Stadtgöttin, wurde vor mehr als zweitausend Jahren vor Christus ein großer Tempel gebaut. Sie war es, die Jahrtausende hindurch die Geschicke des Landes und der Stadt lenkte. Der männliche Gott kam natürlich auch zu Wort. Er bekam einen Tempel in L-Form und der Dame von Byblos gegenüber.
Drei Jahrtausende vor Christus war Byblos eine bedeutende Stadt mit einem bedeutenden Hafen für Holzverschiffung an alle Mittelmeerküsten. Schiffe und Flöße waren aus Zedernholz. Sie segelten an der Küste entlang zum Delta. Die Pharaonen des alten Königreiches benötigten dieses Holz für Schiffsbau, Gräberbau, Beerdigungsritualien. Zur Mumifizierung wurde Zedernholz benötigt. Die Ägypter, nobel, schenkten für das Zedernholz Gold, Alabaster, Papyrrollen, Seide und Leinen. Eine wohlhabende Zeit für jedermann. Der Handel blühte.
Die Amuriten, ein wilder Stamm aus der Wüste, überfielen die Küstenlandschaft, zerstörten Byblos. Die Asche der verbrannten Häuser lag einen halben Meter hoch. Was die Amuriten zerstörten, bauten sie aber wieder auf. Und wieder kamen Geschenke, kostbare Geschenke aus Gold und Alabaster. Götter und Könige von Byblos wurden beschenkt.
In aller Welt war Byblos der Begriff des Reichtums.
Die Könige von Byblos übernahmen von den Ägyptern die Hieroglyphenschrift. Sie entwickelten Zierschriften. Diese Schriften waren für die Handelsleute nicht verwendbar. Die alphabetische Phonetik-Schrift, die man entwickelte, kann man als Vorläufer unseres modernen Alphabets betrachten.
Das phönizische Alphabet verbreitete sich bis nach Griechenland. Das griechische Wort Papyrus (byblos) und die griechische

Bezeichnung für die phönizische Stadt stimmten überein. Das Wort »Bibel« kommt aus dem Griechischen »ta biblia« das heißt: Bücher, Büchersammlung.
Reiche Länder, reiche Städte lebten immer gefährlich. So auch Byblos. Es kamen die Babylonier, es kamen die Assyrer, es kamen die Perser. Die Perser haben einen Stützpunkt in Byblos errichtet. Von dort aus beherrschten sie das östliche Mittelmeer. Zuletzt kamen die christlichen Kreuzfahrer. In der einen Hand das Kruzifix, auf den Lippen das »Vaterunser«, in der anderen Hand das Schwert. Sie bauten keine Kirchen. Aus den Granitsäulen der römischen Tempel verwendeten sie alles Material zum Bau einer Burg.
Die Kreuzfahrer mußten nach Hause. Die ehelichen Pflichten riefen sie zurück.
Byblos war verlassen. Die Stadt versank in Vergessenheit. Die Baulichkeiten verfielen. Der Schutt häufte sich.
Im letzten Jahrhundert kam mit Hacke und Schaufel der Archäologe Maurice Dunand. Die Libanesen waren einverstanden, daß er Byblos ausgrub. Maurice Dunand hat Byblos als eine der einzigartigsten Ausgrabungsstätten der Welt mit einer fünftausend Jahre alten Geschichte neu erstehen lassen.

Tyrus war die Metropole Phöniziens, erzählten vor tausend Jahren die Berichterstatter. Wieder war es ein Mann mit Vornamen Maurice, der Emir Maurice Chehab, leitender Direktor für Ausgrabungen und Altertümer im Libanon. Ihm gebührt der Verdienst, daß die Überreste dieser Stätte aus der Kreuzfahrerzeit, der Araber, Byzantiner, Römer und Griechen zutage gebracht wurden.
Der Makedonier Alexander der Große, der Byblos eingenommen hatte, hatte sich sieben Monate lang bemüht, Tyrus zu erobern.
Alexander war ein tüchtiger Ingenieur. Er hat seine Belagerungsmaschinen in Stellung bringen lassen. Soldaten und Bürger von Tyrus hatten resigniert.
Purpur aus Tyrus, ein Slogan jener Tage, Purpur aus Tyrus wurde mit Gold aufgewogen. Ein Gramm aus Purpur war zwanzig Gramm Gold wert.

Eine Legende: Der Stadtgott Melkart-Herakles war in eine Nymphe namens Tyrus verliebt. Die Liebenden wandelten am Meer entlang. Hinter ihnen Herakles' Hund. Eine Schnecke war vom Meer angespült worden. Eine Murex. Der Hund machte mit der Schnecke nicht viel Federlesen, biß hinein, schluckte sie. Das Liebespaar sah den Hund mit einer purpurroten Schnauze.
Herakles konnte mit seiner Liebeswerbung nicht landen. Er versprach der Nymphe, er würde ihr ein Kleid von ebensolcher Schönheit in rot verschaffen. Herakles sammelte Murex-Schnekken und färbte damit der Nymphe ein Gewand. Erst dann hat die Dame sich bereit erklärt, sich ihm hinzugeben.

Leicht war es nicht, das Hotel zu verlassen. Viele Mädchen saßen dort in der Halle. Man sieht ihnen an, daß sie dem horizontalen Gewerbe nachgehen. Man weiß auch, daß diese Damen nicht billig sind. Sie sind in Beirut keine einheimischen Frauen, sie kommen aus dem Ausland, Dänemark, Schweden, Frankreich, Deutschland.
Sie knabbern an Nüssen und Keksen, trinken Whisky-Soda, Campari-Soda, ein Täßchen Kaffee, haben ihre Augen überall, zücken Lippenstift, Puderdöschen, Spiegel.
Die libanesischen Frauen sind schöne Frauen. Paris hat sie in ihren Bann geschlagen. Mit der Mode, den Schuhen, den Kleidern, mit der Schminke.
Mädchen mit roten oder blonden Haaren haben es im Libanon schwer. Horden von Männern laufen ihnen nach. Die Anträge, die sie ihnen stellen, sind unmißverständlich. Blond ist im Libanon Trumpf.

Ich habe zwei Madonnen aus Stein und Zement gesehen. Riesengroße Madonnen. Sie sind weithin sichtbar, die eine im Westen, die andere im Osten. Die eine in Kasslin soll weinen. Warum weint sie? Weil in ihrer Gegend, in der sie thront, kein Wein wächst, weil er außerdem sauer ist. Die andere Madonna
 lacht, sie steht in der Nähe von Chtaura. Dort sind Weingärten

über Weingärten. Die Leute sind lustig. Sie sind, wenn sie aufstehen, Weintrinker, und wenn sie abends schlafen gehen, trinken sie immer noch Wein. Sie sind den ganzen Tag über ein bißchen beschwipst. So auch die Madonna. Der Wein ist vorzüglich. Man muß den libanesischen Rosé getrunken haben! Er ist der König der Weine.

Ich habe im Restaurant »L'auberge Chtaura« gegessen. Dreiviertel Stunden lang gegessen und drei Stunden meinen Rausch ausgeschlafen. Dann einen Kaffee getrunken. Insgesamt war ich fünf Stunden dort. Ich habe es nicht bereut.

Die Auberge lag in einem künstlich angelegten See mit Lotosblumen und Goldfischen. Ein zweiter See mit Enten, Gänsen und Schwänen, überall Zedern, mit Strohmatten gedeckte kühle Lauben.

Ein Lastauto voll Fedajin fuhr vor.

Der Wirt kam, gab seinen Tribut: eine Kiste Dosenbier, ein Faß Wein. Der Wagen fuhr weiter.

Der Patron ließ die Hände sinken, als wollte er sagen: »Meine Ruhe ist mir lieber!«

Wer Byblos und Tyrus gesehen hat, muß auch Baalbek sehen. Der Preis für die Fahrt dorthin ist unterschiedlich. Aber ich wußte, zwischen zehn und fünfzehn Pfund, mehr durfte es auf keinen Fall kosten. Libanesische Pfund.

Der Torhüter des Hotels, angezogen, als wäre er ein Emir oder Pascha vergangener Jahrzehnte, hatte seinen Taxichauffeur. Der verlangte dreißig libanesische Pfund. Ich weigerte mich, diese Summe zu zahlen.

Ich passierte eine Reihe von Taxis. Der Hitze wegen trug ich mein Hemd offen. Ich hatte an einem Halskettchen ein kleines goldenes Kruzifix hängen. Ein Geschenk Seiner Heiligkeit Papst Johannes XXIII.

Ein korpulenter Mann um die vierzig stieg aus seinem Auto, kam zu mir, zeigte auf mein Kreuzchen, zog dann sein Kreuzchen hervor, das er um den Hals trug.

»Baalbek?« fragte ich.

»Zwanzig.«

Ich zeigte ihm dreimal fünf Finger.

Der Chauffeur ging nahe an mich heran, nahm mein Kreuzchen, das ich an einem Kettchen um den Hals trage, küßte es und sagte: »Yes, Sir.«
Wenn ich die Peripherie einer Stadt verlasse, allein im Taxi, wird mir immer unheimlich zumute. Wer weiß, wo der Chauffeur mich hinfährt. Nachdem ich aber schon bei den Fedajin gewesen war, dachte ich mir, was soll schon sein? Wenn sie mich gefangennehmen, werden sie ein Lösegeld verlangen.
Wir fuhren und fuhren und fuhren. Links und rechts Zedern, schöne Wälder. Auch Seen. Plötzlich bemerkte ich, daß das Land eine gewisse Ähnlichkeit mit Bayern hat, mit der Steiermark. Es gibt Höhen von zweitausend Metern, auf denen man skifahren kann.
Der Libanon ist ein schönes Land.
Baalbek:
Ein überdimensionaler Tempel. Dem Gott Baal zur Ehre erbaut. Die Stadt heißt bek, also Baalbek.
Der Tempel wird von riesigen Propyläen beschützt.
Man muß auch den Tempel der Fröhlichkeit gesehen haben, des Gottes der Trinker, Bacchus. Und den Jupitertempel. Der wurde 60 Jahre nach Christi Geburt fertiggestellt.
In dieser Tempelstadt habe ich sieben libanesische Juden kennengelernt. Sie waren mit einem kleinen Mercedes-Bus gekommen. Sie verkauften Waren: Teppiche und Tonwaren.
»Haben Sie als Jude Schwierigkeiten im Land?«
»Ich bin Libanese!«
»Gut. Sie sind libanesischer Staatsbürger, aber Sie sind Jude!«
»Hier im Land sind die Juden in erster Linie Libanesen. Unsere Religion wird toleriert. Wir sind sechstausend Juden im Land, aber niemand von uns ist ein Zionist. Die Zionisten sind nach Israel gezogen. Wir bleiben im Libanon. Das ist unsere Heimat, unser Vaterland. Niemand von der Regierung, auch das Volk nicht, verlangt, daß wir den Libanon verlassen.«
Die Juden leben in den Großstädten des Libanon, vor allem in Beirut. Sie sind angesehene Bürger, sind auch mit der offenen Börse da, wenn das Land in Not ist. Um die Politik kümmern sie sich nicht.
 »Sie können ruhig schreiben, daß es mir nicht gefällt, wenn die

Juden in Israel kriegerisch sind. Sie haben vergessen, daß wir schon einmal vor Tausenden von Jahren tapfer und kriegerisch waren. Was ist dabei herausgekommen? Unsere Tempel sind zerstört worden. Wir haben leiden müssen. Jerusalem haben wir verlassen müssen.«
»Jerusalem haben Sie wieder!«
»Das ist nicht das Jerusalem von einst. Es ist ein Touristenzentrum. Und sie machen es noch mehr zu einem Touristenzentrum. Nein! Das ist nicht das Jerusalem der Vergangenheit.« Ich hörte den Satz, den ich selber nicht selten anbringe, aus dem Mund eines libanesischen Juden: »Die Israelis gehen auf den Friedhöfen der Vergangenheit spazieren.« Abschließend sagte er: »Wir libanesischen Juden gehen nicht auf den Friedhöfen der Vergangenheit spazieren!«

Ein Mann namens Ramez Khazar, seines Zeichens Staatssekretär im Informationsministerium, gab der deutschen Presse und den Fernsehleuten ein exzellentes Essen im Hotel Saint Georges zu Beirut. Die Speisefolge:

Germiny en Tasse
Goujonnette de Sole Frite
Sauce Tartare
Côte de Boeuf à la Broche
Pommes Ablées
Haricots Verts Fine Fleur
Salade Mixte
Vacherin Glacé aux Fraises
Friandises
Café
MUSSARD BLANC
KSARA ROUGE

Damen und Herren waren festlich gekleidet. Der Staatssekretär lobte die deutschen Presse- und Rundfunkleute, lobte die Kameraleute. Unter anderem sagte er: »Die Aufmerksamkeit, die Deutschland dem Libanon widmet, datiert nicht von heute.«

Er erinnerte an die Reisen Kaiser Wilhelms II., der mit großem Aufwand Ende des letzten Jahrhunderts in den Libanon gereist war und der schon damals auf die großen Probleme des Nahen und Mittleren Ostens und der Politik Deutschlands hingewiesen hatte. Er betonte, der Libanon sei das Land der zivilen Freiheiten, der sozialen Gerechtigkeit, der Demokratie und der politischen Stabilität.

Keine zwanzig Kilometer von Beirut entfernt ist die berühmte Jiita-Grotte. Eine Tropfsteingrotte. Mit einer Berggondelbahn fährt man hinauf.

Ein Traumland. Im Nachen kann man über die großen Seen fahren. Kirchen, Dome, alles aus Tropfstein, pittoreske Figuren, steinerne Tiere. Alles magisch beleuchtet. Ein Traumland.

Wer den Libanon bereist, muß Tripolis, die Stadt der Seifensieder, aufsuchen.

Vor Tripolis hat man urzeitliche Geräte gefunden, die auf zehntausend Jahre und älter geschätzt werden. In Bohsas. Von einer antiken Stadt kann man nicht sprechen. Die Zeit ist dort nicht stehen geblieben. Ein paar Tempel sind noch zu besichtigen. Was historischen Wert hat, stammt aus dem Mittelalter. Die Mameluken haben alles Antike zerstört.

Beachtlich sind die Zeugen aus der Kreuzfahrerzeit. Die Burg, der Gartenbrunnen. Die Wasser Libanons sind berühmt.

Die Franzosen haben Spuren in Tripolis hinterlassen. Vor allem die Grafen von Toulouse, die normannischen Prinzen von Portier.

Tripolis ist die zweitgrößte Stadt des Libanon, sie ist eine moderne, aufblühende Stadt. Eine Welthandelsstadt.

Ich habe ein junges Ehepaar getroffen. In einem kleinen Hotel. Die Frau weinte, der Mann tobte. Man hatte ihr ihre weiße Handtasche mit dem Geld und den Pässen gestohlen.

Der Besitzer des Hotels sprach deutsch. »Bitte, regen Sie sich nicht auf, wir werden den Dieb finden.« Er pfiff auf zwei Fingern und eine Schar Jungen kamen gelaufen. Er sagte etwas zu ihnen, das ich nicht verstand, sie stoben davon und waren 15 Minuten später mit der weißen Handtasche und dem Dieb zur Stelle.

»Wie haben die Burschen das gemacht?« fragte ich verwundert.
»Nun, sie kennen sich hier aus und wissen, wer für so etwas infrage kommt«, sagte er lächelnd, »die Burschen sind sozusagen meine private Polizei.«
»Was hätten Sie gemacht, wenn Sie die Tasche nicht hätten zurückgeben können?«
»Den Schaden ersetzt, denn in meinem Hotel ist der Gast König.«

Hinter uns Panzerwagen, vor uns Panzerwagen. Sirenen heulten, Abwehrkanonen. In den Straßen Soldaten mit Gewehren, Polizisten. Auf dem Flughafen eine deutsche Boeing 707.
Ich dachte an meinen Freund, den Rundfunk- und Fernsehkorrespondenten in Beirut, Hein Metlitzky und seine Frau Renate, die einige Stunden die Fedajin hatten beherbergen müssen. »In solchen Situationen gibt es nur eins«, hatte Renate mir erklärt, »lächeln und sich nicht anmerken lassen, daß man Angst hat. Als ein Fedajin handgreiflich werden wollte, wurde auch ich handgreiflich, aber so, daß er sämtliche Töpfe, die ich in der Küche zur Hand hatte, auf den Kopf bekam. Siehe da, seine Freunde schlugen die Hände über den Kopf und lachten. Sie verprügelten ihren vorwitzigen Mann. Dann war ich es, die für ihn eintrat.«
Die Wohnung der Metlitzkys gleicht einem europäischen Museum: Biedermeier und Barock. Wenig Orientalisches. Wenig Asiatisches.
Libanon ist ein herrliches Land. Ein wildes Land. Die Männer müssen schießen, um ihr eigenes Image aufzupolieren.

Bei einem Einkaufsbummel mit Frau Dr. Mildred Scheel in Hawaii.

H. G. Kernmayr fragte König Hussein: »Majestät, was ist Ihr größter Wunsch?« Seine Antwort: »Ich möchte im Bett sterben!«

Heiliges Land — Blut und Tränen

Aus der Luft, himmelnah, im Anflug auf das Heilige Land Jordanien, konnte ich feststellen, daß auch in der Hauptstadt Amman vor zweitausend Jahren, ja, sogar vor mehr als zweitausend Jahren, die Römer gewesen waren.
Hochhäuser und Lehmhütten wechseln miteinander ab. Römische Theater und viele andere Zeichen dafür, daß Amman, früher Philadelphia, einmal Hauptstadt der römischen Eroberer war. Wer sich in Amman mit Ausgrabungen befaßt, kann noch alte Tonscherben aus der Eisenzeit finden. Uralt, aber immer neu und liebenswert sind die kleinen, hellbraun gebrannten Tonreiter.
Die Farbe dieser Tonreiter ist so geblieben wie in der Zeit, in der sie gebrannt wurden, also noch vor Christi Geburt.
Die Tonreiter, fast dreitausend Jahre alt, findet man natürlich nicht auf der Straße, auch nicht im Privatbesitz, sondern im Archäologischen Museum zu Amman.
Die Jordanier können all das, was sie erzählen, belegen. So haben sie die Göttin der Stadt, Fortuna, die Helenen nannten sie »Tyche«, gut konserviert aufgehoben.
Die Befestigung von Philadelphia steht immer noch da, nur noch bruchstückhaft, natürlich.
Mein jordanischer Freund, der lange Zeit in Deutschland studiert hatte — nach dem Massaker des »Schwarzen September« in München bei der Olympiade war er ausgewiesen worden, obwohl er nichts damit zu tun hatte — erzählte, daß sich früher Wölfe und Leoparden hier gute Nacht gesagt hätten. Ich habe keinen Wolf, keinen Leoparden gesehen. Mit beiden hätte ich sowieso nichts anzufangen gewußt. Meine Tochter ist eine Anhängerin Professor Grzimeks, einen Mantel aus Leoparden- oder Wildfellen lehnt sie ab.
 Ich ging in das Archäologische Institut und bewunderte die

Tonfiguren »Berittener Edelmann«. Diese Figur stammt aus dem 2. Jahrhundert n. Chr. Dann suchte ich die Reste der Kolonnaden auf. Eine der schönsten Straßen der griechisch-römischen Zeit.

Im 2. Jahrhundert n. Chr. wurde viel gebaut, so auch der Tempel der Artemis. Leider wurde später daraus eine Festung, unter Herrn Atabey aus Damaskus.

Dann kam König Balduin II. aus Jerusalem. Die Belagerung dieser Festung dauerte ihm zu lange. Er ließ Pech und Schwefel werfen, er ließ den wunderbaren Tempel einäschern. Damit nicht genug. Der Schöpfer aller Dinge schickte ein Erdbeben über die Stadt. Alles wurde zerstört. Alles, was seinerzeit der römische Kaiser Hadrian erbauen ließ, und zwar im Jahr 130 n. Chr., wurde dem Erdboden gleichgemacht.

Der Vater des heutigen Königs Hussein ibn Talal, König Talal, ritt durch diese historische Gegend. Er bestimmte: »Hier soll meine Hauptstadt sein!«

Alte Jordanier erzählen, sie verehrten den König, sie küßten seine Hand, sie warfen sich vor ihm auf die Erde, küßten den Saum seines Kleides, aber sie hielten ihn für verrückt. Ein einziges Haus stand in Amman und drei Lehmhütten.

Das Wort des Königs galt. Wenn die Untertanen auch murrten, wenn sie auch versuchten, ihn zu verjagen, der König setzte sich durch. Der Dolch im Gewand half nichts. König Talal ließ seine Hauptstadt bauen. »Hier und nirgendwo anders will ich meine Hauptstadt haben!«

Die Hauptstadt Amman entstand.

Der König fiel weder dem Dolch, noch einer Kugel, noch einer Giftkapsel zum Opfer. Er verfiel in Trübsinn. Er fuhr in die Schweiz in eine Klinik. Die Ärzte diagnostizierten: »Irrsinn! Wahnsinn! Unheilbar!«

König Talal ließ seine Söhne die besten Schulen der Welt besuchen. Er schickte sie nach England. Sie wurden innerlich und äußerlich englisch ausgerichtet, beginnend mit dem Stöckchen unter dem Arm und einer Weste zu jedem Anzug. Sie lernten, daß Tweed und Flanell einen Herrn in jeder Situation kleiden. Auch das Schnurrbärtchen des Königs ist englisch. Seine Sehnsucht, ein Rundfunkbastler zu sein, ist international bekannt.

Er beherrscht Polo, er beherrscht das Parkett, er beherrscht die Wüste.
Ich war bei König Hussein ibn Talal und seiner Frau Alia.
»Majestät, was ist Ihr größter Wunsch?«
Er ist ein »kleiner König«, aber er ist ein tapferer König, aus dem Geschlecht der Haschemiten: »Ich möchte im Bett sterben!«
Dieser Wunsch ist berechtigt. Manches Attentat wurde vorbereitet und auch ausgeführt. Er kam immer mit heiler Haut davon.
Was seine Frau betrifft, ist sie die dritte Frau. Wenig Liebe. Er mußte diese Frauen wegen ihrer Verwandtschaft heiraten. Um seine Position zu stärken.

Postalisch waren die Jordanier auf der Höhe. Da gibt es einen Turm in Qualat Er-Rabat. Er wurde vor ca. tausend Jahren gebaut, als Postaufenthalt für die Tauben. Vom frühen Morgen bis zum Sonnenuntergang wurden Brieftauben in alle Welt geschickt, die auch mit Antworten zurück kamen.
Hassan, der Bruder des Königs, beherrscht die Wüste und die Beduinen. Er ist immer unterwegs, abwechselnd auf dem Rükken eines Pferdes, eines Kamels, mit schnellen Autos, in kleinen Flugzeugen. Er hat die Beduinen fest in der Hand. Ihm folgen sie, wohin er sie auch beordert. Diese Beduinen hat der König unter die Leitung eines englischen Generals gestellt.
Die »Arabische Legion« wurde aus dem Wüstensand gestampft. Es ist die tapferste Truppe in den arabischen Staaten.
In Amman traf ich eine Frau, die deutsch sprach. Eine Deutsche, die schon seit vielen Jahren mit einem Jordanier glücklich verheiratet ist. »Man darf der Arabischen Legion nicht näher als auf fünf Schritte kommen, sie sprechen nur die Sprache der Wüste; wer ihnen näher kommt, wird erdolcht, erdrosselt, erschossen. Dafür werden sie nicht bestraft, im Gegenteil, sie folgen damit nur einem Befehl.«
Die Leibgarde, die der König in seinem Palast hat, besteht aus Nachkommen der 1917 aus Rußland geflüchteten Wrangel-Armee, der Wrangel-Donkosaken. Heute sind es die Kinder der Emigranten, deren Eltern über Istanbul, Jugoslawien in die weite Welt geflüchtet sind. Sie sehen furchterregend aus: Tres-

senbesetzte Kosakenuniformen und glänzende Stiefel, Dolche und Pistolen, Patronengurte. Sie dienen mehr der Repräsentation.
Bewacht wird der König von seinen »Arabischen Legionären«.
Der ehemalige Eton-Schüler Hussein ibn Talal — so klein er ist, so mutig ist er — ist im Land sehr beliebt. Hart wurde er, als man seinen Cousin Feisal ermordete; der saß auf dem Thron im Irak. Er schwor, sich sämtlichen Anführern und Revolutionären eisern entgegenzustellen. Das tut er auch. Er hat auch den Fedajin gezeigt, wer Herr im Lande ist.
Mit Stolz erzählen die Gegner des Königs, die es nicht verstehen können, daß er den Palästinensern, den Guerillas und den Fedajin nicht die Hand reichen will, daß er ein weitblickender Mann sei. Einige Monate vor meinem Besuch waren die Palästinenser mit gezogenen Säbeln, Dolchen, Gewehren, Pistolen zu ihm gekommen.
Die Arme weit ausgebreitet, gleich einem gekreuzigten Christus, hatte er gerufen: »Erschießt mich! Erschießt mich!« — Die Palästinenser, die Fedajin haben Säbel, Dolche, Gewehre und Pistolen eingesteckt. Sie sind abgezogen. Einen Helden wollten sie nicht erschießen.

Hussein erzählte mir, daß er den Streit um Israel nicht begreifen könne. In diesem Land hätten vor tausend Jahren Araber, Christen und Juden in Frieden zusammengelebt. Warum sollte das heute nicht möglich sein?
In Jordanien wird von dem in geistiger Umnachtung in der Schweiz verstorbenen Vater Husseins, König Talal, gut gesprochen. Man baute ihm im Land daß größte Denkmal: ein Stauwerk. Dieses Werk trägt den Namen: Talal-Staudamm.
Ich war dabei, als Deutschlands damaliger Bundesaußenminister Walter Scheel mit seiner Gattin Mildred vom jordanischen Außenminister und dessen Gattin und zwei in Weiß gekleideten Mädchen am Flughafen in Amman empfangen wurde.
Aufmarschiert waren Wüstensoldaten aus der Arabischen Legion, eine Militärkapelle in olivgrünen Uniformen mit viel Rot und Gold darauf.
Ich bat meinen Freund, den weltreisenden Star-Fotografen

Hilmar Pabel: »Du mußt mich mit diesen Soldaten fotografieren«

Da stand einer der Herren vom jordanischen Informationsministerium an meiner Seite, er sprach perfekt deutsch: »Das Fotografieren aller Militärpersonen ist strengstens verboten!«

Es trat noch ein Jordanier hinzu: »Drei Tage Haft!«

Diese drei Tage Haft waren für mich bestimmt. Ich habe sie nie abgesessen.

Während dieser Unterredung wurde geknipst. So war ich mit den Soldaten auf dem Filmstreifen. Nationalhymnen wurden gespielt, die jordanische und die deutsche.

Ich habe Walter Scheel bewundert. Er, der ehemalige Nachtflieger, schritt, jedem einzelnen Soldaten ins Gesicht schauend, mit seinem Kollegen aus Jordanien die Ehrenfront ab.

Der Oberst der Arabischen Legion, ein Mann zum Fürchten, riesengroß, bei jedem Schritt wirbelte er Staub auf, schwang den Säbel nach englischem Vorbild. »Guten Morrrgen, Herr Minister Scheel!« Er stampfte in den Wüstensand, drehte sich um und marschierte im zackigen Schritt zurück.

Sie standen wie angegossen, die Söhne der Wüste, die Beduinen. Das Alter spielt bei ihnen keine Rolle, der eine ist achtzehn, der andere fünfundsechzig. Sie präsentierten die Maschinengewehre. Die Fahnen der Länder senkten sich.

Die Soldaten zogen mit ihren Dolchen, Bajonetten, Gewehren, Kanonen und Pistolen ab.

Eines habe ich mir gedacht. Es ist eine große Strapaze, die Walter Scheel auf seinen Reisen durchstehen muß. Drei bis viermal am Tag umziehen, Tischreden halten, Erklärungen abgeben, dann noch dazu die Zeitungsleute aus aller Welt.

Bei dieser Gelegenheit möchte ich für alle Kamera-, Rundfunk- und Zeitungsleute feststellen, ob sie den berühmtesten Zeitungen und Rundfunk- und Fernsehanstalten vorstehen, zu Bildredaktionen oder Agenturen gehören, immer heißt es: »Bitte, lassen Sie den Herrn Minister ...« Immer müssen die Männer drängen, immer werden sie jedoch vertröstet, immer müssen sie etwas im Kasten haben, was aktuell ist und der andere nicht hat. Wenn er etwas schickt, das nicht aktuell ist, ist er die längste Zeit Reporter gewesen.

Reporter und Fotografen, die nicht mehr die jüngsten waren, mußten ihre Beine in die Hand nehmen. Ich habe gesehen, wie sie auf Tische und Stühle sprangen, wie sie auf Balkonen hingen, lebensgefährlich hingen, nur um gute »Ware« liefern zu können.

Auf den Staatsreisen, die ich in der »Kanzlermaschine« mitmachen durfte, war der Chef des Bundespresseamtes, Staatssekretär Botschafter Rüdiger Freiherr von Wechmar, selbst ein von der Pike auf gedienter Journalist eine Ausnahme. Er hatte Verständnis für seine Kollegen, sie blieben seine Kollegen, der duzte die meisten von ihnen. Wie es sich gehörte, wenn sie eine Frage stellten, gab er ihnen Antwort.

Staatssekretär Rüdiger Freiherr von Wechmar war auf den Reisen ein Helfer in allen Lebenslagen. In New York, San Franzisko, Honolulu, Tokio, Shanghai, Peking. Er half allen Kollegen so gut er konnte.

Manchmal blieben ihm nur zwei bis drei Stunden Schlaf. Er orientierte seine Kollegen zwei bis dreimal am Tag, war besorgt, daß sie früh genug informiert wurden, die Möglichkeit bekamen, ihre Aufgabe zu erfüllen.

Ihm zur Seite seine Frau Susie von Wechmar. Sie half überall die Wünsche der Kollegen der Feder zu erfüllen.

»Susie, ich liebe dich!« sagte ich zu ihr.

»Schuft du! Das hast du vor fünf Minuten der Mildred auch gesagt!«

»Böse?«

»Warum? Ich finde es wunderbar, daß du das allen Frauen sagst. Sie hören es alle gern.«

König Hussein ibn Talal hat Walter Scheel und Frau Dr. Mildred Scheel empfangen.

Es macht nichts aus, wenn man zwei Stunden warten muß, von einer Ecke zur anderen läuft, weil man nicht weiß, woher kommt der König, wo empfängt er seinen Gast?

Was mich betrifft, habe ich keine Kamera in der Hand, ich kann nicht fotografieren. Meine Aufgabe: ich muß die jeweiligen hohen Persönlichkeiten des Landes interviewen, eine oder zwei Fragen stellen, alles in meiner Sprache, und dann muß ich

fotografiert werden, weil man mir sonst nicht glaubt, wenn ich erzähle, König Hussein hat mit mir gesprochen.
Mein Freund, der Starfotograf Hilmar Pabel ist immer in meiner Nähe.
Es war so weit. Der König kam. Ich habe ihn gesehen. Hinter ihm Polizisten, Hofbeamte, Kosaken, arabische Legionäre. Die Tür wurde geschlossen. Wir standen draußen!
Man versprach uns, um zwei Uhr nachmittags würden sich die »Hohen Herren« zum Lunch begeben, und dann . . .
Der Verantwortliche des Bundespresseamtes Herr von Pachelbel versicherte, daß am Nachmittag um vier Uhr, wenn die »Herrschaften« gespeist hatten, ein privates Treffen im Garten des königlichen Palastes stattfinden würde. Die Fotografen und Teilnehmer an der Reise wurden dazu eingeladen.
Versprechungen und Vertröstungen sind mir nicht unbekannt. Ich entschloß mich zum Alleingang.
Ehrlich, es hat viel Schneid dazu gehört. Die Kameraleute des Fernsehens kamen aus dem Audienzzimmer. Die Scheinwerfer wurden ausgeschaltet. Nur ein einziges Licht brannte noch.
Ich drängte mich durch die Tür.
Hilmar Pabel mit der gezückten Kamera hinter mir.
Der König stand auf. Ich nannte meinen Namen. Meine Frage: »Was wünschen Sie sich?« Dann habe ich ihm meine Bewunderung ausgedrückt, daß er ein guter, tapferer Soldat sei.
Was blieb Walter Scheel übrig? »Das ist Hans Gustl Kernmayr.« Er nannte mein Alter, meinen Beruf. Ein Wort ergab das andere.
Der König im englischen Tweed lächelte und sprach. Ich verstand kein Wort. Wir haben uns die Hände geschüttelt. Ich wurde fotografiert. Ich erfuhr, daß der König das Licht der Scheinwerfer scheute, weil er nicht gesund war.
Freund Hilmar Pabel hat den König und mich fotografiert. Gleich zweimal.

Jordanien liegt in Vorderasien. Ein richtiges Wüstenland. 97 000 Quadratkilometer groß, 2,3 Millionen Einwohner. Die Palästina-Flüchtlinge mitgezählt.

Wüste, Schlucht, Hochland.
Bevölkerung: Araber.
Ackerbau, Fellachen, Nomaden, Ziegen- und Schafzüchter, 17% der Bevölkerung sind Beduinen, hauptsächlich Kamelzüchter.
Fellachen und Beduinen sind ein arabisches Volk. Unterschiede gibt es nicht. Die Einehe ist üblich. Aber ein Mann kann auch Ehen mit bis zu vier Frauen eingehen.
Seit dem 8. Januar 1952 gibt es ein konstitutionelles Königreich. Die Könige stammen aus dem Hause der Haschemiten (Mamlaka a-Haschimija al-Urdanija).
Bis zum Jahre 1949 sprach und schrieb man »Transjordanien«.
Der König ernennt die Mitglieder des Abgeordnetenhauses. Amtssprache ist arabisch. Zivil- und Strafrecht werden nach europäisch-englischem Vorbild gehandhabt. Familien- und Erbsachen werden durch islamisches Recht entschieden. Der Islam und einige religiöse Minderheiten haben Sondergerichte.
Es bestehen Eisenbahnen in Jordanien, über kurze Strecken. Die Hedschas-Bahn, die »Jordan-Royal-Hashemite-Railway«.
Das Land ist von Asphaltstraßen durchzogen! Modern ausgebaut ist der Hafen Akaba. Er ist der einzige Zugang zum Meer.
Es gibt eine jordanische Fluggesellschaft.
Das Schulwesen ist staatlich, es gibt nur wenige Privatschulen. Schulpflicht vom 7. bis 14. Lebensjahr.
Religion: Islam.
Die Mehrheit der Anhänger des Islam rekrutiert sich aus Sunniten. Das Land beherbergt 15 000 russische Mohammedaner, Flüchtlinge nach 1917, nach dem Zusammenbruch des kaiserlichen Rußlands.
Der Erzbischof von Petra und Philadelphia, so ist sein offizieller Titel, wohnt in Amman. Es gibt 10% Christen in Jordanien.
Die Armee setzt sich aus Freiwilligen zusammen. Sie müssen mindestens drei Jahre dienen. Die »Arabische Legion« besteht aus 30 bis 40 000 Mann, sie ist vorbildlich. Auch die Wüstenpatrouillen und die Luftwaffe sind beachtlich.
1925 verkauften die Saudi-Araber an Transjordanien die Hafenstadt Akaba und damit auch den Zugang zum Meer.

Die auswärtige und die Fernostpolitik wurden damals vom Britischen Hochkommissar in Jerusalem durchgeführt. Die militärische Führung in Jordanien lag in der Hand des britischen Generals Glubb Pascha. Er war auch der Begründer der Arabischen Legion.
Am 22. März 1946 war es England, das den Jordaniern den König aus dem Hause der Haschemiten, damals nicht mit dem Titel »Emir« behaftet, anboten. Am 24. 4. 1950 wurde ein Teil Jerusalems dem Königreich Jordanien einverleibt.
Der geisteskranke König Talal, Vater des jetzigen Königs, wurde am 11. August 1952 vom Parlament abgesetzt, in die Schweiz in eine Irrenanstalt gebracht. Sein Sohn Hussein ibn-Talal wurde König von Jordanien.
Die Königin, der ich die Hand geküßt habe, war vorher Angestellte, Dolmetscherin im jordanischen Informationsbüro gewesen. Ihr Vater ein sehr angesehener Jordanier, Gesandter in London.
In diesem Land muß man lächeln. Immer nur lächeln, immer gut gelaunt sein. Immer kerzengerade gehen und stehen. Niemand darf glauben, man sei müde. Das gilt für Journalisten, für Kameramänner, für Reporter und galt auch für Walter Scheel.

Die deutsche Frau, die ich in Jordanien kennengelernt hatte, war mit einem Jordanier verheiratet. Er war Ingenieur im Landwirtschaftsministerium und erhoffte sich viel Gutes und Schönes aus der Bundesrepublik Deutschland, sagte, daß man alles Gemüse, sei es Salat, Kohl oder Kraut, mit einem Waschmittel behandeln muß. »Ich werfe das Gemüse in die Badewanne und wasche es. Dann wird es gekocht. Man kann nicht vorsichtig genug sein. Die Dysenterie erwischt in erster Linie die Touristen. Die Jordanier sind dafür nicht anfällig.«

Der Bundesaußenminister und seine Gattin gaben ein Essen für das Diplomatische Corps. Im Hotel Jordan.
Es war nachts halb zwölf. Ich wohnte im siebten Stock. Aus meinem Fenster sah ich den beleuchteten Swimmingpool, sah

auch einen einzelnen Mann darin schwimmen. Auch ich bekam Lust, ins Wasser zu gehen.
Also zog ich meine Badehose an, schlang mir ein Badetuch um die Hüften. Barfüßig ging ich im siebten Stock zum Lift, stieg ein, drückte auf den Buchstaben »B«, weil ich dachte das könnte nur Bad heißen. Der Lift fuhr hinunter, hielt, die Tür öffnete sich.
Walter und Mildred Scheel verabschiedeten gerade ihre Gäste. Ich drückte auf den Knopf zum siebten Stock. Die Tür des Liftes schloß sich. Ich fuhr wieder hinauf mit der Absicht, eine Viertelstunde in meinem Zimmer zu warten, bis die Verabschiedung der Gäste zu Ende war.
Der Lift hielt. Aber die Tür öffnete sich nicht. Der Lift fuhr wieder nach unten, denn da hatte ein menschliches Wesen auf den Rufknopf für den Lift gedrückt.
Ein Hotelboy riß die Tür auf. Was blieb mir anderes übrig, als auszusteigen! Ich erinnerte mich an die Geschichte vom Vogel Strauß. Nachdem kein Sand da war, in den ich meinen Kopf stecken könnte, schlich ich mich an der Wand entlang und glaubte, man würde mich nicht bemerken. Ich war aufgeregt, habe nicht auf mein Badetuch geachtet, das sich selbständig machte. Nun stand ich da, nur mit meiner Badehose bekleidet. Walter Scheel sah mich an, schüttelte den Kopf, als wenn er sagen wollte: »Typisch! Immer der Kernmayr!«
Ich raffte das Badetuch vom Boden, verdeckte mich damit und schritt stolz wie ein spanischer Stierkämpfter dem Swimmingpool zu.
Im Wasser schwamm ein älterer deutscher Journalist aus Stuttgart. Ein beachtlicher Mann der Feder. Ich zog einen Kreis nach dem anderen.
Um diese Zeit wurde der Liftbetrieb eingestellt.
Ich mußte sieben Stockwerke hoch, so, wie ich war, mit der nassen Badehose in der Hand, den Körper von der Hüfte bis zu den Zehen in ein Badetuch gehüllt.
Gottlob stand meine halbleere Whiskyflasche im Nachttisch. Ein großer Schluck, noch ein Schluck, dann ging es mir besser.
Es klopfte. Der Chef des Bonner ZDF-Studios Hans-Joachim Reiche kam ins Zimmer. Er war müde, denn er hatte verschie-

dene Interviews mit seinem Team hinter sich gebracht. Wir sprachen und leerten die Flasche ganz.
Am nächsten Morgen bin ich genau um eineinhalb Stunden zu früh aufgestanden, weil ich nicht richtig auf die Uhr gesehen habe. Ich ging schwimmen und von dort in den Frühstücksraum.
Niemand servierte mir Tee oder Kaffee. Ein Mann brachte eine Milchkanne, ein anderer Mann brachte frisches Brot. Ich machte mich mit Kanne und Brot selbständig.
Der Nachtportier öffnete mit einem Hammer und einem Stemmeisen, denn er hatte keinen Dosenöffner, eine große Dose Ölsardinen. Ich trank einen zweiten Liter Milch, holte eine volle Flasche Whisky. Zum ersten Mal in meinem Leben habe ich Milch mit Whisky getrunken. Es hat ganz gut geschmeckt.
Der Nachtportier war ein liebenswerter Mann. Nach seinen Worten sprach er 22 Sprachen. Ich konnte es nicht kontrollieren. Ich war froh, daß er »Guten Tag« und »Guten Abend« und »Bitte« und »Danke« sagen konnte. Wenn ich ihm etwas auf deutsch erzählte, sagte er: »Jawohl!« Ob er mich verstanden hat, wage ich zu bezweifeln.
Nach und nach kamen die Kollegen und Touristen. Sie sahen mich schief von der Seite an. Ich hatte mich nach dem Bad nicht angezogen, saß immer noch in der Badehose.
Dann hieß es: »Auf, auf, wir fahren zum großen Staudamm, zum Talal-Staudamm!«
Ich fuhr in mein Zimmer hinauf, zog mich so schnell wie noch nie an, fuhr wieder hinunter in die Halle und kam gerade noch pünktlich an, um mit den anderen in den Autobus zu steigen.
Wir fuhren zum Staudamm. Aber weit kamen wir nicht. Der Autobus hatte eine Panne. Beide Reifen des Busses waren in einem solchen Zustand, daß man bei uns niemanden damit hätte fahren lassen. Jeder Polizist hätte einen Autobus mit solch abgefahrenen Reifen aufgehalten. Es kam ein anderer Autobus. Wir stiegen um. Dann fuhren wir in die Berge.
Wir fuhren in das biblische Jordantal. Johannes der Täufer kam mir in den Sinn. Es waren heilige Stätten, die wir sahen.
Hoch oben der Staudamm. Bezahlt von den Ölscheichs von Saudi-Arabien, Kuweit, denn diese Scheichs legen ihre Milliar-

den in Hotels, Karawansereien, in Fabriken, Eisenbahnen, Omnibuslinien und im Staudamm »King Talal« an.
Ein Hubschrauber landete. Walter Scheel und Königsbruder Hassan stiegen aus.
Ein protokollarisches Mißgeschick: ein bis an die Zähne bewaffneter Beduine jubelte laut: »Es lebe Hassan! Es lebe Hassan! Es lebe Hassan!«
Der Beduine wurde von Soldaten und Polizisten zur Seite gedrängt. Er bekam zwei Flaschen Coca Cola und ein Päckchen Zigaretten in die Hand gedrückt.
Der König liebt es nicht, wenn man seinen Bruder hochleben läßt. König kann nur einer sein. Und der König heißt Hussein.
Hassan kennt Sitten und Gebräuche des Wüstenlandes. Man kann nicht schnell genug entweder der erste sein, der den Dolch zückt, oder derjenige, der ins Gras, respektive in den Sand beißen muß.
Hassan ist der Mann der Beduinen.
Hassan lächelte. Er wurde fotografiert. Ich wurde ihm vorgestellt.
Hassan ist nicht viel größer als der König. Sein Gesicht vom Wüstensand gegerbt, von der Sonne verbrannt. Ein schöner Mann.
Ich traf Enkel und Söhne der eingewanderten Wrangelarmee. Tscherkessen, Kosaken. Alle in prachtvollen Uniformen.
Die Bundesrepublik Deutschland ist mit verschiedenen Millionen im Rahmen der Entwicklungshilfe an diesem Staudamm beteiligt.
Ich lernte den Marschall der jordanischen Armee kennen. Er schenkte mir eine Beduinenkopfbedeckung mit der Kokarde des Königs.
Im »King-Hussein-Volksstadion« führte er und mit vielen Hunderten von Soldaten, Musikanten, Gewehrträgern eine Show vor. Ich fühlte mich nach England und Schottland versetzt. Dudelsäcke waren genauso vertreten wie Trommeln und Trompeten. Es war ein hochgezüchtetes, exaktes »Tatoo«. Das Ganze dauerte eine Stunde.
Im Walzerschritt nach Johann Strauß' »An der schönen blauen Donau« wurde dieses militärische Schauspiel beendet.

Jubel über Jubel. Beifall über Beifall. Zweihundert weißgekleidete Krankenschwestern, Jordanierinnen, Mädchen und Frauen, schlugen begeistert die Hände zusammen.
Wenn man vom Staub und von der Hitze absieht, ist Jordanien ein liebenswertes Land. Man muß sich nur ein bißchen umschauen in den Wäldern und Oasen. Überall heilige Stätten. So das Kloster Ed-Teir. Man muß die Schatzkammer Khazneh sehen, das steingehauene Theater, in dem vor vielen tausend und mehr Jahren drei bis viertausend Menschen Platz fanden. Die Göttinnen in den Nischen sind blütenverziert. Sie sind hundert Meter in Stein gehauen.
Petra.
Fünfhundert Jahre lang haben die Araber an dieser heiligen Stätte gearbeitet. Paläste wurden freigelegt, künstlich angelegte Straßen, Tempel, Gräber. Es lebten schon dreihundert Jahre vor Christus Araber in Petra. Die Nabadäer schützten die Karawanen, die nach Norden zogen. Sie bauten Zisternen, waren edel im Kampf, standen immer auf der Seite der Schwächeren.
Danach kamen die Römer. Sie bauten Säulen, Paläste und Straßen.
Petra muß man als ein Märchen aus uralter Zeit betrachten. Ein rotes Haus, ein heiligmäßiges Haus, nicht angemalt, diese Steine sind so rot.
Petra, die Hauptstadt im peträischen Arabien. Ein wichtiger Knotenpunkt. Karawanen von Süden, Osten, Norden und Westen trafen sich in Petra. Die Stadt war in aller Welt wegen des Handels mit Weihrauch berühmt. Sklaven und Weihrauch wurden von Saudi-Arabien nach Syrien gebracht.
Im 3. Jahrhundert n. Chr. verlor Petra seine Bedeutung. Die Prachtbauten, Felsengräber, die schönen Fassaden der Antike verfielen.
Die Römer haben Petra im Jahre 106 n. Chr. erobert. Sie begannen zu bauen. Es wurde eine schöne Stadt innerhalb der Felsen, berühmt mit dem dreifachen Bogengang. Heute ist der Tempel unter dem Namen »Quasr al Bint« bekannt. Daneben das einladende Rasthaus, im Hintergrund eine bizarre Felswand.

Ich habe einem Wüstenpolizisten die Hand gegeben. Wir haben ein halbes Dutzend Zigaretten geraucht, Kaffee getrunken. Er kochte ihn an Ort und Stelle. Mit dem Gewehrkolben zerstieß er dunkelgrüne Kaffeebohnen in einem Messingmörser. Das heiße Wasser war gleich zur Stelle. Im Wüstensand wurden getrocknete Disteln angezündet.

Ein Offizier erklärte, daß es in der Wüste keine Maus gebe, die den Wüstenpolizisten nicht bekannt sei. Er wiederholte: »Keine Maus!«

Ein Räuber, ein Dieb, ein Mörder kann in der Wüste keinen Unterschlupft finden. Die Wüstenpolizei stöbert jeden Gesetzesübertreter auf.

»Und dann? Was geschieht dann mit ihm?«

»Wir sind kein reiches Land ...«

Ich erfuhr, daß manche Verbrecher einfach der Sonne ausgeliefert wurden. Sechs Stunden in glühender Wüstensonne bedeuten den sicheren Tod.

Ich wandelte auf den Spuren des legendären Oberst, Schriftsteller T. E. Lawrence. Er kämpfte im Ersten Weltkrieg für England. Er war dabei, als Damaskus den Türken abgejagt wurde: 1918.

Ich habe sein Hauptquartier gesehen. Schloß Azraque. Ölbäume so weit das Auge reicht. Das Tal in Tafila am »Weg der Könige«, Schauplatz arabischer Siege. Ölbäume, so weit das Auge reicht.

Azraques Landschaft ist eine Zauberlandschaft. Teiche und Sümpfe. Die Archäologen erzählen von einer Zeit vor zweihunderttausend Jahren. Heute sind diese Oasen Zwischenstationen für die Zugvögel. Es sind hunderte verschiedener Arten auf ihrem Flug von Europa nach Asien, Indien und Afrika.

Als ich den Sonnenuntergang dort gesehen hatte, schien es mir, als wäre das Paradies auf Erden vor mir auferstanden. Ich glaubte zuerst an eine Fata Morgana. Es war Wirklichkeit.

Zwei jordanische Hirten häuteten ein Lamm. Sie luden mich zum Essen ein. Ich mußte weiter. Ein Jeep wartete auf mich. Sie schüttelten den Kopf, konnten nicht verstehen, daß man

ein junges gebratenes Lamm verschmähen konnte, ein mit Myrrhen, Kapern, Thymian eingeriebenes junges Lamm am Spieß.
Zwei Pakete Zigaretten, einen Karton mit Farbstiften und einen Block Papier. Mehr hatte ich nicht bei mir. Münzen und Papiergeld wagte ich nicht anzubieten. Sie reichten mir Wasser, quellfrisches Wasser aus einem Tongefäß, fünfzig Meter tief aus der Erde herausgeschöpft. Ich habe geschwitzt. Mir rann der Schweiß von der Stirn. Die jordanischen Hirten lächelten. Ihr Gesicht glich gegerbtem Leder.
Dann fielen sie auf die Knie. Sie verbeugten sich. Die Sonne ging unter. Sie beteten mit dem Blick gen Mekka: »Allah ist Allah!«

Wir haben gut gegessen. Trockenes, gewürztes Fleisch mit Reis mit Rosinen und Mandelsplittern. Die Schafe trieften vor Fett. Das Schwanzstück glänzte. Die Augen der Araber wurden größer, strahlender. Ich habe auf das Schwanzstück verzichtet. Ich war mehr für eine Rippe.
Bei offiziellen Essen gibt es nur gesüßtes Wasser, Mineralwasser und Fruchtsäfte.

Im Lande Moses und der Pharaonen

Wir flogen und sahen unter uns in der Ferne Damaskus, die Hauptstadt Syriens. Wir sahen Nikosia, wir sahen Wüste, wir sahen Berge, wir sahen Wasser, Wasser und nochmals Wasser.
Dann überflogen wir El-Alamein. Der Name ist mehr als der Name einer Stadt. Im Sand ausgebreitet, wellenförmig, eine Landschaft, in der tausende deutsche und englische Krieger im Zweiten Weltkrieg ihr Leben lassen mußten.
Die Alliierten haben El-Alamain in Nordafrika den Wendepunkt in der Geschichte des Zweiten Weltkrieges herbeigeführt. Auf drei Friedhöfen sind die Deutschen, Engländer und Italiener, Amerikaner begraben.
Der deutsche Friedhof liegt westlich des britischen Friedhofes in der Form eines riesigen Monumentes angelegt mit dem Blick nach Süden zum Meer und nach Norden in die Wüste. Ein langer Obelisk, umgeben von bildlichen Darstellungen steht dort, die Grabsteine selbst links davon sind schmucklos und schlicht.

Ägypten ist viermal so groß wie die Bundesrepublik Deutschland 1964. Ca. 1 Million Quadratkilometer. Man rechnet mit 35 Millionen Einwohnern. Die Regierungsform ist, so schreibt und sagt man, die einer Präsidialrepublik. Im Parlament gibt es die Volksversammlung. Staatspräsident und Regierungschef ist zur Zeit Mohammed Anvar Al Sadat.
Es gibt nur eine politische Partei: die Arabische Sozialistische Union.
Die Landessprache ist Arabisch, Ägypten verschickt in die Welt

Im Lande Moses und der Pharaonen. Der Autor bei einem Rundgang durch Kairo, der Stadt am Nil.

Die große Ehre von Präsident Sadat empfangen zu werden.

Baumwolle, Baumwollgarne, Textilien, Zwiebeln, Reis, Erdöl und Zement.
84% der Bevölkerung sind islamisch, der Rest gehört christlichen Konfessionen an. Die stärkste Gruppe sind die Kopten.
Bis 1922 stand Ägypten unter britischer Oberhoheit. Frei und unabhängig wurde Ägypten im Jahre 1952. Ein starker Mann war auferstanden: Ghamal Abd el Nasser. Er hat König Faruk außer Landes geschickt. Der König war keine Zierde seines Landes, außerdem war er kein Ägypter.
Mohammed Anvar Sadat, damals der getreueste Gefolgsmann Nassers, schrieb: »Die Revolution vom 22. 7. 1952 hatte das Ziel, Ägypten und die Ägypter aus den Fesseln des Feudalismus zu befreien.«
18 Jahre lang war Nasser Ägyptens Held. Sein engster Mitarbeiter Mohammed Anvar Sadat hat nach seinem Tod seine Stelle eingenommen.
Die deutsche Kultur wird in Ägypten geschätzt. Es gibt drei deutsche Schulen mit ca. 2700 Schülern und mehr als sechzig deutschen Lehrkräften.
An den drei bedeutendsten Universitäten in Kairo, Ain Shams und Alexandria wirken viele deutsche Professoren. In Kairo gibt es eine Abteilung für deutsche Sprache und Literatur.
Auf der Insel Elefantine bei Assuan und in Querna-Theben arbeiten Deutsche in einem archäologischen Institut, 138 Blöcke eines ägyptischen Torbogens, ein Geschenk Ägyptens, sind zur Zeit auf dem Weg nach Berlin.
Der Fremdenführer war ein Freund von mir. Dr. Ali Taher, der in Graz studiert hatte. An seiner Seite Sigrun, das Weib aus Graz.
Ich stellte fest, die Grazerinnen, nicht nur, daß sie schön sind, sie sind auch immer bedacht, sich den richtigen Mann einzufangen. Ich habe keine Grazerin geheiratet, so schön und liebenswert sie auch sind. Und gescheit sind sie auch, aber rechthaberisch, und sie vereinnahmen den Mann.
Sigrun hatte sich den Ägypter schon als Student, wie man so schön sagt, heiratenderweise unter den Nagel gerissen. Sie sagte mir, wenn man so alt sei wie ich, weißhaarig noch dazu, werde man mit Onkel angeredet, auch wenn man in keiner Weise ver-

wandt und vielleicht sogar noch gerne mit der Dame intim sein würde. »Onkel, ich kann nur noch in Ägypten, in Kairo wohnen. Hier ist alles so international.«
Es stimmt. Kairo ist wirklich international.
Am Ufer des Nils: Amerikaner, Engländer, Franzosen, Italiener und Sowjetrussen. Sie glauben all das, was man ihnen erzählt hat, genauso, wie ich es geglaubt habe. Was hat eine gute Geschichte mit der Wahrheit zu tun? Nichts!
Tatsache, wir standen an der Stelle, an der das Knäblein Moses im Schilf in einem geflochtenen Körbchen gefunden worden war. Gefunden von einer ägyptischen Prinzessin.
Das Knäblein Moses hat Glück gehabt. In jenen Tagen, das liegt alles weit, weit zurück, Tausende von Jahren, wurden Kinder, die nicht erwünscht waren, ausgesetzt, im Nil ertränkt. Die Feinschmecker schätzten damals den Aal des Nils, der, so wurde in den antiken Restaurants angekündigt, sich von »Baby« ernährte.
Es waren Judenkinder, die von ihren Eltern ausgesetzt wurden. Die Juden waren in ägyptischer Gefangenschaft. Sie litten an allem Not. Sie wurden gepeinigt an Körper und Seele. Groß war die Armut. Viele konnten es sich nicht leisten, Kinder großzuziehen. Von Pille und Verhütungsmaßregeln keine Spur. Man wußte auch nichts von fruchtbaren und unfruchtbaren Tagen.
Aber, wie gesagt, Klein-Moses hatte Glück.
Kairo. Eine Stadt mit fünf Millionen Einwohnern. Über tausend Jahre ist diese Stadt alt.
Ägypten lebt von der Geschichte der Pharaonen. Es waren Tyrannen. Aber sie waren Pharaonen und die Ägypter sind Nachkommen dieser Pharaonen.
Ich habe am Ufer des Nils meinen Finger in das schwarze erdige Wasser getaucht. Eigentlich sollte man einen Schluck Nilwasser trinken. Dazu konnte ich mich nicht aufraffen. Ich hatte gesehen, daß Männer und Frauen angezogen mit langen Kaftanen, ohne ihn auszuziehen, sich wuschen und auch ihre Notdurft in den Nil verrichteten. Dieses Nilwasser wollte ich nicht trinken. Auch den kleinsten Schluck nicht. Ein Fingerhut voll soll schon genügen, dann kommt man wieder nach Kairo

zurück. Ich hoffe, ich komme auch so nach Kairo zurück, denn mir hat Kairo gut gefallen. Es ist eine internationale Stadt. Viele Kosmopoliten leben dort.
Die Ägypter sind genügsam. Ein paar Gurken, ein bißchen Mais- oder Reisfladen, ein Stück gekochter Fisch, der nicht ganz frisch sein muß, ein Kaffee dazu, ein türkischer Mokka. Dann die Wasserpfeife. Von Arbeit reden die Ägypter gern. Jeder Ägypter, männlich oder weiblich, muß schauen, daß er sich durchsetzt. Er hält sein Leben selber in den Händen. Keine Hilfe, auch nicht von Verwandten. Jeder ist auf sich gestellt.
Verlaß darauf, daß das Leben von oben, von der Regierung aus, geregelt wird, besteht in Ägypten nicht. Sie jubeln und demonstrieren. Jubeln dem zu, der ihnen Brot verschafft. Keiner will Krieg.
Der Staatschef Mohammed Anvar Sadat ist klug. Ich habe dem Präsidenten die Hand gegeben, und zwar am 22. Mai 1973.
Es wurde Kaffee gereicht, Tomatensaft, Fruchtsäfte und viele Zigaretten wurden geraucht. Wir saßen auf vergoldeten hölzernen Stühlchen in der Residenz des Staatspräsidenten. Bescheiden und Sadats Privateigentum.
Sadat sprach von einer friedlichen Lösung des Problems zwischen Israel und Ägypten. Er hat Angst, daß diese friedliche Lösung im Keim erstickt wird. Wenn die Israelis und Araber allein am Tisch sitzen könnten, würde man sich bestimmt einig werden. Sadat erinnerte an Danzig: »UNO und Weltsicherheitsrat haben den besten Willen, doch denken Sie an den Völkerbund nach dem Ersten Weltkrieg, der konnte auch nichts bereinigen. Auch der Heilige Vater in Rom nicht.«
Sadat ist gut gekleidet. Er hat den besten Schneider und Hemdenmacher. Seine Schuhe glänzen. Man könnte sich darin spiegeln. Er ist alles andere als ein Krawattenmuffel. Immer eine neue Krawatte. Sein Haar glänzt. Seine Zähne sind blendend weiß.
Ich habe einen seiner engsten Mitarbeiter gesprochen. »Wir denken Sie über Ghamal Abd el Nasser?«
»Nasser war ein ausgesprochenes Kind des Glücks. Er starb an dem Tag, von dem an er in Vergessenheit geraten wäre. Wenn Sie sich heute im Volk umhören, werden Sie hören: ›Ja, wenn

Ghamal noch lebte, wäre manches anders!‹ – Es wäre nichts anders. Als er starb, war Nasser ein müder Mann. Eine Revolution kann man nicht Jahre hindurch in Gang halten. Nasser wird in die Geschichte eingehen, weil er zur rechten Zeit starb.«
Ich besuchte die Moschee. Schlangen von Menschen wanderten an Nassers Grab vorbei. Ich auch.
»Als Staatsmann«, sagte mir der Vertraute Sadats, »als Staatsmann ist Mohammed Anvar Sadat höher als Nasser einzuschätzen.«
In den Bazaren spielt sich das wahre Leben Ägyptens ab. Echtester Orient. Auch die Düfte. Man kann teuer, man kann billig kaufen, man kann betrogen werden, man kann ein gutes Geschäft getätigt haben.
Ein Ägypter sprach mich an. Er hatte eine schwarze Hose an, gelbe Schuhe, ein weißes Hemd, eine rote Krawatte. »Ich vermittle Attraktionen!«
»Verkuppeln Sie Frauen an Touristen?«
»Nein, nein!« Er versuchte mich an der Hand zu fassen.
Ich schüttelte ihn ab.
Ein Polizist kam, stellte sein Fahrrad neben ihn. Sie kannten sich offensichtlich. Der Polizist nickte mit dem Kopf und zeigte auf ihn: »Good man!«
Um zu beweisen, daß er ein guter Mann war, ging der Polizist mit.
Zu dritt gingen wir durch sieben Häuser. Es roch bestialisch. Es roch nach Kaffee, menschlichen Exkrementen, Gewürzen, nach allen Wohlgerüchen des Orients.
Ein islamischer Geistlicher, der in der Tür saß, trug auf seinem roten Fez ein weißes Band. In den Händen hatte er eine Holzperlenschnur. Er sah uns nicht. Er war mit seinen Gedanken weit fort. Allah, Mohammed! – Wir kletterten über ihn hinweg.
Dann waren wir in einem Etablissement. Roter Vorhang, die Wände mit roter Farbe gestrichen. An der Decke einige Drähte mit roten, grünen und blauen Glühbirnen. Neun Damen saßen am Fußboden an der Mauer, kauten Kaugummi. Neben sich Gläser mit süßem Sorbet.
Zwei alte Männer, der eine von ihnen hatte eine Trommel vor

seinen gegrätschten Beinen, der andere ein Saiteninstrument, wachten auf.
Die Madame kam, aufgeputzt wie ein Pfau. Sie sprach zuerst französisch, dann englisch, dann arabisch und dann deutsch. Sie sprach auf mich ein. Alles, was sie am Lager hatte, bot sie an: eine Jungfrau von zehn Jahren, eine feuerspuckende Bajadere, ein messerwerfendes Riesenweib, zwei Meter lang und einen Meter breit. Ein Museumsstück: »Kaiser und Könige haben schon Mediri gesehen!«
Mediri war von oben bis unten in einem schwarzen Trikot, auf das Goldmünzen genäht waren. Etwa zwanzig Zentimeter im Durchmesser war der Honigkuchen groß, den sie in beiden Händen trug, von dem sie herunterbiß und grinste.
»Sind das Ägypterinnen?«
»Griechinnen, Französinnen, Türkinnen, Armenierinnen. Keine ägyptischen Frauen.«
Sie holte ein in roten Plüsch gebundenes, mit Messing verziertes Album heraus. Darin waren Bilder von Mädchen und Frauen, die sie, wie sie sagte, alle im Laufe der nächsten halben Stunde beschaffen könnte. »Champagner?«
Der Champagner war lauwarm. Es war der Billigste vom Billigen. Konfekt, Nüsse, kandierte Früchte.
Die Frauen schnatterten durcheinander. Madame gab einem der beiden Musikanten mit einem Fuß einen Stoß. Sie sollten spielen.
Vier Frauen standen auf, die älteste fünfzig, die jüngste dreißig Jahre alt. Sie entblätterten sich. Sie führten einen Bauchtanz vor.
Ich kann nicht sagen, ob der Bauchtanz exzellent und bühnenreif war. Ich habe mir über die Damen Gedanken gemacht. Was führten sie für ein Leben!? Das elektrische Licht, kein Fenster, keine frische Luft.
Mir wurde übel. Ich stand auf. Mahmud und der Polizist führten mich hinaus. Ich sah schmale Kabinen, in denen die Damen ihre Liebesdienste hinter sich brachten.
Auf einem deutschen Orchestrion stand der Hersteller zu lesen: »Hupfeld.«
 Ich warf eine Münze in das Orchestrion. Es klimperte laut los.

Ein richtiges Kirmesorchestrion. Es schrillte und trommelte die Melodie: »Heut' geh ich ins Maxim, dort bin ich sehr intim ...«
Drei Katzen sprangen vor mir her, zaundürr. Neben dem Orchestrion lag ein fetter, französischer Bully. Er versuchte aufzustehen. Es gelang ihm nicht.
Madame, die Kuppelmutter, nahm ihn auf den Arm, küßte ihn auf die Schnauze.
Ich bat um die Rechnung.
Ein bißchen schämte ich mich, daß ich die »Damen« enttäuschte. Ich ging zu jeder, drückte jeder ein ägyptisches Pfund in die Hand. Keine Reaktion. Kein Danke. Kein Lachen. Nichts. Müde sanken sie in sich zusammen. Sie setzten sich auf den Boden, schlugen die Beine übereinander. Sie griffen nach den Sorbetgläsern.
»Nichts kaufen? Nichts Mädchen, nichts Jungfrau, nichts Dame mit Messer und Peitsche?«
Ich mußte mich zurückhalten; die Madame hätte mich sowieso nicht verstanden. Ich hätte ihr sonst die Frage gestellt, die ein Lebemann einer Kuppelmutter in Neapel gestellt hatte: »In Fisch haben Sie nichts?«
Ich wollte Mahmud etwas schenken. Er wollte nicht.
»Ich nur wollte Freude machen«, behauptete er.
Ich schenkte dem Polizisten deutsche Zigaretten.
Der deutschprechende Ägypter sagte: »Ich bin guter Mann, nicht schlechter Mann. Nicht schlecht denken von mir. Ich habe Frau und Kinder, kann mitkommen, fünf Kinder, Mutter, Vater, Großvater, alles zusammen fünfzehn Personen. Ich alleine verdiene Geld.«
Ich wollte ihm zwei Pfund in die Hand drücken. Er hat sie nicht genommen. Er bot mir eine Zigarette an. Ich durfte nicht ablehnen.
»Kaufen wollen?«
»Ja! Ich möchte schöne Kaftane kaufen.«
»Nicht Teppiche?«
»Nein! Kaftane.«
Er wanderte mit mir durch fünf Häuser weiter, durch drei kleine Gäßchen, Katzen, Hunde, Ziegen, Schafe, Kinder. Die

Gassen waren so eng, daß man von einem Fenster zum anderen sich am Rock berühren konnte. Keine Fuhrwerke, keine Autos.
»Ich weiß Fabrik«, sagte Mahmud.
Dann kamen wir in die Fabrik.
Die Fabrik beschäftigte sieben Mädchen. Sie saßen an alten Nähmaschinen aus Deutschland, schauten nicht auf. Der Raum war dunkel. Drei Fabrikbesitzer: davon wog einer 150 Kilo, der zweite 100 der dritte 80. Der Schwerste von ihnen war der Chef.
Der Preis wurde aufgeschrieben. Ich tat sonst nichts, als zwei Pfund vom Preis abziehen, einer sollte neun Pfund kosten, also schrieb ich sieben Pfund auf. Ich habe an den drei Kaftanen sechs Pfund heruntergehandelt. Sie wurden in Packpapier eingewickelt, Mahmud bot sich als Träger an.
Als wir aus dem Geschäft gingen, wollte ich Mahmud zwei Pfund geben. Mahmud lehnte ab. »Ich habe Geld verdient in der Fabrik.« Er hatte drei Pfund bekommen.
Ich wußte nichts mit diesem »anständigen« Mahmud anzufangen. »Was bist du für ein Mann?«
»Guter Mann! In vier Wochen fahre ich nach Deutschland. Komm mit zu meiner Familie. Du bei mir essen.«
»Danke, nein, ich muß ins Hotel.«
»Willst du noch was kaufen?« fragte er.
»Kleinigkeiten.«
Ich ließ mich weiter durch Häuser führen. Wir kamen zu Antiquitätengeschäften. Vorsicht war geboten. Man hatte Hilmar Pabel schon archäologische Ausgrabungen angeboten. Tausend Jahre alte Skulpturen zu vierhundert und fünfhundert Pfund.
Da standen sie, die kleinen Götter und Göttinnen, angeblich zweitausend Jahre alt.
»Alles Lüge! Eingegraben in Erde, Sand, Wüste, zehn Jahre, dann wieder ausgegraben.«
Mahmud spuckte dem Antiquitätenhändler vor die Füße. Dieser nahm einen alten Säbel und ging auf ihn los.
Mahmud sagte laut: »Lügner!«
Der Streit war schnell vergessen. Süßigkeiten, Nüsse, Kaffee, Tee. Damit war man schnell bei der Hand. Wenn auch nur ein

kleiner Kauf getätigt wird, für einige Piaster oder Pfunde, sind sie alle zufrieden, Käufer und Verkäufer lachen. Amerikaner, Engländer sind von den »Ausgrabungen« fasziniert. Sie bezahlen in US-Dollar und lassen sich Ringlein aus Kamelhaar schenken. Kaum sind die Käufer weg, die Geschäfte getätigt, dann sitzen die Ägypter beieinander, erzählen und lächeln und zählen das Geld und teilen es auf. An einem Geschäft sind oft fünf bis zehn Leute beteiligt.
Mahmud führte mich in ein vom staatlichen Nationalmuseum geleitetes Geschäft. Alle Stücke, die von dort verkauft werden, sind Nachahmungen, Kopien beachtlicher Schätze, sind vom Staat punziert.

Wir haben die Bauchtänzerinnen im Nachtclub angeschaut. Nicht ich allein. Ich sah Muselmänner, sie schnaubten und schnaubten und stöhnten. Ihre Augen waren auf den Bauch der Tänzerin und deren Hinterteil gerichtet. Plötzlich fiel aus dem Netz ein Busen heraus. Er fiel in dem Augenblick heraus, als sie vor einem nach Geld riechenden Gast tanzte.
Ich habe schon bessere Sachen gesehen. Die Bauchtänzerinnen waren auch nicht mehr die Jüngsten.
Die Ägypterinnen werden von Jugend an gedrillt, sich so bald wie möglich nach einem Mann umzusehen. Sie wollen geheiratet werden. Heiraten heißt die Devise. Der Moslem, der nur eben die Möglichkeit hat, sich eine Frau zu leisten, heiratet. Das kommt ihn billiger, als wenn er für die Liebe bezahlen müßte. So viel Geld hat er nicht. Zum Heiraten braucht er Kamele, Goldstücke, Schmuck. Dann muß er trachten, daß er so schnell wie möglich aus der Familie herauskommt. Wehe, wenn jungverheiratete Leute bei ihren Eltern oder Schwiegereltern wohnen müssen. Schwiegertochter, Sohn oder Schwiegersohn haben dann nichts zu lachen.
Eine Frau aus Deutschland bot sich als Fremdenführerin an. Sie kam ins Zimmer. Ich saß im Stuhl. Sie setzte sich mir gegenüber. Ich konnte sehen, daß sie kein Höschen anhatte. Sie wollte mir viel zeigen, bei Nacht!
Diese Damen aus Deutschland oder auch aus meiner Heimat

Österreich sind mir im Ausland unheimlich. Es dauert nicht lange, dann hört man immer wieder folgenden Satz: »Leicht hat man es nicht als alleinstehende Frau. Meine Wohnung habe ich schon zwei Monate nicht bezahlen können. Ich brauche Schuhe und Kleider.«
Es ist dann besser, man nimmt zwanzig oder fünfzig Mark, drückt sie der Dame in die Hand: »Kaufen Sie sich Blumen, Konfekt oder Parfum. Ich habe keine Zeit. Danke für Ihren Besuch!«

Man muß die Pyramiden von Gizeh gesehen haben.
Mein Freund Dr. Ali Taher hat mir bestätigt, daß es stimmt, was ich gelesen hatte. Emanzipierte Frauen, keine Schönheiten, fahren nach Ägypten, um sich einen Fellachen zu kaufen. Sie können mit dem Ägypter nicht in seine Wohnung gehen, auch nicht in ein Hotel, also gehen sie zu den Pyramiden. Dort gibt es kleine Höhlen. Die liebeshungrigen Frauen vergessen die Gefahr, in die sie sich begeben. Manches ältere Fräulein wurde tot aufgefunden. Die Mörder hat man nie erwischt.
Taschendiebe halten sich in der Nähe der Pyramiden auf. Vorsicht!
Die Vermieter von gesattelten Pferden und Kamelen nehmen viel Geld von den Lebendigen.
Für eine Aufnahme auf einem Kamel hat ein Fellache zwanzig ägyptische Pfund verlangt. Zum Schluß tat er es auch für zwei.
Es wimmelt von Fotografen, die ihr tägliches Brot suchen und auch finden. Jeder Tourist will, im Hintergrund die Pyramiden von Gizeh, stolz auf einem Kamel reitend, fotografiert werden. Am schönsten ist es, wenn der Mond auf den Spitzen der Pyramiden zu stehen scheint.
In Ägypten muß man über die Pharaonen Bescheid wissen. Es ist der Titel der altägyptischen Könige. Wer in der biblischen Geschichte nachgelesen hat, weiß, daß das Wort Pharao aus dem Wort Péro, das heißt »Großes Haus« entstanden ist.
Ein Geometer weiß Bescheid, wenn das Wort »Pyramide« fällt. Es ist ein Körper, der dadurch entsteht, daß die Ecken eines ebenen Vieleckes mit einem Punkt außerhalb der Ebene des Vieleckes verbunden werden.

Die erste Pyramide wurde 2250 Jahre v. Chr. erbaut. Sie ist nicht fertig geworden. Sie ermöglichte die Erforschung und den Einblick in die Technik des Pyramidenbaues.
Das Material: Muschelkalkstein. Aus weißen Kalksteinblöcken wurden die Pyramiden gebaut, auch aus Granit.
Ramses II., von 2290 bis 2223 v. Chr. war unter den vielen Ramses der Größte. Er förderte die Hieroglyphen, die Keilschrift. Er war der größte Bauherr Ägyptens. Nach ihm kam Ramses III. Seine Gastarbeiter waren die in Knechtschaft lebenden Juden. Er baute seine Residenz im Osten des Nildeltas. Die ägyptischen Könige aus dem Stamme Ramses sind große Namen, die mit dem Pyramidenbau in Ägypten verbunden sind.
Heute sind die Pyramiden geplündert. In aller Welt gibt es die Schätze aus den Pyramiden. Nicht zu vergessen die Mumien. Es wurde viel gestohlen. Die Engländer hielten viele Jahrzehnte die Hand auf Ägypten. Im ägyptischen Museum sind Schätze von unschätzbarem Wert zu besichtigen. Das meiste hinter Glas, hinter kugelsicherem Glas und von bewaffneten Beamten bewacht.
Nil und Niltal sind die Lebensader Ägyptens.
Ägypten ist fruchtbar von Wadi Halfa an und im Norden bis zum Mittelmeer. Ansonsten viel Wüste. Arabische Wüste. Libysche Wüste. Neunzig Kilometer südwestlich von Kairo in der Libyschen Wüste liegt eine fruchtbare Provinz. Sie wird vom Josefskanal (Bahr Jussuf), der zum Nil führt, bewässert.
Dreiviertel der Bevölkerung sind Nachkommen der alten Ägypter. Am reinsten findet man das Arabertum bei den Beduinen, die in den Wüsten als Nomaden leben.
Elfenbeinschwarze Nubier, Berber wohnen in Assuan. Sie sind sehr fleißig.
Das konstitutionelle Königreich (Mamlaka) ist von Ghamal Abd el Nasser und seinem Revolutionstribunal aufgehoben worden.
Die islamische geistliche und geistige Führung hat in der weltberühmten El-Azhar-Moschee ihren Sitz. Es gibt viele christlich-morgenländische Kirchen, vor allem die selbständigen Kirchen der Einheimischen, der Kopten. Diese haben einen Patriar-

chen. Die Kopten sind in der Politik, im Geschäft, bei Handel und Wandel maßgebend.

Ich ließ mich in die westliche Wüste fahren. Dort gibt es ein Musterland, 11 000 Quadratkilometer groß, das Befreiungsgebiet Al-Tahrir. Sechzigtausend Einwohner leben da und verdienen ihr tägliches Brot.

Die zweitgrößte Stadt Ägyptens ist Alexandria. Es ist eine Hafenstadt an der äußersten westlichen Spitze des Nildeltas.

Alexandria war im Altertum eine Weltstadt. Kein Geringerer als Alexander der Große hat sie gegründet, und zwar nach einem Plan des damals berühmten Baumeisters Deinokrates.

Wieder war es ein Römer, der sich im Osthafen auf einem Vorgebirge oben auf der Spitze eine Einsiedelei bauen ließ: Markus Antonius. Er nannte diese Einsiedelei sein Tomoneum.

Auch Griechen waren in Alexandria. Bevor man die Hauptstadt Ägyptens baute, waren die Männer aus Griechenland schon da. Eine richtige Blütezeit für Freie, Sklaven und Fremde, griechische Kolonisten, nicht zu vergessen die Juden. Die Juden haben viel dazu beigetragen, zum Weltruhm Alexandrias.

Als Alexander starb, kamen die Ptolemäer. Sie machten die Stadt zum Hauptsitz ihres Geistes. In den sieben größten Wundern der Welt ist auch die Alexandrinische Bibliothek.

In Alexandria lebten Intelligenz und Handel. Es trifft sich heute noch dort Orient und Okzident. Das Auto mit dem Kamel, der Beduine mit Mercedes, VW und Boeing 707.

Viel Militär. Viel Polizei. Zur Zeit wenig Touristen. Es würden viele Touristen nach Alexandria kommen, erzählte mir ein Hotelportier, wenn es den Konflikt zwischen Israel und Ägypten nicht geben würde, aber so ist allen das Leben zu unsicher.

Den Suezkanal entlang. Fotografieren strengstens verboten. Kriegsgebiet. Überall Kanonen, Raketen. Ich habe nichts fotografiert. Ich habe mir erzählen lassen, daß die ägyptischen Ge-

fängnisse nicht angenehm seien. Mit Verpflegung und Reinlichkeit sei es auch nicht weit her.
Ich habe Freunde aus Deutschland getroffen. Liebe Freunde. Konzelmann vom Ersten deutschen Fernsehen, Heinz Metlitzky vom ZDF, von der Süddeutschen Zeitung München einen klugen, schreibgewandten Journalisten, Buchalla. Nicht zu vergessen Freund Hans-Joachim Reiche.
Ich war von ägyptischen Kollegen, Schriftstellern und Journalisten eingeladen. Es gab kalte und warme Speisen in Hülle und Fülle. Kein Sturm auf das Buffet. Jeder hatte Zeit. Jeder holte sich in aller Ruhe, was er haben wollte. Wir waren viele an der Zahl. Trotzdem blieb noch sehr viel Schmackhaftes auf dem Buffet. Mit den Getränken war es genauso, es gab Alkohol, es gab alkoholfreie Getränke, Pfälzer Wein wurde ausgeschenkt, aus einem Faß. Es war eine Freude für die in Kairo lebenden Deutschen, Pfälzerwein und deutsche Forellen, aus Deutschland eingeflogen.
Kameras wurden gezückt, Ansprachen wurden gehalten, Hände gedrückt, Andenkenfotos geschossen. Einer sah aus wie der in der Hitlerzeit eine Rolle spielende Großmufti von Jerusalem. Er war es nicht. Ich ließ mich mit ihm fotografieren. Es war ein Würdenträger des Islams.
Und schöne Frauen. Große, schlanke, schöne, armenische, tscherkessische Frauen. Frauen aus aller Welt, Japanerinnen. Chinesen waren auch vertreten.
Von Mohammed Anvar Sadat muß man wissen: Geboren am 25. Dezember 1918, Offizier und bester Freund des verstorbenen Ghamal Abd el Nasser. Ich wünsche ihm und dem Land Ägypten Frieden. Er erklärte: »Ich danke Ihnen, Krieg ist die schlimmste Krankheit, die es auf dieser Welt gibt.« Immer wieder betonte er, daß er Frieden, Frieden und nochmals Frieden haben wolle.
Ein Deutscher aus Palästina stellte sich vor. Ein Nachkomme der vor mehr als hundert Jahren aus religiösen Schwierigkeiten, die sie in Deutschland hatten, nach Palästina ausgewandeten Deutschen. Dort haben sie die ersten Orangen- und Zitronenbäume gepflanzt. Sie waren Pioniere auf dem Gebiet des Südfruchtanbaus. Er selber war Bauunternehmer und erzählte, daß

er sich in Palästina wohlgefühlt habe. Er konnte mit den Juden zusammenarbeiten. Die Palästina-Deutschen sind aus Palästina, dem heutigen Israel, ausgewandert. Sie wohnen in Ägypten, wer hätte gedacht, daß es Deutsche gewesen sind, die die ersten Orangen- und Zitronenbäume in Israel gepflanzt haben?

Die Ägypter haben nur einen Wunsch: Ein Dach über dem Kopf, ihr tägliches Brot, einen Fisch, eine Gurke, ein Stück Fleisch. Sie sind religiös. Die Geistlichkeit hat im Land viel zu bestimmen. Die privaten Auseinandersetzungen, seien sie nun geschäftlicher oder ehelicher Art, werden von Staatsrichtern geprüft. Alles wird über das geistliche Gericht beurteilt.

Soldaten, Gewehrläufe, Maschinenpistolen. Die Waffen tragen zum Image der Orientalen bei.

Eine Bombe explodiert. Wer sie geworfen hat, ist unbekannt. Zerfetzte Menschen, Kinder, Frauen, eine gaffende Menschenmenge, Polizei.

Die Militärs in Ägypten schätzten Feldmarschall Rommel, den Soldaten aus Schwaben. In manchen Hütten hängt ein Bild von Rommel. Mancher Fellache hat in seiner Lehmhütte auch ein Bild von Adolf Hitler. Sie sind überzeugt, Hitler habe den »Farbigen« den Weg in die Freiheit gebahnt. Nasser und Hitler, glauben sie, wären gute Freunde gewesen.

Ich konnte es nicht lassen. Ich mußte mich mit der türkischen Wasserpfeife befassen. Mitten in Kairo. In einem Kaffeehaus. Animiert hatte mich mein Freund Pabel. »Ich will dich mit einer Wasserpfeife fotografieren.«

Ein paar Schritte vom großen Bazar entfernt ließ ich mich in einem Kaffeehaus nieder.

Vorerst sah ich noch zu, wie man einen Leichnam in einem geschlossenen Sarg von einem Wagen auf die Schultern hob. Viele Männer waren dabei, die die Hand auf den Sarg hielten. Sie liefen im Kreis und taten so, als müßten sie weinen. Sie schrien. Sie jaulten. Ohne eine Träne im Auge. Mit dieser Zeremonie nahmen sie von dem Toten Abschied.

Dann kam ein Bärentreiber. Kein Ägypter. Ein Mann aus Kleinasien. Aus Anatolien. Zwei Bären hatte er an der Kette. Und drei kleine Äffchen. Die Äffchen waren angezogen wie die Soldaten im Krieg zwischen Preußen und Frankreich 1870.

Rote Hosen, hinten aufzuknöpfen, blaue Röcke, ein rotes Käppchen mit einem blanken Lederschirm. Ein Äffchen hatte eine Trommel, die Trommelschläger an den Pfoten festgebunden, die Trommel um den Hals befestigt. Der zweite Affe hatte kleine Tschinellen aus Messing, auch an den Händen festgebunden. Die Affen kreischten, die Bären tanzten.
Mädchen, das Gesicht bis zu den Augen mit einem schwarzen Schleier verdeckt, ihre Kleidung türkisch, Goldmünzen waren darauf genäht. Kein Stückchen Haut war zu sehen.
Der Chef dieser daherziehenden Truppe war ein Mann aus Bessarabien. Sie kamen alle fünf bis sechs Jahre nach Kairo. Immer werden sie von der Polizei des Landes verwiesen. Sie kommen immer wieder. Von ihrer Heimat wollen sie nichts wissen.
Kleine Maultiere zogen den Wohnwagen. Es wimmelte von alten und jungen Frauen, Männern und nackten Kindern. Sie kamen, hielten die Hände auf, bettelten.
Als Mustafas Bruder merkte, daß ich nach Kleingeld suchen wollte, hielt er meine Hand fest. »Nicht einen Piaster!«
Er stand auf. In der Sprache der Bessarabier bedankte er sich für die Darbietungen. Geschmeichelt verbeugten sich die Tänzerinnen, die Äffchen, die Bären. Die Polizei brauchte nicht einzuschreiten. Sie zogen ab. Hinter sich eine Staubwolke aufwirbelnd. Sie trugen stolz Kleider mit langen Schleppen.
»Wovon leben die Zigeuner?«
»Das lassen Sie nur die Sorge der Zigeuner sein. Wenn Sie den Wohnwagen untersuchen, finden Sie mehr als fünfzig Kilo Gold, Goldbarren, Schmuck, Ohrringe, Halsketten, Armbänder.«
»Dürfen sie öffentliche Vorstellungen geben?«
»Eigentlich nicht. Aber sie tun es. Die Polizisten hüten sich, den Zigeunern ins Gehege zu kommen. Wenn sie einschreiten, schreiben die Zeitungen von Gestapo-Methoden, wenn sie nicht eingreifen, heißt es, die Polizei stecke mit den Zigeunern unter einer Decke.«
Türkischer Kaffee wurde gereicht. In heißer, weißer Holzasche gekocht. In kupfernen Tiegeln mit gestoßenem feinen Kaffee mit heißem Wasser angerichtet.

Dann kam die Sache mit der Wasserpfeife.
Ich zog und zog. Der Rauch war kalt. Alle warteten.
Und es kam so, wie erwartet: Es wurde mir schlecht. Es wurde mir so übel, wie es mir noch nie geworden war.
Wer den Schaden hat, braucht für den Spott nicht zu sorgen. Alle haben mich ausgelacht.
Im Kaffeehaus gab es auch Haschisch und Opium. Nicht teuer. Alles vor den Augen der Polizei. Die Polizisten standen, saßen, tranken Kaffee. Ohne dafür zu bezahlen. Sie aßen auch Zuckerkringel, rauchten Zigaretten.
Mustafas Bruder: »Alles Verwandtschaft!«

Rom — Viva il Papa!

Am 29. Oktober 1969 im Petersdom.
»Il Papa! Il Papa! Viva il Papa! Hoch lebe der Heilige Vater!«
Menschen aus aller Welt klatschten begeistert in die Hände.
Immer wieder riefen sie:
»Il Papa! Il Papa! Viva il Papa!«
Die Schweizer Garde in ihrer malerischen Landsknechtsuniform stand in langer Reihe. Die Soldaten des Heiligen Vaters hielten die Hellebarden in den Händen. Der Hauptmann salutierte. Die fast zwei Meter großen Polizisten des Vatikans nahmen Haltung an.
Andere Männer, in rotem Damast und weißen Strümpfen, schwarzen Schnallenschuhen und Bundhosen, sorgten umsichtig für Ordnung.
Papst Paul VI., vom Kopf bis zu den Füßen in Weiß gekleidet, schritt durch die Menge, gefolgt von seinen engsten Mitarbeitern. Lächelnd winkte er nach allen Seiten.
»Il Papa! Il Papa! Viva il Papa!«
Der Ruf nach dem höchsten Würdenträger der Christenheit wollte kein Ende nehmen.
Das goldene Kreuz auf der Brust des Stellvertreters Christi auf Erden leuchtete.
Jeder Pilger glaubte, der Heilige Vater habe ihm allein in die Augen gesehen. So faszinierend war der Mann in Weiß. Allen, die gekommen waren, um ihn zu sehen, galt sein Gruß.
Salvatorianerpater Joseph Spellucci an der Seite des Heiligen Vaters rief die Pilger aus den deutssprachigen Ländern auf. Sie waren aus Deutschland, aus Österreich, aus der Schweiz und aus den deutschsprachigen Teilen Italiens gekommen.

H. G. Kernmayr mit Tochter Florentina in Privataudienz bei Papst Johannes XXIII.

Der Autor mit seiner Frau, Marie Louise Fischer-Kernmayr, und Tochter Florentina bei Papst Paul VI.

Lehrerinnen aus dem steirischen Graz stimmten ein feierliches Kirchenlied an. Dann sprach der Heilige Vater. Er sprach deutsch.

Er dankte allen, die gekommen waren. Er sagte in seiner Ansprache: »Liebe Söhne und Töchter! Christus sprach: ›Bleibt in meiner Liebe!‹ Das bedeutet: Nicht ich lebe, sondern Christus lebt in mir. Denn, wer in der Liebe bleibt, bleibt in Gott und Gott in ihm.« Papst Paul VI. machte eine kurze Pause, dann fuhr er fort:

»Ein Wort besonderer Begrüßung richten wir an die Gruppe von Abgeordneten des deutschen Bundestages und deutscher Bürgermeister. Sehr geehrte Damen und Herren! Sie sind einer Einladung der Vereinigung ›CUNCTI GENS UNA‹ gefolgt. Diesem Namen liegt ein tiefer christlicher Gedanke zugrunde: Alle Völker und Nationen bilden in Gott eine einzige große Menschheitsfamilie. Wir wünschen Ihnen für Ihre Arbeiten in der hohen, verantwortlichen Stellung, die Sie bekleiden, für den Kampf um die unersetzbaren Werte der Freiheit, der Gerechtigkeit und des Friedens vollen Erfolg.«

Der Heilige Vater segnete die Pilger: »Im Namen des Vaters, des Sohnes und des Heiligen Geistes.«

Ich hatte eine Einladung in die Vatikanische Residenz, ausgestellt von der Anticamera Pontificia. Schwarz auf weiß stand da zu lesen:

Sua Santita riceverà in udienza il Signore Hans Gustl Kernmayr e Famiglia. Vaticano, 29 ottobre 1969.

Meine Frau Marie Louise und meine Tochter Florentina Marina und ich waren voller Erwartung.

Wir wurden von einem vatikanischen Hofbeamten in den Paramentensaal geführt. Salvatorianerpater Joseph Spellucci geleitete uns in den nächsten Saal. Seine Heiligkeit empfing uns auf einem etwas erhöhten Stuhle sitzend.

Wir küßten den Fischerring an seiner Hand. Er ließ es nicht zu, daß wir vor ihm das Knie beugten.

Ich hatte damals schon das Manuskript zu dem Buch »Auch Päpste waren Lausbuben« fertiggestellt. Jetzt war ich dabei, über die Jugendzeit Papst Paul VI. nach Unterlagen des in Rom ansässigen österreichischen Privatgelehrten Joanelli zu schreiben.

Zu meiner freudigen Überraschung sprach mich der Heilige Vater auf diese Arbeit an. »Ich habe gehört«, sagte er, »daß Sie meine Kindheitsgeschichte schreiben wollen, und ich muß Ihnen offen sagen, daß ich mich durch dieses Vorhaben sehr geehrt fühle. Aber glauben Sie, daß das Ihre Leser interessieren wird?«
Sofort bemühte ich mich, Papst Paul VI. so wortgewandt wie möglich klarzumachen, für wie wichtig ich es hielt, den Menschen und ganz besonders den Kindern, die Persönlichkeit der Päpste näher zu bringen. Sie sollten aufhören, die Nachfolger des heiligen Petrus als unnahbare, hohe Würdenträger zu sehen. Sie sollten nicht glauben, daß die Päpste vom Himmel fallen, sondern vielmehr erkennen, daß immer nur ein Mensch, wenn auch ein außergewöhnlicher, dieses hohe Amt versieht.
Papst Paul lächelte und sagte: »Ich bin dessen nicht würdig!«
»Ihre Bescheidenheit ehrt Sie, Heiliger Vater«, beharrte ich. »Es wäre mir sehr lieb, wenn Sie selber mir einige Fragen, die Ihre Kindheit betreffen, beantworten würden.«
Rasch fügte ich hinzu: »Ich werde Sie ganz gewiß nicht lange aufhalten, Heiliger Vater.«
Nachfolgende Worte sind authentisch, doch wurden sie nicht in Form eines Interviews von Papst Paul VI. beantwortet, sondern durch Monsignore Paquale Macchi, den Privatsekretär Seiner Heiligkeit, und durch die Brüder des Papstes. Ich habe Fragen und Antworten aus dem Italienischen nach schriftstellerischer Freiheit zum nachfolgenden Interview verarbeitet.
»Heiliger Vater«, begann ich, »erinnern Sie sich vielleicht an irgendeinen Jugendstreich?«
Papst Paul lächelte und schüttelte den Kopf. »Es tut mir leid«, sagte er, »aber ich erinnere mich nicht, je irgendwelche Streiche gespielt zu haben, die eine außerordentliche Ermahnung notwendig gemacht hätten.«
Er dachte einen Augenblick nach und fügte dann hinzu: »Man hat mir allerdings gesagt, daß ich mich von Zeit zu Zeit in mich selbst zurückzuziehen pflegte und dann für niemanden ansprechbar war. Das hat man mir wohl manchmal als Ungezogenheit ausgelegt. Es gab Momente, in denen ich mit mir selber fertig werden mußte, weil mich Gedanken berührten, denen ich wohl noch nicht gewachsen war.«

»Heiliger Vater«, fuhr ich fort, »sicherlich waren Sie ein erstklassiger Schüler. Gab es Fächer, die Sie besonders mochten? Gab es vielleicht auch Fächer, für die Sie sich überhaupt nicht interessierten?«

»Sie haben recht«, erwiderte der Papst, »ich war ein guter fleißiger Schüler und brachte in jedem Fach meist ausgezeichnete Noten nach Hause, auch in Physik und Mathematik. Ich kann nicht sagen, daß es irgendein Fach gab, das mir zuwider war. Aber besonders interessierte ich mich für Literatur und Philosophie. Vor allem natürlich vom religiösen Standpunkt her gesehen. Ich erinnere mich, daß ich oft mit meinen Schulkameraden über philosophische Probleme diskutierte.

»Wofür, Heiliger Vater, interessierten Sie sich, abgesehen von der Schule, sonst noch? Erinnern Sie sich vielleicht, ob Sie irgendeine Liebhaberei hatten?«

Nachdenklich fuhr sich Papst Paul VI. mit der Hand über das Kinn. Ich erinnere mich, daß ich ein sehr lebhafter Junge war. Ich liebte die Berge, Klettertouren, Fahrradausflüge im Kreis von Freunden. Es traf mich schwer, als mein Onkel, der Arzt Doktor Giuseppe, anstrengende körperliche Tätigkeiten verbieten mußte. Es hatte sich nämlich herausgestellt, daß ich an einem Herzfehler litt. Später ist er zum Glück völlig verschwunden. Dieses Verbot hatte natürlich eine Umstellung meines ganzen Lebens zur Folge und förderte, glaube ich, meine Neigung zum Nachdenken.«

»Kann es sein, Heiliger Vater«, fragte ich, »daß diese Behinderung in Ihnen den Wunsch erweckt hat, Priester zu werden?«

Papst Paul VI. schüttelte den Kopf. »Nein, ich glaube, das kann man nicht so leicht sagen. Ich war von frühester Kindheit an immer sehr gläubig, aufmerksam und ordentlich in meinen religiösen Pflichten, sei es zu Hause wie auch in der Schule. Tatsächlich sprach ich Gebete während eines Spiels oder einer Reise, und ich legte mir auch selber Entbehrungen und Opfer auf.

»War es der Wunsch Ihrer Eltern, daß Sie Priester wurden?« fragte ich.

Papst Paul VI. verneinte entschieden. »Nein, ganz und gar nicht! Meine Eltern nahmen meine Berufung als Priester zwar als einen Segen des Herrn auf, aber sie hatten gewisse Bedenken

wegen meines Gesundheitszustandes. Sie förderten meinen Entschluß nicht, sie baten vielmehr, mich selber sehr gründlich zu prüfen.«
Ich wagte einen neuen Vorstoß. »Aber ich nehme doch an, daß die Lebensweise Ihrer Familie Ihren Glauben geweckt und gefördert hat?«
»Ja, das stimmt unbedingt«, erklärte Papst Paul VI. »Ich bin in einer christlichen Familie aufgewachsen, christlich nicht nur in der Form, sondern auch im Geist.«
»War die Erziehungsform in Ihrer Familie demokratisch oder autoritär?« fragte ich. »Wurde auch gestraft?«
Papst Paul VI. antwortete, ohne zu überlegen: »Wir hatten einen großen Respekt vor unseren wunderbaren Eltern und schätzten sie hoch, so daß sie es nie nötig hatten, ihre Autorität auszuüben. Meine Eltern waren vielleicht streng, nach heutigen Maßstäben gerechnet, aber stärker als ihre Strenge spürten wir immer ihre große Liebe zu uns Kindern. Zu meinen schönsten Erinnerungen gehören die Winterabende, an denen mein Vater der ganzen Familie vorlas. Er wählte dabei eine Lektüre, die erzieherische Ziele verfolgte. Meine von mir über alles verehrte Mutter las mir aus dem Buch ›Die kleinen Heiligen‹ vor. Das Martyrium des Heiligen Tarcisio machte auf mich einen großen Eindruck.«
Da der Heilige Vater mir so unerwartet bereitwillig antwortete, entschloß ich mich, mit meinen Fragen noch etwas weiter zurückzugreifen. »Wie standen Sie mit Ihren Geschwistern, Heiliger Vater? Gab es vielleicht manchmal kindliche Streitereien?«
»Nein, daran erinnere ich mich nicht. Ich glaube, im Gegenteil, daß ich mich immer gut in die Familie eingefügt habe. Außer mir gab es nur zwei Brüder, Lodovico, ein Jahr älter als ich, und Francesco, drei Jahre jünger. Wir verbrachten unsere ganze Kindheit zusammen und teilten auch Spiel und Studierzeiten. In den Ferien fuhren wir immer alle zusammen in mehr oder weniger primitive Bergorte, in denen wir Jungen herrlich spielen und die Eltern sich erholen konnten. Zwischen mir und meinen Brüdern haben immer die besten und zärtlichsten Kontakte bestanden, die wir übrigens bis heute aufrechterhalten haben.
Übrigens ist Lodovico seit 1946 Abgeordneter und Senator im

Italienischen Parlament, Francesco wurde Arzt im Spital der Barmherzigen Brüder in Brescia.«

»Heiliger Vater, erinnern Sie sich vielleicht an irgendeine Person außerhalb des engsten Familienkreises, die Sie in Ihrer Kindheit beeinflußt hat?«

Papst Paul VI. sah mich aus seinen großen, ausdrucksvollen Augen nachdenklich an. »Von einem wirklichen Einfluß«, sagte er endlich, »kann wohl kaum die Rede sein. Aber natürlich hat es viele Menschen gegeben, die mir etwas bedeutet haben. Unsere eigentliche Familie bestand ja außer meinen Eltern und Brüdern auch noch aus meiner Großmutter väterlicherseits, einer verheirateten Tante und einer großen Zahl von Vettern. Sehr häufig kamen wir aber auch mit anderen Verwandten zusammen, so zum Beispiel mit meiner Tante Elisabeth Montini, die mit dem Arzt Dr. Bernardino Pessarini verheiratet war und sich durch Intelligenz und Großzügigkeit auszeichnete. Dann war da noch mein Onkel, der Arzt Dr. Giuseppe, den ich schon vorhin erwähnte. Er besaß eine besonders umfassende humanistische Bildung und konnte ohne weiteres bedeutende Auszüge aus Vergil, Dante und Manzoni aufsagen, was auf uns Jungen natürlich einen großen Eindruck machte. Zwei weitere Tanten waren mir besonders lieb: Tante Agnes und Tante Paolina, die beide verheiratet waren und selber eine große Familie hatten.

Besonderen Eindruck hat mir auch noch ein enger journalistischer Mitarbeiter meines Vaters gemacht. Monsignore Defendente Salvetti, ein Mann, dessen einfache und aufrichtige Freundschaft wahrhaftig ein Genuß war. Und natürlich erinnere ich mich auch noch an Giovanni Maria Longinotti, auch ein Mitarbeiter meines Vaters, der im politischen Leben der Jahre 1912 bis 1926 sehr bekannt war.«

»Und wie stand es mit eigenen Freundschaften, Heiliger Vater?«

»Ich war fast immer von gleichaltrigen oder auch älteren Jungen umgeben. Besonders gute Freunde seit meiner Kindheit waren mir Andrea Trebeschi und Lionello Nardini. Andrea Trebeschi, späterer Anwalt, wurde Gründer der Studentenzeitung ›La Fionda‹ (Die Schleuder), an der auch ich mitarbeitete. Trebeschi und ich kämpften zusammen gegen den Faschismus. Er starb im Jahre 1945 im Konzentrationslager Mauthausen. Lionello Nardini war ein Mitschüler im Gymnasium. Er entschloß sich wie ich, Priester zu werden, erreichte die letzten Theologie-Semester, starb aber dann an einer infektiösen Krankheit während seiner Militärzeit 1915/18. Der geistige Gedankenaustausch mit diesen beiden Männern hat mir sehr, sehr viel bedeutet. Einen Mann muß ich noch erwähnen, der mir von dem Tag an, als wir uns kennenlernten, die Treue hielt, und der mir ein wahrer Freund wurde: Domènico Pini. Er hat mich vom ersten Augenblick an durch seine Bescheidenheit fasziniert. Er war es, der mir sagte, daß ich der geistige Führer der katholischen Universität sei, und dies in einer sehr schweren Zeit. Er war ein Mann, der bei jung und alt im Volk und auch bei seinen Vorgesetzten beliebt war. Für ihn gab es keinen Unterschied zwischen arm und reich. Obwohl er eine Machtstellung innehatte, blieb er immer in Gott. Ich wurde sein Assistent. Wir wurden Freunde. Damals sagten wir: Freunde fürs Leben. Wir sind es heute noch.«

»Heiliger Vater, ich kenne Ihre Bescheidenheit«, sagte ich, »Trotzdem frage ich Sie: gab es irgendwelche Talente, durch die Sie sich als Kind auszeichneten?«

Papst Paul VI. lächelte ein wenig. »Ja, meine Mutter erzählte in ihrem Tagebuch sehr viel von meiner Aufgeschlossenheit und von meinem Interesse an den Legenden und dem Lesen der Heiligen Schrift und mit welcher Aufmerksamkeit ich immer zuhörte, wenn sie aus den ›Kleinen Heiligen‹ vorlas.«

Der Papst fuhr fort: »Ich selber erinnere mich, daß ich in der Volksschule und auf dem Gymnasium gewisse schauspielerische Talente entwickelte. Ich tat mich in Schulaufführungen hervor und rezitierte gern und gut. Es fiel mir auch leicht, Anekdoten zu erzählen. Tatsächlich konnte ich auch den Charakter irgendeiner Person treffend wiedergeben.«

Ich wollte schon meine nächste Frage stellen, da gebot mir Papst Paul VI. mit einer Handbewegung Einhalt.

»Noch etwas«, sagte er, »während der Gymnasialzeit besuchte ich mit meinen Brüdern einen wöchentlichen Zeichenkurs. Daran hatte ich viel Freude, da mir ja die früher so geliebte sportliche Betätigung nun einmal versagt war. Außerdem liebte ich Tiere. Sie wissen vielleicht, daß es in Brescia, wo ich herstamme, in jeder Familie einen kleinen Singvogel im Käfig gibt. Unser Vögelchen liebte ich besonders, pflegte es und versuchte in meiner Freizeit, es zu dressieren.«

»Heiliger Vater«, sagte ich, »nach allem, was Sie erzählen, habe ich den Eindruck, daß Sie in einer harmonischen Umgebung oder, wie man heute zu sagen pflegt, in einer heilen Welt aufgewachsen sind. Erinnern Sie sich, ob Sie als Kind jemals mit den Problemen des täglichen Lebens in Berührung gekommen sind und mit sozial tiefer gestellten Menschen?«

»Oh doch«, erwiderte Papst Paul VI. lebhaft. »Meine Eltern sahen es als selbstverständlich an, Kontakt zu den einfachen Leuten zu halten. Wenn wir auf dem Lande waren, in Verola in der Brescia-Ebene, pflegten wir die Oster- und Herbstferien immer mit den Bauernkindern zu verbringen, und wir alle haben aus diesem Umgang viel gelernt.

Meine Mutter beauftragte mich und meine Brüder häufig, anderen, armen Familien Geschenke zu bringen. Wenn auch diese Art von Wohltätigkeit nicht als Lösung sozialer Probleme betrachtet werden darf, so hat sie doch viel dazu beigetragen, uns Jungen die harte Wirklichkeit des Lebens vor Augen zu führen. Sie hat uns gelehrt, uns in den eigenen Wünschen genügsam zu zeigen, aber so großzügig wie möglich anderen gegenüber zu sein.

Übrigens erinnere ich mich, daß ich als Junge häufig den kleinen Laden eines Schusters in Concesio besuchte und mich dort stundenlang aufhielt, um diesem guten Mann und seinem Sohn Geschichten vorzulesen, die mir selber gefielen und die den beiden Unterhaltung brachten.«

Papst Paul VI. wurde ein wenig unruhig, und ich merkte, daß ich schon allzu viel seiner kostbaren Zeit beansprucht hatte.

Deshalb sagte ich rasch: »Heiliger Vater, ich danke Ihnen sehr, daß Sie mir so bereitwillig auf meine Fragen Auskunft gegeben haben. Nur noch eines möchte ich jetzt wissen: Gab es vielleicht irgendeine Begebenheit in Ihrer Kindheit oder Jugend, die für Ihre Zukunft wichtig wurde?«

»Meine Berufung zum Priester, die mir Tag für Tag immer eindringlicher zum Bewußtsein kam, war das wichtigste Erlebnis, schon zu einer Zeit, als ich noch mit niemandem darüber zu sprechen wagte.« Papst Paul VI. lächelte wie entschuldigend. »Wahrscheinlich war es diese Berufung, die mich daran hinderte, ein Lausbub zu sein. Ich kann nur hoffen, daß ich Sie mit meinen Antworten nicht enttäuscht habe.«